XUEXI BING XINGFU ZHE

XINGFU KETANG JIANSHE
DE SHIJIAN TANSUO

学习并幸福着
幸福课堂建设的实践探索

张浩强 著

吉林大学出版社

图书在版编目(CIP)数据

学习并幸福着：幸福课堂建设的实践探索 / 张浩强
著. —长春：吉林大学出版社, 2019.11
ISBN 978-7-5692-5955-1

Ⅰ. ①学… Ⅱ. ①张… Ⅲ. ①课堂教学 – 教学研究 – 中小学 Ⅳ. ①G632.421

中国版本图书馆CIP数据核字(2019)第288589号

书　　名	学习并幸福着——幸福课堂建设的实践探索
	XUEXI BING XINGFU ZHE——XINGFU KETANG JIANSHE DE SHIJIAN TANSUO
作　　者	张浩强 著
策划编辑	曲天真
责任编辑	曲天真
责任校对	张宏亮
装帧设计	书道闻香
出版发行	吉林大学出版社
社　　址	长春市人民大街4059号
邮政编码	130021
发行电话	0431-89580028/29/21
网　　址	http://www.jlup.com.cn
电子邮箱	jdcbs@jlu.edu.cn
印　　刷	杭州万星印务有限公司
开　　本	710mm×1000mm　　1/16
印　　张	16
字　　数	250千字
版　　次	2019年11月　　第1版
印　　次	2019年11月　　第1次
书　　号	ISBN 978-7-5692-5955-1
定　　价	42.00元

版权所有　翻印必究

序

当今时代,人类生活在信息社会之中,开放、多元、创新、未知的时代特征,深刻影响着人们的工作与学习。学生的学习环境、资源环境、社会环境,学生的生活方式、学习方式和思维方式等,也都发生了巨大的变化,时代正在推动着教育不断转型。而课堂,更是一个全球关注的共同话题。2019年6月23日,中共中央国务院颁布了《关于深化教育教学改革全面提高义务教育质量的意见》,明确指出:要强化课堂主阵地作用,切实提高课堂教学质量。其实,纵观世界各国的教育改革,也无不把课堂教学改革作为其中的一个重要内容,通过教学目标的调整、教学方法的改革、教育技术的应用等各种路径,进行改革的探索。在这种背景下,杭州市胜利实验学校围绕着"幸福生活每一天"的办学理念,从实践层面进行着积极的探索,努力打造"幸福课堂",通过课堂教学改革,走出一条新的发展路径。《学习并幸福着》一书便是这一研究成果的集中体现,记录了胜利实验学校的改革历程。细细读来,多有启迪。

其一,胜利实验学校的幸福课堂彰显了学生主体。随着教育改革的不断深入,学生主体的现代教育观已经成为广大中小学教师的共识。那么,现实呢?在教育教学的实践中,我们可以看到,教师上课满堂灌,学生被动接受的现象比比皆是;过度学习、超负荷训练依然被一些教师视作提高学生学习成绩的法宝,以至于厌学的情绪在相当一部分学生中弥漫着。也就是说,学生主体在课堂教学中并没有真正得以实现。

令人欣喜的是，在胜利实验学校的课堂上，学生主体不再停留于教师口头上，而已经落到了教师的教学行为中。不论是在常规学习空间——课堂上，还是在非常规学习空间——校园内外，学生都能积极参与、主动地表达；学习不再是单一线性的教师讲、学生听，而是师生间平等的对话、交流。正是这样的课堂，激活了学生的学习欲望，他们变得更加主动、更加富有活力，学习并幸福着。

其二，胜利实验学校的幸福课堂拓宽了学习空间。众所周知，在传统的教育中，学生学习的空间就是教室。换言之，一切的学习活动都在教室中发生。随着时代的发展，今天，学习已经超越了传统的教室，而具有了更广阔的空间。胜利实验学校就在这方面做了很好的探索。

学校设计了三个空间的学习，即常规学习空间的主动学习、非正式学习空间的自由学习和网络学习空间的创意学习。三大学习空间呈现出多元的形态，为学生提供了更多的选择。传统的长方形的教室空间结构已被打破，教室的边界正在消除，各学习场景相互融通，学习、运动、生活等区域交替变换，线上与线下学习的自由切换也将成为日常，大自然、社区、各种场馆的学习都成为学习的课堂。学习不再是象牙塔内的活动，而是与生活、自然和社会的高度融合。

学校利用三大学习空间，培育学生的学习品质和学习能力。不论是老师还是学生在这次课堂改革探索中都收获了成长。学生层面，通过课题研究，转变了学生的学习方式，促成学生积极主动学习，提高学习的效能感，从而对帮助学习产生积极的情感体验；教师层面，通过课题研究，能够积极探索转变学生学习方式的教学策略，在促进学生学习方式转变的同时，实现教学方式的优化。通过师生双方良好互动，实现教学相长。

其三，胜利实验学校的幸福课堂实现了自主选择。众所周知，学生是有差异的，心理学的研究表明：同样是7岁的儿童，其心理水平在4岁到11岁不等。但在现代学校的班级授课制下，受到各种因素的制约，教师面对有差异的学生却很难实行有差异的教学。显然，要为每一个学生提供适合的教育，就必须要让学生有所选择。随着新一轮国家基础教育课程改革的深化，浙江省教育厅颁布了《关于深化义务教育课程改革的指导意见》和《关于建设义务教育拓展性课程的指导意见》等文件，目的就是希望能够根据学生的个性差异和发展需求，给学生提供富有学校特色的选修课程。

教育的真谛是发现，作为一个教师，不仅要学会发现，更要帮助和引导孩子去发现。然而，在教育实践中，我们却不时地看到，一些教师把学习知识作为孩子的唯一任务，以孩子掌握知识的多少作为判定优差的唯一标准，结果，孩子的稳定性强了，惊奇性弱了；描绘性强了，想象性弱了；理解性强了，疑惑性弱了；解答性强了，发现性弱了；逻辑性强了，创造性弱了。一句话，孩子的思维活力被知识的海洋淹没了。于是，教育从"育人"异化成了"制器"，更有甚者，从"育人"异化成了"育分"。这是教育的悲哀，但不是教育的必然。

而胜利实验学校的三个学习空间进行自主的有选择的学习，既有传统课堂上主动积极的学习；也有校园中丰富多彩的社团活动，进行着适合自己爱好的自由学习；还有网络空间中充满无限创意的学习。总之，在胜利实验学校，课堂变了，变得更加开阔；学生的学习也变了，变得更加充满活力。

其四，胜利实验学校的幸福课堂助推了师生成长。实践表明，胜利实验学校构建"幸福课堂"的探索是成功的，学生充满了活力，学习内驱力得到了迸发，学习品质得到了提升。不仅满足了学生不同层次的需求和个性的成长，并且实现了主动学习、自由学习和创意学习的有机结合，让学生真正感受到学校学习生活的乐和趣，也让教师的教学实现了转型。教师的教学观念转变了，"以学生为中心"是全校教师树立的共同的学生观。在这样的学生观的指引下，教师才能从"课堂中心"走出来，把课堂的主动权还给学生，让学生成为课堂的主人。教师的教学行为改变了，打通学科知识与生活的界限，关注知识点的落实转向关注学生的个性发展，从关注"教什么"真正转向学生"学什么"和"怎么学"。教师的专业能力提升了，学校总是不遗余力地为老师们争取和创造各种平台与机会,使得教师们的教学成果收获颇丰。如今,胜利实验学校已经形成了自己的课堂样式,幸福课堂得到了家长社会的赞誉和同行们的热切关注,成了学校的特色品牌。

因为课题的关系,我多年来与胜利实验学校多有交往,深知他们在课堂改革路上的不懈努力和所付出的辛勤汗水。这本沉甸甸的书稿,为更多的中小学进行课堂改革提供了很好的参照和借鉴,也为广大教育工作者提供了研究中小学课堂改革的实践案例和样本。承蒙张浩强校长的热情相邀作序,衷心祝愿胜利实验学校的课堂改革取得更为丰硕的成果。

是为序。

施光明

2019年9月于杭城

目录
CENTENTS

第一章 绪 论

第一节 课堂：一个共同关注的改革话题 ……………… / 002

第二节 胜利实验学校打造幸福课堂的思考 …………… / 019

第二章 解读：幸福课堂的理论阐释

第一节 幸福课堂的价值取向 ……………………………… / 032

第二节 幸福课堂的基本架构 ……………………………… / 041

第三章 优化：常规学习空间的主动学习

第一节 指向主动学习的教学设计转型 …………………… / 050

第二节 促进主动学习的教学过程优化 …………………… / 065

第三节 助力主动学习的作业设计改革 …………………… / 094

第四章 拓宽：非正式学习空间的自由学习

第一节 社团：基于个性特长的自由学习 ………………… / 108

第二节　场馆：基于空间迁移的自由学习 …………… / 131

第三节　项目：基于方式转换的自由学习 …………… / 150

第五章　开放：网络学习空间的创意学习

第一节　微课：为创意学习提供资源 ……………… / 170

第二节　科学56号教室：为创意学习搭建平台 ………… / 192

第三节　英语学科的口语100：为创意学习提供保障…… / 204

第六章　收获：幸福课堂的实践成效与展望

第一节　幸福课堂让学生快乐成长 ………………… / 212

第二节　幸福课堂的未来行动与展望 ……………… / 230

主要参考文献 …………………………………… / 238

后　记 …………………………………………… / 243

第一章 绪 论

　　进入新世纪后,新一轮国家基础教育课程改革在全国推开,成为基础教育改革的主旋律。我校作为浙江省实验学校,也积极地加入课程改革的大潮,围绕着"幸福生活每一天"的办学理念,进行着课程改革的实践探索,其中最核心的是聚焦学生学习主阵地——"幸福课堂"的研究。我们期望通过这种基于实践的改革,让学生学习并幸福着。

第一节 课堂：一个共同关注的改革话题

毋庸置疑，就学校教育而言，最重要的组成部分就是课堂教学。学校以课堂教学为育人的主阵地，贯彻落实国家教育方针，实施先进教育理念。事实上，课堂教学改革是全球关注的教育改革热点。纵观当代中国探索教育改革的原点，其中之一就是研究课堂改革理论与行动。

一、时代的变革呼唤全面课堂改革

21世纪是一个危机与机遇并存的时代，开放、多元、创新、未知的时代特征，数字化潮流所带来的变革，影响着人们的工作与学习。技术与全球化的交互形成了新的挑战[1]，技术的发展让信息的流通越来越发达，知识的数量呈几何倍数增长，更新越来越快。封闭的生存方式已经无法适应现代社会的发展，人类必须以开放包容的心态去生活、工作、学习。当然，人类社会当前面临的最大机遇与危机就是人工智能技术的崛起，使得学校教育面临更大的挑战。在这种挑战面前，传统的课堂已经无法适应未来对人才的需求，必须改变。由此，课堂教学的变革成了众人关注的焦点所在。纵观国内外课堂教学研究和改革实践，课堂改革主要通过教学目标完善、教学方式改革、学习方式探索、教学过程改革、教育技术融合等方面开展。

---

[1] [德]安德烈亚斯·施莱歇著.王涛、肖思汉、雷浩、黄小瑞译.教育要面向学生的未来，而不是我们的过去[J].全球教育展望.2018(2):3-18.

(一)课堂教学目标调整

课堂教学目标在课堂中起着导向、激励、标准和聚合的功能,时刻影响着课堂教学的效果。因此,国内外教育者为了提高课堂教学质量,真正为学生发展服务,对教学目标的研究从未间断[①]。

1. 教学目标的结构变革

纵观各国研究成果,教学目标结构逐渐从单一向多元化、立体化方向发展。日本在二战后教学目标从严格的军国主义倾向也逐渐向多元化方向发展。德国在20世纪70年代就将教学目标分成认识目标、情谊目标、社会行动目标,这与我国的三维目标类似。美国则没有特别统一的标准,但大体也将教学目标分成三个方面:身心文化等综合素质、学习态度、学习习惯[②]。我国新课程目标也强调要"改革过于注重知识传授的倾向,强调形成积极主动的学习态度,使获得基础知识和基本技能的过程同时成为学会学习和形成正确价值观的过程"。由此可见,各国对教学的关注不仅在于学业成绩,更关注人的完整成长。

2. 教学目标的价值取向变革

美国教育部长邓肯曾经说过:"如果教育者不去倾听学习者内心的声音,那么这个民族的教育将难以进步。"这里所指的就是教学目标的其中一个价值取向——学生为中心。教师在设定教学目标时,一般遵循以下几种价值取向:任务中心、知识中心、自我中心(教师中心)、学生中心。以学生为中心的教学目标价值取向逐渐成为课堂教学的主流趋势。以杜威和罗杰斯为代表的儿童主义中心观和人本主义学生观认为,学生是教师关注的中心,学生是作为有主体性的人存在的,同时学生也是发展变化的主体[③]。以学生为中心的目标取向在教学时教师会关注每一个学生,从群体走向个体,树立起"人人都重要"的思想;另一方面,学生也能在课堂上获得个性化的发展,因为他不再是老师唱独角戏的配角,而是有自我发展需求的主体,每一个人有各自不同的发展轨迹。教师

[①] 荆学磊.国内外教学目标的对比研究[J].教育与职业,2012(24).
[②] 刘梅梅、陈云奔.教学目标的演进与流变——近十年来我国教学目标研究的历程及现实走向探析[J].教学研究.2006.Vol. 29 No. 4:313-316.
[③] 同上

坚持这一点后学生的个性化发展才成为可能。学生为中心的价值取向，也可从教学目标的表述中清晰可见。过去的教学目标表述，行为主体是"教师"，常常出现"使学生……""培养学生……""帮助学生……"等字眼。而学生为中心的教学目标表述必须从学生角度出发，让学生成为目标主语。

3. 教学目标侧重点改变

这里所指的教学目标侧重点主要指在实现教学目标过程中，从关注预设到关注生成的转变。传统的教学目标是教学活动中所期待得到的学生学习结果，教学活动以教学目标为导向，不论从概念还是功能上讲，都强调的是预设性目标，是一种知识本位的目标取向。预期的结果性目标，让教师不自觉地摒弃多种可能性，严格按照教材、教学设计按部就班地进行，结果虽能与预设目标较高匹配，但缺少了点个性和活力。因为知识、技能的掌握更能预设，因此，预设性目标也更关注认知领域，忽视情感领域目标的培养，排斥了教学活动中不确定性经验的生成，教学呈现片面和静止的状态。而关注生成的目标取向，则以更开放包容的状态来拥抱学生的学习活动，让各种可能性自由发展，也让学生的个性得以充分展现。关注生成的教师往往更具有教学智慧，它们能让不经意的小错误"变废为宝"，促进教学目标的进一步达成。

无论课堂如何变革，教学目标始终是重中之重。教学目标的变革也越来越多元和个性。教师对教学目标的设定和评价的自主权也逐渐明显。

(二) 课堂教学方式转型

世界各国对于课堂的研究，最集中的莫过于教学方式的研究。教学方式解决的是"对于所有学生来说什么是好的教学"这一核心问题，如讲授法、讨论法、练习法、任务驱动法等。每一种教学方式的存在都顺应了历史、环境和对人才的需求。然而，正因为对教学方式的研究非常丰富多样，因此对于教学方式的界定和分类也呈现出百花齐放的现象。我们选取其中一种在国内外教育界都较为认同的教学方式——差异化教学，具体进行介绍。

1. 差异教学研究渊源

对差异教学的研究，国外最早可以追溯到古希腊哲学家、教育学家苏格拉底提出的"诘问"式的"助产术"教学方法，就是差异教学的最早雏形。助产术完全建立在承认学习者自身拥有知识,教学者通过对学习者的回答不断诘问帮助他个性化地发展,这种教学方法排斥"灌输式",主张以学生原有知识基础为依托。美国人本主义教育学家罗杰斯也主张"以学生为中心",反对传统教育压抑人性,尊重学生自我潜能,建立良好的师生关系。苏联心理学家维果茨基提出了"最近发展区"的理论,他认为教学时不能一刀切地要求所有学生都达到某个水平,这是不科学的。而应该在教学中关注两种水平:一是学生现有水平;二是他很有可能通过学习达到的水平。教学时应该着力于填补这两种水平之间的差异,也就是最近发展区。而不同学生这两种水平和最近发展区的跨度肯定存在差异,各不相同,而且也会随时间不断变化。我国差异化教学研究渊源则可以追溯到孔子的"因材施教"原则,是指教师要从学生的实际情况、个别差异出发,有的放矢地进行有差别的教学,使每个学生都能扬长避短,获得最佳发展。"因材施教"是对孔子教学实践中一条基本原则的准确概括[1]。国内外以上这些理论无疑都关注了学生的个体差异。

2. 差异化教学全面研究

有研究者认为,美国学者加德纳(Gardner)1983年提出多元智能理论,为有效实施差异教学提供了心理学基础[2]。加德纳认为:人的智力是多元的,且以组合方式存在于人,每一种智力都非常重要,要平等看待和帮助学生发展每一种智力。因此,作为教师认识学生之间的差异,不仅是认识学业成绩差异和课堂纪律表现差异,而是认识每一个学生都拥有不同的优势智力,且组合方式各不相同,这样就会产生一个个充满差异的个体。差异教学不是分层教学,不是给学生进行纵向排名。建立在多元智能理论之上的差异教育是一种"成功教育",能够帮助不同学生在他的优势智力领域获得成功,从而影响他其他方面的智力。这种差异教学的视角能够唤醒每一个学生的学习积极性,对他的成长和发展又是一个正向的激励[3]。

---

[1] 黄莹.中国国内差异化教学的相关研究[J].文教资料2010年4月号上旬刊:134-136.
[2] 李瑞丽.关于差异教学研究的文献综述[J].中小企业管理与科技(中旬刊),2016年第5期:215-216.
[3] 孙丽霞.多元智能理论对差异教学的指导[J].科学教育,2009年第2期:6-7.

21世纪初,美国教育学者汤姆林森专注于研究多元能力课堂中的差异教学问题近20年,出版20余部差异教学著作,其中最具有代表性的如《多元能力课堂中的差异教学》《差异化课堂:响应所有学生的需求》《差异教学的学校领导管理》等。提出差异教学的核心思想是,教师将学生个别差异视为教学的组成要素,教学从学生不同的准备水平、兴趣、需求、长处和风格出发来设计差异化的教学内容、过程与结果,最终促进所有学生在原有水平上得到应有的发展。她在研究心理学和脑科学相关理论基础上提出差异教学有两个基本点:一是积极寻求匹配学生个体的最佳学习方式,二是用多种视角看课堂,正确理解不同个体的学习需求。差异教学不同于其他教学方式的特点在于差异教学具有前瞻性;更加注重质量与效率;立足和依靠多种评价方式;提供学习内容的多元选择;注重发展学生自主学习能力;强调全班、小组及个别的混合教学;注重教与学的动态发展。因此,汤姆林森在差异教学研究领域享有盛誉,被称为是"迄今对差异教学做出最全面研究的人"。[1]

国内当代的差异教学研究则开始于20世纪80年代。以中国教育研究院华国栋先生所编著的《差异教学论》为代表。《差异教学论》中明确指出差异教学是指在班集体教学中立足于学生个性的差异,满足学生个别学习的需要,以促进学生在原有基础上得到充分发展[2]。

虽然国内外专家在表述差异教学时稍有不同,但我们能从中找出一些共同点:即差异教学承认学生之间的差异,这是学为中心价值取向的体现。最终目的是促进每一个学生在原有基础上的个性化发展,这是差异教学的价值所在。教师必须考虑学生的不同特点、需求、长处和不同教学阶段的任务。通过一系列展示学习机会,让每一个学生在他所擅长的领域都有独一无二的表现。当然,我们应该警惕差异化教学和个性化或个别化学习之间的差别。差异化教学是立足于班集体教学上的,教师的关注点不在于某一个学生,而在于全班每一个学生。

---

[1] (美)Carol Ann Tomlinson 著;刘颂译.多元能力课堂中的差异教学[M].北京:中国轻工业出版社,2003.
[2] 华国栋.差异教学论[M].教育科学出版社,2001.

在差异教学的课堂里,我们能看到教师有时候选择集体授课,有时候选择分小组学习,有时候进行一对一指导。而分小组学习时有时候是同质小组学习,有时候是异质小组学习,有时候在小组讨论,而有时候学生又在小组内安静单独学习……这些具体方式的多元选择建立在教师对每一个学生的深入了解基础上,当他以学生状态来决定教学行为时,教师就在进行差异化教学了。

(三)学生学习方式变革

相对教育理论认为,教为学服务,核心是学生的学习。近年来,学生的学习被提到了课堂研究的重中之重。越来越多的研究者从不同视角探寻着学习的规律和本质。在各国学习方式改革浪潮中发现,最显眼的字眼莫过于探究学习、合作学习。其实,这两种学习方式提的角度概念域不同,探究学习属于发现学习的一种,从学习内容是否以定论的方式提出,合作学习是从主体互动形式上提出的,因此,这两类学习其实有交叉点和共同点。它们都是从学生学习角度提出的,所批判的都是学生被动听讲的学习方式,价值取向都是"学生为中心"。下面就这两类学习方式做一个具体介绍。

1.合作学习

合作学习是新课程改革所倡导的最重要学习方式之一。因为它对于改进课堂、提高学生学习效率、促成良好认知和价值观等方面都有很好的效果,所以被称为"20世纪最典型和最有力的教学方式之一"[1]。致力于合作学习研究的学者比较多,古今中外都不乏研究者。西方亚里士多德、柏拉图等教育哲学家也都曾在其论述中提及合作学习思想。如亚里士多德认为营造一种合作式的宽松的学校氛围,能激发人求知的本性,有利于人潜能的发挥[2]。而我国古代的《诗经》、《学记》等经典中也有合作学习的影子,如"独学而无友,则孤陋而寡闻"就出自《学记》,意思是要想广泛涉猎,就要合作学习,要有学习伙伴。包括陶行知先生的"小先生制",都是倡导学习者要互帮互助,共同进步[3]。

尽管当时国内外都有关于合作学习的论述,但都还不成体系,也不足以

---

[1] 孟凡月.合作学习的理论研究[J].考试周刊.2018:16.
[2] 合作学习理论[EB/OL].https://wenku.baidu.com/view/2cb4795f69dc5022abea0038.html
[3] 同上

成为一种学习理论或思想。我们现在普遍谈论的合作学习，其实更指向20世纪六七十年代后出现在世界各国的研究成果。最主流的有美国、日本、中国台湾等。美国合作学习研究者最有代表性的尼尔·戴维森，他提出合作学习七个要点，为合作学习的概念及特点进行了系列的概述。这七个要点概括起来说：(1)学习任务由小组合作完成；(2)小组成员面对面地交流；(3)小组成员互帮互助；(4)成员对小组有强烈责任感；(5)根据学习能力异质编组；(6)教师的任务是指导合作技巧；(7)小组成员相互依赖[1]。斯莱文则认为，合作学习是使学生在小组中有效工作的一种活动，给予奖励和认可能够有效提高成员整体成绩。加拿大教育心理学家指出，合作学习是教师将学生异质分配到各组中完成教学任务的一种方法。典型的方法有小组竞赛法、小组成绩分工法、切块拼接法等[2]。卡甘同样是合作学习专家，他认为合作学习结构是与内容无关的可重复使用的结构化序列，它体现合作学习的基本原则并使学生系统地相互作用。这就像把具有合作学习属性的结构看成各种小程序或插件，嵌入到课堂教学中，学生时刻都感受到同伴之间的合作，他富于洞见地、并留有余地、最大限度地确保了结构在合作学习中的强大生命力[3]。无论是美国的还是加拿大的研究，倾向于从教师角度出发，更关注合作学习形式和策略。

　　日本对合作学习研究最有代表性的是佐藤学，甚至现在也在对我国教育界产生深远影响。佐藤学为解决公立教育的危机，在日本推行"学习共同体"的理论和实践探索，并最终形成由愿景、哲学和活动系统所构成的理论和实践体系。他所倡导的学习共同体即学校成为学生共同学习的场景，成为教师相互学习并成长为专家的场所，成为家长和社区共同参与和支持教育的场所。并且他尝试用"宁静倾听""同侪互助""高品质学习"方式来重构整个教育生态。[4]

---

[1] 乔梁、李晓雨、黄柏汉.简述合作学习理论及其发展与应用[J].中国校外教育(上旬刊)，2018(10)，30-32.

[2] 胡静.生态视角下的合作学习研究[D].西南大学硕士学位论文，2015:5.

[3] 宋立军、何沛枝.卡甘合作学习中"结构"的含义、特点及启示[EB/OL].http://www.fx361.com/page/2015/0811/963553.shtml.

[4] 陈静静.佐藤学"学习共同体"教育改革方案与启示[J].全球教育展望，2018(6):78-88.

国内对于合作学习也有不少成果,王坦著有《合作学习导论》(1994)、《合作学习:原理与策略》(2001)、《合作教学导论》(2007),这三部更像是他的合作学习研究三部曲。他不仅执著于理论研究,更坚持以实验为理论提供依据,遵循"理论—实践—再理论—再实践"的路径。王坦的合作学习强调,目标追求多维均衡发展;过程上追求多维互动;角色上倡导师生平等;形式上强调集体授课的基础性和小组合作学习的主体性。[1]更新的研究要数上海合作学习研究与推广专家郑杰校长的研究,他致力于以"互动"为核心词,展开互联网+视野下的合作学习策略应用研究。为了推动合作学习的落实,郑校长与各地学校合作,与台湾合作学习深耕学校合作,实现合作学习的深度融合。他所主持开发的合作学习35种策略,被很多学校应用于实际。"坐庄法""两人互查法""MURDER""内外圈""发言卡"等策略让老师们将目光聚焦于小组合作学习的过程,有效提高成员参与度和合作学习能力。

2.探究学习

探究学习是指学生主动建构自己的知识库,把个人想法引入讨论中,确定学习经验中的重要概念,并改变自身的态度和行为的学习[2]。探究学习相比于合作学习更难实现,合作学习有很多外显形式可以支撑,而探究学习更注重学生内在的经验和思维。20世纪50年代,美国教育心理学家布鲁纳首先倡导"发现法"。1961年芝加哥大学施瓦布教授提出了更具操作性的探究学习法,不仅深化了该领域的理论研究,更提供了具有操作性的实践模式[3]。国内,在各种因素推动下探究学习也逐渐引起了教育者的关注。世纪交替,我国逐渐走向多元化的学习社会。多元化的学习社会的特征就是"互联网+"的泛在,信息流复杂叠加,知识呈几何倍增长。美国教育学者琼·艾斯林(Joe Extine)认为,传统的学习方式压抑甚至抵制探究的本质过程,将知识的传递、技能的培训作为教育

---

[1] 陈培瑞.合作教学理论研究及其实践的新探索——评王坦新作《合作教学导论》[J].当代教育科学,2007(24):63-64.
[2] 陈亚星.自主·合作·探究:学生学习方式的转变[J].华东师范大学学报(教育科学版) 2018(1):22-28.
[3] 郭莲花.探究学习及其基本要素的研究[J].学科教育,2004(1):8-12.

的重点。①探究学习适应社会发展趋势，成为炙手可热的学习方式，研究者对探究学习研究的热潮没有消退过，因此对探究学习的界定也众说纷纭。我们认为，无论哪一种研究，探究学习总是离不开以下几点特征。

首先，探究学习基于儿童立场。探究学习的主体是儿童，任何表述都是从儿童出发来陈述探究学习的特征。探究学习把儿童当作儿童，基于他们的学情起点设计问题情境。传统接受学习把知识放在学习活动的中心，把某一个知识点的掌握作为课堂学习的重要目的，而探究学习把儿童放置于学习活动中心，学生在教师指导下，自主发现问题、分析问题、解决问题，在此过程中实现他的思维、情感、动作、技能等方面的发展，这是探究学习的目的所在。

其次，探究学习缘起于问题。问题是一切学习的缘起。问题可以来源于生活，可以来源于资料教材，可以来源于教师，也可以来源于问题。特别要解释一下"问题来源于问题"，好的问题能够引起学生认知冲突，引发学生深入探讨，在探讨之后又会产生新问题。这样的问题让学生有持续学习的内驱力，不需要外在奖励刺激，问题本身就是一种奖励和刺激。国内著名校长郑杰曾将问题分成三类：聚合性问题、发散性问题和层进式问题。聚合性问题多属于记忆层面，指向正确答案。发散性问题有许多不同的答案，考察创造性思维。层进式问题需要做纵向思考，要求较高思维水平。②

再次，探究学习构成开放综合的学习生态。探究来源于问题，问题具有综合性。当学生在自主探究、合作交流的过程中，接触的资源具有综合性，过程中出现的新问题具有复杂性，解决问题所依据的支持具有开放性。探究性学习走出教室空间，随时随地都可以进行问题解决过程。

（四）课堂教学过程优化

教育理论和实践者除了把目光投向学生的学习，同时也在研究教师的教和学生的学之间的关系问题，由这一关系问题引发了大量研究者探讨到底应该"先教后学"还是"先学后教"。新课程改革倡导自主、探究、合作的学习方

---

①马志成.探究性学习的驱动力[J].比较教育研究,2004(7):23-32.
②郑杰.为了学习的合作[M].长江文艺出版社,2018:105.

式,自然,"先学后教"作为一种革新的课堂教学过程被教育者所关注。

先教后学,是以教师为主导,老师先讲解,学生再练习学习,然后老师批改评价,最后进行总结。先学后教,学生先自学,出现问题,需要教师帮助解决,教师再讲解指导,学生再自学。流程顺序不同,所依据的理念也大不相同。

现代社会,教育的目的不是教知识,而是教在复杂情境中运用知识解决问题的能力,换言之就是学生终身学习的能力。"先学后教"将重点定位在学生的学,学生有自学的经历,能够积累自学的经验,有机会提高学习能力。而在"先教后学"过程中,教师扶着学生走,教师把着前进的方向,教师的意识和价值观加之于学生,学生没有机会自主思考,创新思维能力的培养也成问题。"先学后教,少教多学"触摸到了教育的核心——为什么教,教什么和怎样教。"先学后教,少教多学"呼吁教育工作者要激发学生的学习兴趣,为学生提供更具弹性的发挥空间,并强化学生的自学能力,培养积极主动的学习精神,为学生的终身发展做好准备。"先学后教,少教多学"的教学策略和方法,在学生自主学习能力与思考能力以及创新能力培养上具有明显优势,其重要性越来越被人们所认识。[1]

近几年,综合评价改革浪潮兴起,教学过程的研究从"学"和"教"两个环节研究过渡到对"学教评一致"三个环节的关注。"学教评一致"是新课程改革的必然追求,我们不仅研究如何教、如何学,更重要的是教的效果问题。因此评价作为导向就显得尤为重要。如果说"先学后教"解决了为什么教、教什么和怎么学,怎么教的问题,那么"学教评一致"就重点解决了"教到什么程度"的问题。"学教评一致"作为有效教学的一个基本原理,越来越受到理论和实践者的青睐。华东师范大学崔允漷教授指出,从课程视域看"教学评一致"是一种自然的课程追求,教师在思考课程问题时,除了思考学生需要发展什么能力、如何帮助学生发展能力学会技能外,还要思考"方法和策略真的让学生发展能力了吗",因此课程标准应该成为教师教学的逻辑起点[2]。有了逻辑起

---

[1] "先学后教,少教多学"课堂教学模式的研究与实践[EB/OL].https://baijiahao.baidu.com/s?id=1610085309108821226&wfr=spider&for=pc
[2] 崔允漷,夏雪梅."教-学-评一致性":意义与含义[J].中小学管理,2013(01):4-6.

点,教师的任务就是将标准转化成清晰可操作性可观察的目标。评价要建立在清晰的目标表述上,这是20世纪40年代泰勒所倡导的。布鲁姆等人创建"教育目标分类学"为清晰地陈述目标做出了贡献。因此,"教学评一致"将评价考虑在教和学的前面,考虑在过程中。三个环节不再孤立,而是相互交织,相互影响和制约。

(五)课堂教学的技术支持

随着网络和信息技术的发展与普及,学生俨然成为"数字原住民",他们偏爱技术,天然具备线上线下互动能力,他们的生活方式、学习方式、思维方式和被称为"数字移民"的成人相比有了翻天覆地的变化。教育主体的变革,让教育技术与课堂的融合成为当前全球最流行的课堂教学形态,而新形态的背后则涌动着革新的教学理念。

翻转课堂成为技术与课堂深度融合最具代表性的教学理念和模式。兴起于美国,遵循了从理念走向实践的历程。2004年,萨尔曼·可汗开发大量网络课程,可汗学院迅速流行。2007年美国科罗拉多州伯尔曼老师为无法上课的学生进行视频教学,正式将翻转课堂推向学校实践。[1]

翻转课堂从美国兴起,到目前全世界更多国家在运用实施,包括我国的教育领域,有着其历史必然性。翻转课堂在一些新教学理念的支持下,引入新技术新工具(微视频、学习社区、线上作业自评等),实现了时空结构的颠倒式变革,包括课程概念、教学流程、师生角色和关系。

翻转课堂翻转了我们对课程的理解:对于课程的传统理解,课程是预设的、固定的、封闭的,而现在课程是生成的、开放的、随时更新的。这种更新来源于教学,教学活动在不断拓宽着课程内容,使课程不断丰富。学生在自学过程中的问题和结论成了新的课程资源,完善教师的预设,给其他学习者提供了更多学习资源。原先,学生只与教材对话,与教师提供的知识对话,他的学习圈是封闭的。而在翻转课堂中,他能和学习伙伴对话,和网络对话,课程

---

[1] 郝林晓、折延东.翻转课堂理念及其对我国课堂教学改革的启示[J].比较教育研究,2015(5):80-86.

不断衍生,走向更开放的世界。

翻转课堂另一个区别于传统课堂教学形态的特征是翻转了教学流程和重点。这也是翻转课堂的核心特征所在。技术、环境等特征都服务于教学流程的翻转。传统课堂以教为主导,先教后学。学生只有在教师课堂上讲解的基础上才能开展学习活动。而翻转课堂运用以学定教的理念,教学的侧重点从教转移到了学。学生花更多的时间在各种资源的支撑下自学,比如在观看微视频过程中学习,在虚拟社区和同伴或长者讨论中学习,在线上自助练习中学习。教师的教只是众多辅助手段中的其中一种。教学的过程从先教后学过渡到先学后教。学生首先在课前进行独立自学,在课堂和小组组成学习共同体进行学习。出现问题,教师再进行针对性讲解,学习模式是基于问题的学习。

翻转课堂改变了传统师生角色和关系。传统的教学模式下,学生是被动听众,教师是高高在上的授道者。翻转课堂上,学生是能自学、善探究、会合作的新型学习者,而教师则是和学生平等的支持者,甚至是和学生相互学习的学习者。正因为角色的改变,课堂中主客体关系也随之变化,生生之间是学习共同体,通过对话,相互促进,相互依赖。师生之间关系更是发生了翻天覆地的变化,教师退居幕后,成为支持者,学生走向台前,成为学习活动的主人。只有学生有需求时,教师才会发挥必不可少的指导和引领作用。

翻转课堂正因为其不断颠覆人们对教学的认识,对教与学关系的认识,对学习方式的认识,才能成为新型的教学方式流行于教育的各个领域甚至教育以外的其他领域。未来学校的未来课堂也将在此基础上做更深入的变革。

二、中外教学改革典型案例

世界各国对课堂教学的探索改革大致有两条路径。第一是从理论建构的视角对教学过程进行创新和重构。第二条路径则从实践或实验层面进行变革。两条路径又相互交织和影响。在革新的课堂改革理念支撑下,世界各国教学改革实践风起云涌,涌现出各具特色的教学实验和典型。本书中,列举其中几项,以期得到些启示。

(一)芬兰的现象教学

2016年,是芬兰全国范围内实施"现象式教学"的元年,消息一出,轰动全球。世界各地的教育考察团纷纷到芬兰取经,想要把"现象式教学"的真经带回本国,其中也包括中国。其实芬兰的现象教学由国家教委会2014年12月发布的1-9年级《基础教育国家核心课程大纲》提出[①]。目前"现象教学"在全芬兰的小学、初中已经普遍推行。现象教学的核心是跨学科横向教学,现象指事物的整体面貌,而非分割为各个领域与学科,因为任何一个现象背后所蕴含的问题和信息是复杂多样的,因此,实施现象教学必须由多学科老师共同参与。

现象教学的主题确定大致有四步:其一,根据学生兴趣来定。通过教师向学生提问,或者自己的观察来搜集确定。其二,创造一个真实的生活问题。这个问题必须是让学生一看就想去找到答案。其三,定义着重学习领域是什么:语言、自我成长、与社区的交互、深入探索周边环境、表达自己等。其四,考虑学生参与项目之前有什么能力,即学情。参与项目之后又会获得怎样的能力?

【案例1-1】 现象教学"主题确定"两例

如老师们了解到孩子们对芬兰的动物、芬兰的湖泊、森林等感兴趣,那么老师需要做出思维导图进一步确认学生的兴趣,然后创造能使学生畅所欲言的情境。设计项目之前,老师要观察学生已经具备了怎样的能力,他需要从中提高哪一方面的能力。再如,难民就是欧洲人面临的一个十分现实而紧迫的问题,教育无法回避。据芬兰埃斯波拉赫蒂中学校长哈里·科尔霍宁介绍,该校2018年就开设了以"难民"为主题的"现象教学",由历史老师牵头,宗教、外语等学科老师配合,带学生参观博物馆,请媒体人士进课堂,还组织一部分学生到难民问题最严重的德国实地考察。

[①] 钱文丹.全球热捧的芬兰"现象式教学"大起底[EB/OL].https://www.jiemodui.com/N/89756.html.

同时,芬兰的现象教学也有其独到的、相对固定的流程,以"自然主题"的现象教学为例,做一简单介绍。

【案例1-2】 基于芬兰的自然现象的教学设计

赫尔辛基KERAVA中心学校根据地方课程大纲,确定此次的现象教学课程,主题就是芬兰的自然现象。师生在这个主题之下,一起研商具体的教学计划,包括研习内容(小组研究话题)、涉及学科、学习方法、学习评价等,由相关老师与全体学生共同合作,在一周时间内完成共24小时的探究性教学活动。老师把孩子们带到森林,实地辨认植物、收集植物标本、捡拾蘑菇、制作鸟窝、寻找食物等。在这个过程中,还穿插有植物素描及户外运动等内容。回到课堂后,学生利用观察记录、理论书籍、网络资源等对感兴趣的事物做进一步了解。然后,撰写自然考察报告、制作视频ppt、创作主题小书等,用各种自己擅长和喜欢的方式完成项目展示。如,KERAVA中心学校六年级学生在开展自然主题的现象学习时,有的去大自然中采集能制作衣服和鞋类制品的材料;有的希望在大自然中找到一些材料做食物;有的学生想知道为什么自然里的植物会有不同的名称;有的学生想了解是为什么会有森林火灾以及我们怎样才能够预防森林火灾;有的学生想弄明白芬兰的动物怎么才能度过漫长又寒冷的冬季;还有的学生想探究为什么在森林中会有一些移动的景象,比如树是怎么从森林中移到我们的生活当中或其他的地方。不同的小组有不同的研究话题,孩子们会小组合作,带着自己的问题和学习计划去大自然中开展项目学习。返校后,学生会根据自己组内的话题对大自然中采集的东西和发现的事物进行研究、分类,并根据理论性的书本和维基百科,对感兴趣的事物做深入了解。每一个项目至少会用时一周。

在众多现象中,学生通过整合、归纳、分析,发现问题,寻求解决问题之道。这种立体思维训练,有利于思维扩散性发展,突破了单一学科教学固有的线性思维模式的局限。通过这样一个横向交叉多学科模块的教学,学生学到的不是单一的某门课的知识,而是多门学科知识的综合。

芬兰的现象教学另一个值得借鉴的亮点即评估。在学习时,学生需要对自己的工作和学习状态进行评估,"我"学到了什么?是怎么学到的?关于这个话题我们还能做哪些研究?"现象教学",由问题驱动,多学科协同,师生共同参与,较好地解决了学习动力问题。整个过程中学生的问题意识、动手与实践能力不可或缺。

(二)美国5E教学模式

美国5E教学是由美国科学教育界普遍认可的建构主义教学模式,产生于20世纪九十年代。该模式分为5步,分别是Engagement(吸引)、Exploration(探究)、Explanation(解释)、Elaboration(详细阐述)、Evaluation(评价)。这种模式鼓励学生利用调查、实验、探索等方式,对科学概念进行理解,自主建构科学知识体系。

Engagement(吸引)主要为学生提供情境,引起学生认知冲突,思维碰撞,提高其探究内驱力。Exploration(探究)是模式的核心和主体,学生在这一环节充分参与探究、验证等学习活动,并且形成概念,进行知识建构,形成解释。小组合作也在这一环节体现。教师在这一环节做指导者和引导者。Explaination(解释)环节是学生对探究环节的解释和展示。展示他们的研究成果,暴露他们的不足。教师在这一环节纠正学生,并给出恰当解释。Elaboration(详细阐述)环节在教师的引导下,学生建立概念和知识间的联系。Evaluation(评价)环节师生利用多样化的方式评价学习过程和效果。

【案例1-3】 "水的表面张力"一课教学

在"水的表面张力"一课的教学中,第一个环节Engagement(吸引),通过出示一些水龙头水滴没有滴落的画面,激发学生的学习兴趣,让学生思考水滴为什么会保持这样的状态?第二个环节是Exploration(探究),教师把材料分发给学生,包括一杯水,一包胡椒,一小杯肥皂液,一本实验手册和一张实验记录单。学生把胡椒粉倒入水杯中,记录观察到的现象;然后手上蘸着肥皂液,再把手指伸到水里面去,记录观察到的现象,思考为什么会发生这种现象?第三个环节是Explaination(说明),可以选择用教科书,或者用短视频直接进行讲解,使学生了解实验现象背后的科学原理。教师用youtube上的一个小视频,生动有趣地让学生理解水的特性。第四个环节Elaboration(详细阐述),通过一些小实验的视频,让学生进一步了解水的属性。最后一个环节Evaluation(评价),老师要设计适当的评价方式,来评估学生对前面四个步骤的掌握情况。例如,能不能用自己的语言来解释水的表面张力。

(三)魏书生语文课堂"六步教学法"

与国外类似,国内也有学科范围内或学校整体推进的改革实验。魏书生所创立的"六步教学法"就在国内语文学科引起了激烈的反响[①]。魏书生以信息论为基础,以培养学生"自学能力"为课堂中心,重建课堂的民主与科学。在教学流程上,这六步分别是:(1)定向:明确教学要求,强调由师生共同确定本节课的学习重难点。(2)自学:学生独立学习,自己解决重难点问题。(3)讨论:无法独立解决的问题,小组合作讨论论尝试解决问题。(4)答疑:立足于学生自己去解答疑难问题,每一小组回答教材中的一个问题。所有小组都无法解决的问题或小组间存在分歧的问题,再由老师答疑。(5)自测:由学生自己出题,让全班同学回答,学生自己评分、自己检查学习效果。(6)自结:每个学生自己进行口头总结这一节课的学习过程和主要收获,再挑选几名同学在全班面前总结。

六步教学法非常强调学生的自学能力和习惯,学生独立思考、小组合作讨论、相互答疑、自测、自结等环节五步体现自学的高要求。当然,六步教学法可以根据语文课文的难易程度和学生的水平有所侧重,如果课文难度低,教师答疑环节很有可能省略,如果课文难度高,自测的效果差,教师答疑很有可能会花更多的时间。魏书生老师所创立的六步教学法倡导在学生自学分析情况上,做相应的调整,增强教师和学生的真实互动。

---

① 魏书生.魏书生文选(第一卷)[M].桂林:漓江出版社,1995:2-5.

(四)洋思中学"先学后教,当堂训练"课堂教学改革模式

江苏洋思中学原是一所薄弱的村联办中学,在20世纪80年代中期至90年代,从学校层面综合整体推进课堂教学改革。正因为是从学校层面进行的革新,因此不仅有教学模式的变革,同时也有教学管理制度、教研机制等方面的配套革新,这样大面积整体推进的革新行为,让课堂教学面貌起了根本变化,教学质量有了很大提高。曾连续九年入学率、巩固率、合格率、优秀率稳居泰兴市首位。取得这样的效果,改革的精髓是什么呢?

改革的核心是"先学后教,当堂训练"的课堂结构。[①]基本也是六步:(1)揭示教学目标,约占1分钟左右。这一环节直截了当,利用一些投影、黑板等工具实现。(2)指导学生自学,约占2分钟左右。这一环节通过教师设计一系列问题,让学生依据问题自学,在自学前明白学习什么内容,如何学习。(3)学生自学,教师巡视,约5~8分钟。这一环节是核心,给学生充分的自学自由,教师做好巡视工作,了解个体和全班自学状态。(4)检查学生自学效果,约5~8分钟。这一环节通过提问等形式展开,特别强调让后进生回答,是为了最大程度暴露学生自学存在的真实问题。(5)学生讨论、更正,教师点拨,约8~10分钟。基于第四步发现的问题,引导学生讨论,若学生能通过讨论解决更正,就把权力给予学生,若学生通过讨论还不能解决,则教师进行点拨并指导迁移。(6)当堂训练、批改,不少于15分钟。这一环节是整个教学结构的另一重点。学生课堂作业时间的保证,让教师能及时检测每一个学生的学习效果,提高教学效率。

洋思中学的改革区别于其他改革的最大特点是明确了各环节的时间分配。一目了然地展示了课堂45分钟内,学生自学时间占据了全部时间的2/3。其次,在教与学的先后次序上实现了先学后教,将学的地位置于整个结构的中心,教退居辅助位置。

---

①陈佑清.教学过程的本土化探索——基于国内著名教学改革经验的分析[J].当代教育与文化,2011(1):60-67.

周德藩.一个朴素的教育奇迹[M].南京:南京大学出版社,3003:5-6/73-80.

第一章 绪 论

第二节 胜利实验学校打造幸福课堂的思考

课堂不变,教师不会变;教师不变,学校不会变;学校不变,学生就无法真正成长。课堂是学生成长的主要途径,我校在国内外课堂教学改革风潮的影响下,在区域自主式课堂研究的基础上,也在实践层面不断进行着课堂教学改革的探索。

一、课堂教学改革成功经验的启示

综观上节中对课堂教学研究和改革的实践,尽管时期、地点不同、背景不同、侧重不同、操作方式也不尽相同,但都有一些相同的趋势值得我们细细品味。如从封闭走向开放、从控制走向自主、从标准走向个性、从阶段走向终身、从灌输走向渗透,等等。显然,这些成功的课堂教学改革有以下几个方面值得我们在本校的探索中借鉴。

(一)对学生观的重新认识

任何教育教学行为,之所以能称之为改革或革新,必然蕴含着学生观的变化。因此,我们认为,对学生观的重新认识是课堂教学变革的核心。新的学生观强调学生在课堂中的本体地位,即"以学为本"。在以学为本的课堂上尊重学生、相信学生、依靠学生、发动学生、发展学生。强调从课程教材中心走向学生中心。课程内容不是教学目的,教学的目的是实现每一个学生的发展。

新的学生观强调"每一个学生都很重要"。一方面体现的是教育公平,另一方面也是个性化差异化发展的体现。新学生观不再一刀切,看不到个体,而将目光聚焦于每一个学生。承认学生之间各不相同,每个学生都有自己的人生轨迹和发展潜能。就像洋思中学,会将关注点放在后进生身上,帮助他们弥补不足,对学生充满关怀、不挑剔任何学生。每一个学生都很重要的另一层含义是相信教师可以帮助每一个学生获得属于他的进步。打一个可能不恰当的比喻,修车师傅会接受每一辆车的每一个状况,并努力完成修车工作。那我们老师也应该毫无保留地接受任何"问题学生",并不断帮助他们,让他们在自己原有的基础上获得进步。

新的学习观强调关注学生的长远发展。教师不再只关注眼前课堂内40分钟或只关注学生练习是否正确,而应该将目光投向未来,为了学生终身学习能力而改进教学。毕竟,未来社会是一个人工智能的时代,教育教学不再封闭,传统的知识只是过去人们的认识,能否适用于未来世界需要每一个学习者自主去甄别、去实践。因此,教师应该从过往和现在的眼界中脱离出来,更长远化地去看待学生,关注每一个学生的未来。

新的学习观强调学生终身发展需要什么。学生更需要能力的提升而非仅仅是知识的积累,教学应该从知识导向走向能力导向。如果学生仅仅是知识的掌握而不会运用,则教学是无效的。能力是指在复杂情境中自主运用知识解决问题表现出来的综合素质,这才是学生更需要的,这才是能够为他的社会生活提供能量的。而能力又包括交往沟通、信息搜寻、甄别、决策力、学习力等,这些单靠识记等方式绝对无法达到培养的目的。因此,教学的变革以更新的学生观为基础,着眼未来,着力当下。

(二)对"教学"的重新定义

传统的教学,指教师有目的有组织地引导学生学习和掌握新知识与新技能,从定义就能看出,教师为主,学生为辅;教师主动,学生被动;教师教学在先,学生学习在后。教与学的关系、教学流程根本不在考虑之中。教师要考虑的是如何把学生"教会"。而新的教学观,倡导学的主体地位。

学的主体地位有以下两层含义:首先,以学定教。教师的教是针对学生学习过程中的问题决定的,学生能自学的,教师就无须教,特别是无须集体面面俱到的讲授,教师通过学生的学确定教学重难点,因此就有了很强的针对性和有效性,精准性更高。而学生则有更多的时间运用自己的学习方法学习,包括自主看书预习、思考、讨论、作业检测、自我总结等。学生在自学过程中,自主学习能力、合作沟通能力、创新能力、选择决策能力等获得了很大程度提升。其次,以学论教。教本身不是目的。这一点特别需要引起大家的关注。有些老师在公开展示时把更多的精力花在教学方法和设计是否别出心裁,而评课老师的目光也围着执教者转,其实这是本末倒置的行为。评价教学是否有效,不看教师运用了多少方法,采取了多少策略,而是看学生学习目标是否达成。因此,评价的关键看学习目标设定是否合理,是否建立在真实学情基础上,教师的教学能否让目标达成。精准的评价应该着眼于学生学情和目标之间的这段距离。

对教学的重新定义还可以从学生学习方式着手理解。学生的学习方式越来越多样,从原来的单一枯燥的听讲到现在的独立自学、阅读学习、群体合作交流学习、探究操作学习、自我反思等。并且越来越明显的趋势是,各种学习方式交替融合,学生不再单一运用某一种方式,而是将多种方式运用于同一个学习任务的不同时期。如学生通过合作学习来促进自主思考,通过自主思考促进合作学习效率的提升。

(三)对课堂改革趋势的认识

当今这个价值多元的时代,各国课堂改革目标和主张各不相同,呈现多元并存的局面。当然,我们还是能够从中获得一些全球课堂共同的趋势。

首先,课堂改革从以知识掌握为目的走向更多元的改革目的。以往的改革,目标非常明确,提高学生学业水平,换句话说就是提升知识掌握的水平。例如日本会因为"宽松教育"政策令学生学业成绩下降而选择全面纠正"宽松教育"。他们看待改革成败的主要标准就是学业成绩。然而,随着社会的多元化发展趋势,教育价值也更多元。课堂改革不再唯分数论,而更多地以能力导向、价值观导向来评价课堂改革的成败。我国从1995年就提出素质教育,目的就是将知识本位的教育目的转变成能力导向。而新课程改革则更是将课堂教学改革提到一个重要地位,其中一个重要的理念就是要关注学生发展。不仅关注知识技能的掌握,更重要的是关注学生综合素养的全面发展。

2014年又印发《关于全面深化课程改革落实立德树人根本任务的意见》，强调每一门学科每一位任课老师都应该承担育人功能，强调教学工作要和育人工作有机整合，不能两张皮。价值观的教育是课堂的重要价值所在。总之，课堂承载着更多元的目的和功能，课堂改革也必然产生更多元的诉求。

其次，课堂改革中"课堂"的内涵更丰富。传统的"课堂"概念是指学生学习的一个封闭场所，更指向物理性质，甚至等同于"教室"。然而，随着课堂研究的深入，课堂内涵不断拓展。课堂不仅是指学生学习的物理场所，更内核的概念应该立足于学生学习对话的心理场所。课堂是学习主体之间的对话（包括师生、生生之间）的集合，是探索、展示的平台。师生在这里组成"学习共同体"，经常沟通、交流、分享资源，相互影响相互促进。共同体成员在课堂里共同解决疑问，又不断产生新的问题，持续探讨。传统的课堂强调40分钟内的学习，而新的课堂概念没有明显的时间界限。只要学生在思考、在发现探索新事物，教师有指导，就是课堂。另一方面，除了有显性的课堂外，也有隐性的社会大课堂。学校里的校园文化、环境布置、学风、活动等都可以成为课堂资源。

再次，课堂改革从"解决问题"到"面向未来人才培养"。未来已来，本书伊始，我们就提出教育要面向未来而不是过去，现在再次强调。因为从全球课堂改革趋势看，未来是课堂更要关注的。20世纪所兴起的课堂改革可能更多的是解决学校实际存在的困难，学校领导者为了改变教学现状而不得不做出的调整。而新世纪的课堂改革，更主动、更开放，更包容。我们的学生长大成人后面临的社会是一个怎样的未知世界？现有的知识很有可能已经过时，显然再次传授知识已存在风险。未来需要人的关键能力是什么？自学能力、创新能力、对话沟通能力、团队合作能力、信息技术运用转化能力、探索与发现能力……改革者以更前沿的思维，面向未来，立足当下，进行课堂改革。也许短期内看不到诸如"提高学业成绩"的效果，但长远来看，必然还会发挥优势，在学生的未来发展上留下痕迹。

（四）对有效推进课堂教学改革的认识

任何一项成功的教学改革都解决了现行的实际问题或对未来有准确的

预估,如差生问题,如学生学习自主性问题,如学生综合素养提升问题。教学改革不是目的,我们不能为了改革而改革,应该找到现行教学过程中存在的问题,明确未来需要什么人才,针对问题寻求解决方法才是教学改革的价值所在。这是一所学校在进行改革时必须清醒意识到的。

改革的成功依靠理论,并取决于将理论落地的程度。从对国内外教学改革的综述中可以明显感觉到,理论和实践之间有着一定的距离。要消除这一距离,让理论作用于实践并指向指导实践,必须寻求一个桥梁,这就是教学模式。教学模式是沟通教学理论(观念)与教学实践的中介和桥梁。教学模式因其有清晰的内在结构和较强的可操作流程,容易为广大一线教师理解并运用,从而达到有效变革的目的。因此,将新的教育思想固化、行为化,是推进学校教学管理变革的有效途径。

另一方面,要有效地推进教学改革,离不开学校整体系统化变革。如教研形式变革、课程开发和实施、学校管理方式变革等。而学校的整体改革同样离不开区域的专业引领。作为我们的学校,一所相对开放的公办学校,要实现课堂教学变革,这些路径值得借鉴。"幸福课堂"理念要实现真正落地,不仅要有自己的理论阐释,清晰的目标意识,也需要有清晰的路径和特点鲜明的教学模式来实现,同时还要与学校整体改革相匹配。

二、区域"自主式学习"课堂变革的引领[1]

我校所在的杭州市上城区于2012年底加入第二批浙江省教学改革试点项目,课堂教学改革取得了长足发展。围绕转变学生课堂学习方式的总方向,着力于研究"学为中心"的课堂,注重顶层设计的整体架构,确立了三条推进教改的工作路径:一是突出教师教育课程学习方式的改变,采用互动参与的体验式学习,引导教师改变研修学习的方式;二是在各学科开展以探究为核心的自主式学习,构建自主、合作、探究的新课堂,转变学生的课堂学习方

---

[1]杭州市上城区教育学院.基于学力思考的实践智慧——上城区推进课堂教学改革研究成果汇编[M].2014年11月。

式;三是在全区组织力量,开发与实施区域大课程,引导学校探索课程建设,以丰富的课程助力学生综合性学习。

在第二条路径中,区域以区教育学院为主要力量,进行以探究为核心的自主式学习课堂改革。以要素突破的方式引导全区教师开展实践研究。全区建立了若干个中小学课堂教学改革攻关小组,有针对性地对学习单研制、小组合作学习、展示性学习、教学诊断、思维引导和学法指导等要素进行项目攻关研究。自主式课堂各研究要素具体如下。

(一)学习单的研制

学习单是基于学生自主学习能力发展的需求而提出的,传统的课堂极大阻碍和限制了学生自主学习能力的发展,学习单的设计和运用有条件地变"先讲后学"为"先学后讲",让教师明晰学生的最近发展区,了解其困惑点,有效诊断学情。不同学校不同教师研究出了功能各异的学习单,如前置性学习单、活动导学单、任务学习单、小组合作单等。这些学习单在学生学习的各个环节发挥着支撑、指导、激趣、诊断等功能,让学生的自学更有方向性,让教师的教学更精准、简化、高效。我校"幸福课堂"的预学单设计就是在区域引领和指导下逐渐明晰的。

(二)小组合作学习

学生通过协同分工,寻求同伴帮助,聚合同伴资源,合作解决问题,这一过程是学生自主式学习的典型体现。区域内教师通过小组组建、合作学习规程设计、小组合作评价制度建设等对小组合作进行深入研究。小组组建有一定的原则,如组内异质、组间同质、正能量分组等。而小组合作评价制度则采取"五级评价",分别为"一课一评""一天一评""一周一评""一月一评""一学期一评"。在长效激励机制中督促学生提高合作效率,掌握合作技能。小组合作学习成为我校幸福课堂的研究重点。

(三)展示性学习

展示性学习是指学生在已有知识经验基础上,对所学内容进行深入探究,将自己或本组的研究结果用简洁生动的方式展示出来,以达到成果资源共享、共同提高的目的。展示性学习是合作学习或独立学习的进一步深化和完善,需要经过学习者反复思考、组织,对学习者的自主素养要求更高。同时,学生在展示性学习中,通过相互质疑、肯定、补充等行为,有效提高了自主学习能力。

(四)学情诊断

学情诊断是一切教和学活动的前提,学情诊断体现了教学的精准性,体现了"先学后教""简化教学"等思想。区域在学情诊断研究中,灵活开发不同的策略以期达到有效诊断,为后续的教学服务。如回族穆兴小学的"自我诊断书"、江城中学的"课前质疑"策略、杭师附小的小组学习单诊断、清泰实验的"三段式"诊断、上教院附小的英语单元学前准备性诊断等。

(五)思维发展与学法指导

学生思维品质的发展,特别是高阶思维,是教育教学的核心。而传统课堂,学生以被动接受知识为主,思维无法获得充分发展。在自主式课堂中,学生主动参与,自主寻求解决问题的一切办法,在这个过程中思维的灵活性、独创性、系统性、敏捷性、批判性获得发展。然而,学生的思维发展离不开教师的教学指导。闻蓉美老师引用《思维教学》一书中的观点谈到,以学生思维为基础的问答策略,鼓励师生、生生之间交流,相对民主,学生既有输入也有输出,思维最为活跃。促进学生思维发展的方法策略很多,老师们在研究中逐渐掌握相应的学法指导策略,有效提高了学生高阶思维能力的发展。

区域自主式课堂研究以学为中心,眼里装着学生,从学生主体出发,主要从两个层面着手:一个层面是学生学习方式的变革,着力倡导小组合作和展示性探究性学习研究;另一层面,为学习方式变革提供了全方位的支撑。也就是教师的"教",如学情诊断、学习单设计、学法指导、微课等,都是为了进一步促进学生学习方式转变而所做的努力。在区教育学院学科教研员的组织指导下,项目攻关小组成员带动全区各学科教师协同研究,使自主式课改推进的速度和成效有所提升。我校就是在这样的背景下展开"幸福课堂"的深入研究。

三、学校幸福课堂的实践探索

随着区域的发展引领,学校在课程建设、课程整合基本完善后,结合办学背景和理念,结合以往课堂研究经验,走向了新的发展阶段——幸福课堂研究和实践阶段。

(一)幸福课堂研究缘起

我校作为一所脱胎于传统名校的新学校,办学历史可以追溯到明万历二十七年(1599年)的崇文书院。尽管四百多年的历史岁月悠远而漫长,但是,在近些发展的历史图卷中,却也记载了胜利实验学校一个又一个闪亮的历史瞬间。新中国成立以来,学校(原胜利小学)于1953年定为省重点小学(1986年改为浙江省实验学校);2002年,胜利小学成功创办全国第一所专为小班化教育而设计的崇文实验学校;2009年,胜利小学新校区赞成校区投入使用。2014年,杭州市胜利小学赞成校区独立成校,更名为现在的杭州市胜利实验学校。作为一所百年名校,我校一直秉持着"幸福生活每一天"的办学理念,以唤醒内心需求、提供选择学习、丰富幸福体验为出发点,以培养健康、自主、文雅的卓越儿童为教育目标。这一理念不仅与当代幸福教育思想不谋而合,学校更在日常的教育教学实践活动中继续丰富着"幸福教育"的内涵,赋予这个概念在本校环境下的新内涵。课程整合研究、幸福课堂研究、幸福管理研究等都是学校践行幸福教育的有效路径。

另一方面,学校历来重视课堂教学变革。从20世纪90年代开始,学校就着手课堂教学中交往与合作研究,并在区域内外取得一定知名度。2010年,学校即明确提出"幸福生活每一天"的办学理念。课题《让学校成为孩子幸福的起点》也在省级立项,将"幸福"这一关键词植入到学校工作的各方面。其中减轻学生课业负担就是我们幸福教育理念落地的重要举措。语文教研组在上城区教育学院学科教研员的引领下,率先提出了"课堂十分钟作业"要求,旨在引导教师备课不仅备教材,也要备学生和练习,只有这样才能提高课堂效率,切实减轻学生负担。2012年,上城区提出建构以探究为核心的自主式新课堂,学校主动参与区自主课堂研究实践,语文组老师分别加入区域自主课堂研究的学习单研制组、有效合作组、作业优化与教学诊断组。2013年，在区域自主课堂研究引领下，学校结合自身办学历史和理念，课题研究又走向深入，学校《幸福课堂实践研究》在市级立项。在省教研室教学评价与研训部方张松主任的指导下，学校幸福课堂定位从学生发展出发，从"主动参与、有效思考、个性表达"三个维度来践行以学生为中心的教育教学理念。"幸福课堂观察量表""教师幸福课堂教学常规"是此课题的最大亮点。2015年，为了准确把握学生起点，使课堂发挥每个学生优势，促进合作，学校将视角转向幸福课堂三单设计，分别是预学单、共学单、复习单。至此，幸福课堂研究又有了质的进步。

（二）"幸福课堂"的内涵

从杭州市胜利实验学校的发展历史看，无论时代如何变迁，学校的灵魂深处所蕴含的始终是"为人的发展服务""为人幸福生活服务"，这一教育目的，百年来始终未曾改变。打造"幸福课堂"是我校实施幸福教育的重中之重，幸福课堂的研究根植于学校实际需求，匹配于学校"幸福生活每一天"的办学理念，同时也是区域自主式课堂研究的学校行动体现。幸福课堂就是幸福地教、幸福地学，上好每一堂课，让学生、教师在课堂教学中共同成长、共享快乐，感受成功、感受幸福。幸福课堂的核心是学为中心，以学为本；其基本特征是主动参与、有效思考、个性表达。

主动参与，是强调赋予学生主动参与的时空，转变评价方式，鼓励每个孩子能主动参与，建立积极的学习心态，创设多元的课堂参与途径，为每个孩子提供参与的通道；

有效思考是要给予孩子思考的空间与时间，设计分层次、多元化的思考活动，让每个孩子都有思考、都能思考，并学会欣赏别人的思考；

个性表达是重在创设自由化空间，赋予孩子行为的自由、个性表达的权利，尊重个性，鼓励孩子个性化表达；设计丰富的教学方式，教会孩子个性化表达的方法。

打造幸福课堂的有效方式是量表制订、学习单设计、信息技术助力。学校期望通过研究，让课堂呈现出胜利实验学校独有的幸福味儿。幸福课堂研究本质是学教方式的变革,不论从技术层面还是理念深处的追求,全校老师都在努力,在切实推动课堂教学不断进步的同时,一大批教师在研究中成长起来。

(三)幸福课堂的推进策略

幸福课堂研究主要经历了以下几方面的推进策略:全员研究,达成共识;行政听课,制度保障;幸福展示,家长参与。

1. 全员研究,达成共识

为营造幸福课堂,学校对全体教师进行了理论与实践的引领,在思想和目标上达成共识。首先,对幸福教育的理论进行学习,列出阅读书目,在思想上达成共识。其次,通过实践,形成"主动参与,有效思考,个性表达"三个关键词的课堂观察量表,并邀请专家进行鉴定完善。每个教研组围绕幸福课堂的特质开展教研活动,在教学中努力达成"主动参与""有效思考""个性表达"的幸福课堂。围绕学校课题,鼓励教师们积极申报子课题,形成了省市区校四级课题网络。鼓励教师积淀教学智慧,每月反思。教师乐于研究,并逐渐形成自己的阶段性教育教学研究成果,教育教学论文、案例在各级各类比赛中获奖。幸福课堂的理念逐渐成为教师的共识,并努力化为教学行动。

幸福课堂观察量表:在教学实践与研究中,我们逐步形成《胜利实验学校幸福课堂的观察量表》,以及胜利实验学校幸福课堂的指导性建议,让每位教师的操作更有依据,进一步提升学生在校的幸福体验,培养学生良好的学习习惯和浓厚的学习兴趣,不断提高课堂教学幸福感和有效性。量表主要分学生行为和教师行为量表。例如,在学生行为量表中,从参与态度、参与效果两个指标来评价学生的主动参与;从大胆质疑、举手发言、形成观点、发言质量四方面评价有效思考;从独立表达、真实表达、确切表达、生动表达四个指标来评价个性表达。在教师行为量表中,从课堂氛围、教学结构节奏、课程资源、理答等方面来观察教师是否有效促进学生主动参与、有效思考、个性表达。还专门设计理答量表和促进学生个性表达行为量表。幸福课堂观察量表的设计是全方位、全覆盖的,在对课堂行为的评价和改进上起着重要作用。

幸福课堂三单设计:幸福课堂的变革研究光靠"十二字方针"和观察量表

还远远不够。为了能从策略上有效推进幸福课堂的真正实现,学校积极组织老师们研究设计三单,分别为预学单、共学单和复习单。预学单是在区域"前置性学习单"提出的背景下而产生的。与传统的预习作业不同,"预学单"同时也是教师教学中使用的一种教学媒介。它是在新课前,教师根据某一教内容、学习目的、重难点预估及学生特点出发设计的学习单,引导学生依据自己的能力水平提前进行自主学习,教师则根据预学单结果分析、设计、调整教学,提高教学有效性。合作单是指在合作过程中小组合作完成的学习单。教师关注学生合作学习全过程,提前设计合作单,遵循小步子原则,给学生以方法指导和明确的合作任务与分工,促进合作活动的有效开展。复习单则是为了保证"课堂十分钟作业"的有效性。教师提供复习单,学生当堂完成,作为巩固复习,而教师则利用复习单了解学生即时掌握的情况,以便下节课进行调整和完善。

2. 行政听课,制度保障

为更好地进行幸福课堂研究,创建轻负高质示范校,学校每周二为行政听课日,并形成相应的学校制度规范落实。学校制订《杭州市胜利实验学校行政听课日工作流程》。每周二,教导处准备好摄像机,记录教师的课堂教学;学校行政班子和教研组长、名优教师共同参与,围绕"幸福课堂"的三个表征"主动参与""有效思考""个性表达"进行课堂观察,及时发现、提炼常规课堂中的亮点与值得推广借鉴之处,以行政听课日志的形式上传校园网供大家学习,并由学校推荐"幸福课堂"优秀微型课例,利用校园网营造观课、研课的氛围。

课堂是实施教学的主阵地、主渠道。"行政听课日"成为幸福课堂研究的有效途径。教师因"行政听课日",把每节课都当作"研究课""观摩课"来准备,自觉钻研,精心设计,持之以恒,自身的教学能力和水平自然会不断提高,渐渐形成自己特有的教学风格,使专业得到发展。学校领导层面在原生态下了解教师课堂教学中如何体现幸福课堂的精神,积累教师教学中的经验,适时地总结推广,有利于推动和促进新课程改革,使其朝着有益的方向健康地发展。

3. 幸福展示，家长参与

随着幸福课堂的研究与推进，每个班级学生学习的幸福指数上升，学校借家长开放日活动，来展示幸福课堂的理念，更新家长的观念，让家长也体会到把孩子交给学校的幸福感。家长开放日，是学校开展的一项面向学生家长的活动。每周开放一个至两个班级，邀请学生家长来学校深入学生课堂，聆听教师的讲课。学生家长深入了解自己孩子在学校的表现情况，了解老师的讲课水平，与校领导有深入的交流。

家长开放日活动，孩子们很幸福，幸福来自可以跟自己的爸爸、妈妈一起学习；家长们很幸福，幸福来自可以零距离的观察孩子们的上课表现，感受老师的精心教学；老师们也很幸福，幸福来自家校合力，可以让学生更优秀。学校积极营造幸福、平等的课堂氛围，以人文、鼓励式的管理方式驾驭课堂，实现师生之间的生命交往，让学生在课堂上被欣赏和被尊重，得到实现生命价值的满足，让师生的智慧在课堂中闪现。

第二章 解读：幸福课堂的理论阐释

幸福是一种感觉、一种体验、一种状态，幸福课堂是让学生感到舒适、温馨、快乐的课堂。幸福课堂就是要让学生感到，课堂就是他们的家，有了家的感觉，他们才能积极主动地投入学习，才能让学习走进自己的情感、生命和灵魂的深处。据此，我校幸福课堂的研究起点是学生，终点是学生成长，发展目标是培养学生。一句话，学生是幸福课堂的核心，是幸福课堂的坐标原点，教学就是促使每一个学生都能够获得多个维度的丰厚发展。

第一节　幸福课堂的价值取向

从学习的特殊使命来说，幸福课堂应该是同时满足学生求知欲和表现欲的课堂，满足求知欲就是让学生感到学有所获，通过学习感到有变化、有进步、有提高、有发展。满足表现欲，就是让学生感到自己有力量，有价值，在课堂上有存在感。教师要接纳学生、重视学生、相信学生。幸福课堂的价值取向，具体来说，体现为三个方面。

一、基于学生立场：幸福课堂的价值基石

所谓立场，是指人们在认识和处理问题时所处的地位和所抱的态度。学生立场，则是指教育必须把学生当主体，尊重学生的自由，顺应学生的身心发展规律，用学生的眼睛去审视，用学生的耳朵去聆听，用学生的心智去思考。这是教育的根本问题，也是教育的根本立场，更是幸福课堂的价值基石。

对于学生而言，课堂教学是其学校生活的最基本构成，它的质量，直接影响学生当下及今后的多方面发展和成长。研究"幸福课堂"，就是希望提升学生在课堂中的幸福感受，寻求生命的价值。课堂的学习方式不变革，课改就不能走向深入和本质。传统课堂教学观的最根本缺陷就是在于把丰富复杂、变动不居的课堂教学过程，简约化归为特殊的认识活动，把它从整体的生命活动中抽象、隔离出来。研究每个独立个体，把处于不同状态的学生在课堂教学过程中的多种需要与潜在能力调动起来，研究课堂教学活动中双边多向、多种形式的交互作用和创新能力是幸福课堂研究的关键所在，也是推进课程改革、让课改走向实质的重要一步。

第二章 解读：幸福课堂的理论阐释

（一）把课堂还给学生

目前的中国教育中，我们时常会看到：考试竞争和升学的线性思维驱动许多家长从幼儿园开始就早早地正式将学习带入到儿童的生活中，以"不让孩子输在起跑线上"为名的早学、抢学和违背学生身心发展规律的教育现象时有发生。一些家长和教师甚至将学生的学习狭隘地理解知识技能的灌输与训练，认为孩子练得越多越好、越快越好、越难越好。学生学习的动机更多来自外部的强化甚至逼迫。这样的状态并不能让儿童体会到学习的投入和轻松快乐，只会过早地破坏他们的好奇心和对学习的天然兴趣，使学习的心理负担和压力不断加剧。

教育部长陈宝生在2017年全国教育工作大会上明确强调，要"建立以学习者为中心的人才培养模式"。陈部长的话让全体教育者找回了教育的初心。教学就是教和学的组合，学是本源性的存在，教师条件性的存在，无论是从个体成长还是从人类发展来说，学都先于教而存在，教是为学服务的。学是教学的出发点、落脚点，教学的中心、重心在学而不在教，教学应该围绕学来组织、设计和展开。为此，我们要把学习的权利和责任还给学生，激发学生的学习兴趣，培养学生的学习能力，引导学生成为学习的小主人，学会自主学习和自我教育。

幸福课堂的研究致力于构建以学为主线、以学为本的课堂教学体系和结构。具体来说，有以下几个方面：一是课堂时空的分配。把课堂的学习时间、学习空间让位给学生，还给学生，彻底改变满堂灌、一言堂的现状，尽可能让学生能动、独立自主地学习成为学生学习的基本状态。二是教学设计和教学活动要以学生的学习为主线，学生文本阅读和个人解读的全过程，学生观察、操作的全过程，学生问题生成、提出、解决的全过程等，应该成为贯穿课堂的主线和明线。

（二）遵循学生身心特点

儿童是天生的学习者。儿童不是一张白纸，也不是机械的刺激反应者，儿童先天的学习能力超出我们的想象，这是近期认知神经科学对婴幼儿的一系列研究的公认事实。大量研究发现，儿童，即使是幼儿，都具有极强的先天认知能力,这些先天的能力体现在数字、因果关系、推理、语言、视觉记忆等各方面,甚至在更为高级的认知策略、元认知等方面,儿童也具有先天的基础。

例如儿童在早期就具备了学习语言的机制,能够区分非言语刺激和言语信息,区别语言的变化、注意到口形与声音之间的协调性,这些语言发展的先天能力使得儿童在3岁时就能够流利地使用语言、形成概念,发展他们关于世界的常识性知识。儿童的大脑有天生的学习倾向,避免混乱,试图在纷繁复杂中寻求模式,寻求"因果联系",这也是后天发展儿童在数学、历史、文学等多个领域"建立模型"的基础。我们不得不承认,儿童是天生的学习者。这些生命早期出现的"天生的"能力和品质,是后天学习中高阶思维与深度学习的根基。

幸福课堂的研究致力于打造一种新型的课堂文化,提供给学生适合的教育,促进学生活泼学习、健康快乐成长,全面而有个性的发展。让学生的身心特点得到充分的尊重,让学生的安全得到充分的保障,让学生的潜能得到充分的开发,让学生的能力得到充分的发挥,让学生的思维得到充分的展开,让学生的自信得到充分的培养。最重要的是,让儿童在不同的学习情境中尝试错误的可能,对错误进行反思和解释,发展和锻炼他们的大脑。

(三)让学生自由学习

德国哲学家马丁·海德格尔在关于教学的定义中有这样一段话:教比学更困难是因为,教要求做到的是允许别人去学。真正的教师要做的是让学生自由学习。西方教育心理学提出建构主义,其核心就是以学生为中心,强调学生对知识的主动探索、主动发现和对所学知识意义的主动构建。鼓励孩子自我探索和发现,在此过程中获取的知识更为稳固。宋代文学家陆游曾说:"纸上得来终觉浅,绝知此事要躬行。"既能轻松又明白地传授孩子道理,又能让孩子主动探索的方式,是再好不过的选择。

儿童借助工具、材料、他人与客观世界的未知对话,创造出了对他自己而言的新知识,新实践,而因为这种学习中的创造性和灵活性,儿童在不同的情境中更有可能进行迁移和转化,形成杜威所说的成长性的经验。在浅层的,依赖式的学习,不求甚解的机械学习,被动的表面学习,过于追求显性结果的竞争学习中，儿童所习得的知识、技能、行为联系往往是单一、固化的，在新的情境中也难以发生迁移。拥有成长性经验的个体则能够灵活运用知识，能调节情感、态度，去主动解决新的问题，产生迁移，所以在这种类型的学习中必然包含着一系列思维和问题解决的过程，儿童在这样的学习中获得自由，感受到了学习真正的快乐。

幸福课堂的研究致力于让孩子们主动探索、发现和更自由地学习。学习的核心是思维的参与，学生的本真思维、独立思维，包括学生在教师和教材启发下产生的个性化见解、想法，需要鼓励、保护、尊重，当然也要改造、提升和完善，这是学生创造性思维发展的源泉。自由地学习意味着学生在学习中不盲目接受来自教材或教师的现成答案与结论，不唯书、不唯上，敢于自觉地根据自己的理智做出分析和判断，主动建构对课程知识的理解。

二、重塑学习逻辑：幸福课堂的价值诉求

课堂是学生学习的场所，但在传统教育中，课堂中发生的学习过程仅仅只是一个单向的过程，即是一个学生被动接受知识的过程。换言之，传统课堂上发生的学习逻辑是一个教师传授、学生接受的逻辑；是一个以教为主的逻辑。显然，在这样的学习逻辑面前，学生学习的幸福感一切都无从谈起了。而我们所倡导的幸福课堂就要重塑学习逻辑。

（一）把握学习起点

奥苏伯尔曾说过："影响学习最重要的因素是学生已经知道了什么，教师应根据学生的原有知识进行教学。"学生已知的内容就是学习的起点，具体来说，学习起点就是指学生学习新内容所必须具备的知识与能力储备，包括逻辑起点和现实起点。很多教师都能意识到学习起点的重要，但实际教学时，往往做不到客观地了解和把握学生的学习起点，大多停留在自己的主观臆想上。教师对学习起点的把握主要存在三种不良倾向：一是对学习起点分析"错位"，会导致教学迷失方向或偏离重点；二是对学习起点估计过低，会导致教学只是重复学生已经会的；三是对学习起点估计过高，会导致教学只是为少数人服务。这些不良倾向的存在，主要是受到教师为中心的影响，使得大

部分学生总是被老师牵着鼻子走,都很难得到应有的发展和提高。把握学生的学习起点,有助于教师根据学习起点切入教学内容,调整教材的呈现次序,及时调整课堂教学进程等。改善这些不良倾向的基本策略就是要树立"以生为本"的教学理念,并真正落实在教学活动的每一个环节中。

幸福课堂的研究将致力于指导教师在教学活动各个环节做好全面、深入的学前调查工作:学生是否具有进行新的学习所必需的知识和技能?学生是否已经掌握或部分掌握目标中要求学会的知识与技能?没有掌握的是哪些?掌握的程度怎样?哪些知识学生自己能够独立学会?哪些知识学生可以通过互相学习学会?哪些知识需要教师的点拨和引导?学习的重点是什么?学习的难点是什么?教师如何教才能突出重点、突破难点……

概括地说,就是从两个方面出发做好调查了解。第一,把握课本的逻辑起点和学生所处阶段的现实起点。第二,处理好大多数学生和小部分学生的学习起点差异性。调查的方法与手段可以多样化,教师可以根据班级实际、自身特点、教学内容等因素进行合理选择。教师对调查收集所得的信息要进行认真分析,并作为教学设计与实施的主要依据。

(二)优化学习过程

现代教育观强调发挥学生学习过程中的主观能动性,教师引导学生掌握正确的学习方法、优化学习过程、培养良好的学习习惯,比传授知识、技能更为重要。这样学生才能主动地进行学习,才能形成较强的学习能力并获得长足的发展。

在大多数的常态课堂中,教师们最关注的、花时最多的、最多被探讨的仍然是课堂中的知识如何被获取,这显然是不够的。直接追求大量知识的获取将会带来对自我系统、元认知系统、认知系统的忽视。人要去学习,最先被触动的,不是知识点和技能点,而是激活学生的自我系统,打开他对这个任务的感受、价值判断、情感态度,如果这一切都没有问题,元认知系统才会确定学习的方向与策略,调动已有的相关知识解决问题,然后课堂上才会有专心、专注、投入的学习行为,认知系统才会去处理知识和技能。

幸福课堂的研究致力于指导教师探索教学内容的最优化和教学方法的

最优化。在教师指导下,学生应当认清整个基本学习任务,把这些任务作为行动的指南,不断地集中注意力于课题的主要问题上;设法找出完成学习任务的最合理方案,通过及时的自我检查,力求逐步调整自己的活动,扬长避短;在保证学习活动高质量的前提下,合理使用时间并设法加快学习活动的速度;对工作效果和时间用量做自我分析。

概括地说,就是从以下几个方面做好优化。其一是使教学内容符合于教学任务,突出教学内容中主要的、本质的东西。按照规定的教学时间安排课堂教学的内容,保证以差异化的办法来教育"学优生"和"学困生"。其二是选择最适当的课堂教学结构:即提问、学习新教材、联系、巩固、家庭作业、小结等的顺序。其三是教师自觉地选择最合理的教学方法和手段。教师要对方法的多样性有深刻认识,还要具体分析教育教学任务,具体分析教材内容,还要根据学习的具体阶段,考虑学生学习的可能性等。总之,就是具体问题具体分析。其四是对学生采取差异化对待的办法,把全班的、小组的和个别的教学形式最优的结合起来。

(三)改革学习评价

习近平总书记在全国教育大会上指出,要深化教育体制改革,健全立德树人落实机制,扭转不科学的教育评价导向,坚决克服唯分数、唯升学、唯文凭、唯论文、唯帽子的顽瘴痼疾,从根本上解决教育评价指挥棒问题。新时代背景下,社会呼唤教育评价的新样态。

《浙江省关于深化义务教育课程改革的指导意见》明确指出,要深化评价改革,要规范考试评价,探索推广过程性评价、表现性评价和发展性评价,探索形成多形式、人本化的学生发展评价机制。我们认为,评价改革的基点是对"人"的全面关注。学业评价改革必须改变以往那种唯分数论的思路,要关注学生的学业成绩,更要发现和发展学生的学习潜能;要了解学生当前的实际需求,也要帮助学生认识自我的发展方向;既要检查学生对知识技能掌握的情况,更要运用多种方法,综合评价学生。

幸福课堂的研究致力于树立科学的教育质量观,建立一套体现综合性、多元性、发展性、激励性等特征,指向学生发展的综合评价机制,评价关注学生学业发展、身心发展、兴趣特长养成等方面的表现情况。形成一套行之有效、方便快捷的评价操作流程，强调发展性、过程性，探索评价方式的多样化和评价主体的多元性。形成具有校本特色的评价新样态，建立科学、完整的符合学校实际情况的语文学科的分项等级评价体系。最终引导学校和教师改变偏重结果的评价方式，重视学生学习的全过程，使评价的诊断和发展功能在整个学习的过程中，既反映学生全程学习结果，又成为促进学生发展的有效手段。

概括地说，学生综合评价应体现全面性。评价关注学生学科学习的知识与能力、过程与方法、情感态度价值观，把学科三维目标都切实融入各学科的学业评价之中。强调发展性，评价强调促进学生的发展，重视过程性的评价，多种形式结合的评价方式、评价手段。注重多元性，评价主体多元性，评价主体包括学生个体、同伴、教师、家长等。评价方式多元性，结合学生日常的学习表现，通过口试、笔试、综合实践活动、调查访谈、成果展示等途径开展评价。

三、提升教育意境：幸福课堂的价值追寻

十年树木，百年树人，是说育人需要一个较长的过程。这就需要我们提升教育意境，使学生在这个过程中逐渐受到熏陶、浸润，得到成长、发展，这也正是我们的幸福课堂所追寻的价值所在。

（一）奠基学生的学习素养

随着 2005 年 OECD（经济合作与发展组织）提出"核心素养"的概念，各国政府和国际组织也及时对变革的基础教育要求做出应对，改变传统的关注知识技能掌握的教学理念，相继构建自己的"核心素养"模型。我国也在 2016 年发布了"中国学生发展核心素养"，为培养中国学生适应终身发展和社会发展需要的必备品格和关键能力提供了指导。

学生的学习基础素养由三个方面构成：身心健康、学习品质、学习能力。三者之间相互渗透与融合。身心健康是三个维度中的基础性指标，指向个体的认知与神经系统发育，身体运动机能和社会性—情绪的发展。学习品质指

的是儿童在学习过程中表现出来的主动性与调控性的非认知特征,学习能力是在面对真实问题情境中的问题解决能力和思维方式,指向提出问题,建立联系与个性化的表达,是学会学习、批判性思维、创造性问题解决等多个21世纪技能在学与教中的具体化。

幸福课堂的研究致力于为学生的学习基础素养奠基,希望能通过教育教学实践,提升学生的学习品质和学习能力。要实现学生学习素养的培育,就必须对学校教育的课程、课堂和生活各方面进行改进。

(二)面向学生的未来成长

1972年联合国教科文组织发布的报告《学会生存——教育世界的今天和明天》到今天为止仍然影响深远。它指出,由于科学技术的发展带来了科技变革,社会进入学习化社会,教育不再停留在阶段性教育层面,而应成为"终身教育",为人的一生负责。因此,只有转变以往对于知识掌握的过度关注,聚焦学生素养的培养,才能帮助他们从容应对今后可能遇到的各种问题。

学校作为小学生接受教育、实现个人发展最集中最有效的场所,对小学生素养的培育肩负着重要责任。我们过去的学校课程设计、课堂教学组织和学校生活规划主要针对学生的知识掌握和技能培养,还没有形成以素养培育为目标的学校教学。在这种背景下,要使学生能适应未来的社会,就必须在当下对学校教育的课程、课堂和生活各方面进行改进。

幸福课堂的研究致力于培养面向未来的人。在当前这个时代,信息技术使我们生活的方方面面都联结、互动起来,这里知识的壁垒、学科的隔阂、课堂内外的差别都在一点点消融。在这种情况下,只有让我们的课堂空间开放起来,学习内容互联起来,才能适应教育的变革,只有转变以往对于知识掌握的过度关注,聚焦学生素养的培养,才能帮助他们从容应对今后可能遇到的各种问题。

(三)丰盈学生的精神世界

苏霍姆林斯基说过:"尽可能深入地了解每个孩子的精神世界——这是教师和校长的首条金科玉律。"人既是物质的存在,更是精神的存在,人之所以为人就在于其独特的精神世界,因此教育的本质就是逐渐丰盈学生的精神世界。教育不仅要教给学生"渊博的知识",更要提高学生的学习兴趣,培养学生对知识本身的兴趣,可以让学生将学习过程的乐趣与学习结果带来的成就感融为一体,此外,还要促进学生思维能力的提高和人格精神的发展,使学生在学习过程中能勇于尝试有难度的学习任务,有勇气面对学习中的困难与挫折。

幸福课堂的研究致力于探索丰富多彩的活动形式和实施方法,使得每一个学生都能在认识世界和自我表现的活动中发展兴趣、展现天赋、增进知识、丰盈精神、收获成长,实现自我理解、自我确证、自我实现以及自我超越,进而获得精神的充盈、生命活力的激发。师生在教与学的过程中,不仅学习与生成了知识,最根本的,是师生的生命价值得到了体现,心灵得到了丰富与发展。

第二节　幸福课堂的基本架构

我们提出了幸福课堂的命题,并不仅仅局限于单纯的课堂教学改革,或者说,并不是就课堂教学改革论课堂教学改革,而是力图通过对课堂的重构,实现育人方式的转型,真正让课堂实现立德树人的任务。基于这种思考,我们从理性层面对幸福课堂进行了架构。

一、幸福课堂的操作理念

通过课堂观察,我们能够得出这样的结论:在课堂中能够主动地参与学习活动,学会不断思考问题,体会到思维的乐趣,能够将自己的所思所想自如地表达的孩子一定是幸福的,因为他们有持续时间较长的对学习的满足感和愉悦感。因此,我们确定了杭州市胜利实验学校幸福课堂的12字操作理念:主动参与、有效思考、个性表达。

(一)主动参与

主动参与,是指学生在课堂中表现为强烈的主体意识和自我意识。学生基于原本的生活经验及学习基础,在课堂中将情感、思维和行为自觉地融入学习活动。以认知发展为中心,主动地建构意义,达成相关课程的学习目标。其本质是对学生学习潜能的信任和对学生独立性的尊重。主动参与是发自内心的自动和自觉,在学生学习活动中表现为"我要学"。这种内在需要主要表现在学习兴趣和学习责任两个方面。

(二)有效思考

有效思考,就是让学生进行深度地思维,促进学生思维水平的发展。思维水平的发展主要包括思维能力的提高、思维品质的提升和科学思维态度的养成。具体来说有三层含义：一是有根据的思维。思考不是主管臆想，而是以事实、数据和已经得到证实的知识作为依据进行的推论和思维；二是有条理的思维。即周到、系统、有逻辑的思维；三是有深度的思维。即直抵事物本质的思维。深度既包括思维方式、方法和过程的深度，也包括思维对象的深度。

（三）个性表达

个性表达，是内在个性的一种外化形式。在思考的基础上，学生发表自己的看法和观点，并与同伴进行交流、互动、分享，可以使自己的看法和观点得到完善、补充或更正，使自己学习和认识的水平不断提高。学生的生活经验和已有认知水平不同，都有其独立的精神世界，因此有对事物的个人感受和见解，当其用一定方式表达出来的时候，就是一种个性表达。个性表达分为口语表达和书面表达，其目标要求是真实、确切、生动。思考、表达能力是学生学习的一般能力，是所有学科学习的通用能力。它们与学科能力的关系是一般与特殊、工具与内容的关系。就能力自身发展而言，它们是其他能力的基础。

二、幸福课堂的实施原则

（一）既研究学生的现状，又研究学生的过去和未来

现代科学技术的急剧变化给现代教育带来了困惑和挑战：现在学校教授的知识可能在学生毕业时就已经过时。如何设置课程目标，重建课程内容，更新教学方法，才能使学生能够更好地适应未来社会的人才需求？这是摆在教育工作者面前的一道严峻的课题。

不同的学生都有各不相同的最近发展区，其素质具有多样性和差异性。研究学生的现状，就是要通过分析学生已有知识与能力来确定教学的起点。一般地说，起点知识和能力分析包括：学生是否具备进行新的学习所必须掌握的知识与技能；学生是否具有学习的自我管理组织能力和心理承受能力；学生学习态度分析，即了解学习者对所学内容的认识水平和态度。同时，还

研究与学生现状有关的历史发展情况、发展变化过程,以及未来发展的趋势,正确进行归因分析,发现学生蕴藏的内在潜能,捕捉学生向上的"闪光点",不断激励学生前进,使师生双方都体验到成功的愉悦。

(二)既研究学生的共性,又研究学生的个性

一个教学班的学生都会反映同龄人的共同特点,折射出时代的基本特征,同时,班级群体中的不同学生有着不同的个性,而且班级中学生个体之间的智力、非智力因素发展水平也存在着程度不同的差异,每一位学生都具有自己的存在方式与最近发展区,具有兴趣广泛与情绪不稳交错、强烈的自我意识交织着依赖心理等基本心态。研究每个学生的个性,尊重学生的差异,准确地把握当代学生的基本心态,才能对症下药,有效提升学生的核心素养。因此,教师必须帮助学生选择合适的方法,真实了解学生共性中的个性特点,让不同层次的学生体验不同的成功。当进步成为班级学生的学习主题,其学习与生活的幸福不言而喻。

(三)既研究学生成长的内因,又研究学生成长的外因

每个学生都有自己的内部世界,是其生理、心理、思想、道德、知识技能等多种因素的机体,而这内部世界与他人生活和学习的物质环境、人文环境等外部世界又是密不可分的统一体,只有将学生内部世界与外部世界统一起来进行研究,才能对学生进行正确的归因。幸福课堂十分重视学生学习行为习惯和学习心理的研究,营造浓厚的好学、乐学的氛围,形成"刻苦、奋进、拼搏、乐观、愉性、向上"的课堂学习氛围,让学困生顺利度过暂时危险期,加入学习成功者的行列。

(四)既研究学生的智力因素,又研究学生的非智力因素

传统的学科教育过度地在学科上做文章,教师往往纠结于学科知识的容量(内容的多和少)和难度(内容的深与浅),虽然对所教学科的知识点和训练点烂熟于心,但对学科的本质和教育价值却知之甚少,对学生通过本门学科的学习要形成哪些核心素养以及怎样形成这些素养也不甚了解。

人的素质是智力因素和非智力因素的辩证统一体,两者相互渗透,相互促进。研究学生,必须研究学生的智力因素,培养学生的注意、观察、记忆、想象、思维等能力,同时,研究学生的非智力因素也是研究学生不可缺少的重要部分。培养学生学习的动机、兴趣、情感、意志、理想、信念等,并针对学生的气质、性格等个性心理特征施教,加强教学的针对性,提高学生学习兴趣,形成自主学习的心理素质和方法技巧,一旦把学习的主动权交给学生,收获的将是学生的智慧与快乐。

三、幸福课堂的设计思路

20世纪以来,发展性、主体性、差异化、个性化、多样化、整体性、生活化等逻辑,成为现代学校的主要选择,并在不同阶段得以体现。朱永新描述了未来学校的10大趋势,即形式上更丰富,本质上更自主,时间上更弹性,内容上更定制,方式上更混合,教师多元化,费用双轨化,评价过程化,机构开放化,目标幸福化。互联网+的泛在,云计算、大数据、人工智能、虚拟现实的快速发展,深刻地影响着学校教育特别是学校的时空存在,也推动了学校时空的变革。

学校是教书育人的场所,我们不仅教学生知识与技能,还要教那些成为一个"完整的人"所具备的情感、态度、价值观。幸福课堂的学习空间设计应紧紧围绕人的活动和互动模式来进行。侧重在提高校园生活质量的同时,从儿童成长的方方面面、时时处处来支持他们的学习体验。因此,围绕着幸福课堂的十二字操作理念——主动参与、有效思考、个性表达,我们设计了三个空间的学习,设计架构如上图2-1所示。

常规学习空间的主动学习、非正式学习空间的自由学

图2-1 幸福课堂三空间学习架构图

习、网络学习空间的创意学习,三大学习空间呈现出多元的形态,为学生提供了更多的选择。传统的长方形的教室空间结构将被打破,教室的边界正在消除,从空间上看是"学习无边界"的,各学习场景相互融通,学习、运动、生活等区域交替变换,学校与社区联系日益紧密,线上与线下学习的自由切换也将成为日常,大自然、社区、各种场馆的学习都成为学习的课堂。学习不再是"与世隔绝"的象牙塔内的活动,而是与生活、自然和社会高度融合的。

围绕幸福课堂的十二字理念,设计三大学习空间;利用三大学习空间,培育学生的学习品质和学习能力。对学生而言,通过课题研究,转变学生的学习方式,促成学生积极主动学习,提高学习的效能感,从而对学习产生积极的情感体验;对教师来说,通过课题研究,能够积极探索转变学生学习方式的教学策略,在促进学生学习方式的转变的同时,实现教学方式的优化。通过师生双方良好互动,实现教学相长。

四、幸福课堂的策略要求

幸福课堂,既体现了学生当下在课堂中积极正向的学习状态,又为他们将来的幸福发展奠定了基础。既是学习品质,又是学习能力。有鉴于此,我们又规定了幸福课堂的三条策略要求。

(一)基于成长的立场

教学的最高目的是培养人,人的成长和发展是教学的真正落脚点。成长是儿童生命的基本价值,这种生命价值不可估量也不能忽视。生命的过程既不会停滞,也不容等待。从空间的角度而言,儿童正从家庭走进学校,生活空间在不断扩大,内心世界的发现和自我意识的觉醒使儿童对自身的发展有着强烈的关注和尚不清晰的勾勒。于是,儿童的成长就有了更强的自觉选择和自主追求。主动参与、有效思考、个性表达,这是儿童学习的重要内容,也是我们课题研究的基本着眼点。

幸福课堂三个空间的学习活动设计与实施必须立足于儿童成长,为了儿童、服务儿童,把儿童放在教育的中心。要重视儿童本身的能力和主动精神,重视儿童已有的经验,重视儿童的兴趣与需要,并以此作为教育活动的出发点。切忌以成人的愿望代替儿童的愿望,以父母的兴趣代替儿童的兴趣。在学习活动的设计中要凸显直接经验。因为,没有一定的直接经验,学生难以理解和掌握间接经验。间接经验是基于直接经验和为了直接经验的,是无数直接经验整合的结果。只有当间接经验真正转化为学生的直接经验的时候,它才具有教育价值,才能成为人的发展价值。

(二)本着生活的宗旨

学生的成长是在学生的生活过程中实现的。学生的生活与其他人的相比,有其特殊性。这种特殊性表现在学生的生活是由学校生活引领的生活,在学校教育中,"学生"这一词的要义就是"学会生长""学会生活",因而,学生是以学校活动为主体的。从时间上看,学生在学校中度过的时间既多且长。从空间上看,学校生活是学生的主要空间,而学校生活是专门组织的实现学生生长的生活,具有高度的组织性、目的性和自觉性,家庭生活与社会生活则具有更大的自然性。因此,学生的生长是在学校生活过程中并通过学校生活去引领家庭与社会生活实现的。

杜威认为,学生应该在生活中学习——教育即生活,这一命题从时间上强调教育对儿童生长与发展的意义,从空间上强调教育与社会生活和儿童生活的联系。陶行知则将这一命题翻了半个筋斗,认为——生活即教育。生活是教育的源泉、依据和中心,教育与生活之间存在着不可分割的内在联系。学生在生活中的生长和发展就是教育的目的。教育就是经验的改造,就是生活的改造。切忌将生活与教育割裂开来,将学生与社会割裂开来。教师在教学过程中注意引导学生在参与互动中学习,在交往中学习,在体验中学习,在游戏中学习,在探究中学习,在生活中学习。

正因为生活与教育息息相关,因而,幸福课堂的三大学习空间变革必须在生活中、为了生活、用生活进行。强调通过学生的活动,学生的参与来进行学习,而不是由教师进行直接的讲解和传授。学生是活动的主本,学习是学生的自我活动,教师是无法代替的,学习不仅要学生用自己的脑子思考,还要用自己的眼睛看,用自己的耳朵听,用自己的嘴巴说,用自己的手操作。强调必须通过经历一定的过程和完成一定的任务进行学习并获得知识,而不是直接从教材上获得结论,活动是一种过程,学生的学习不可以走捷径,一定要经过若干道程序、若干个步骤、若干个环节。

(三)持有开放的心态

开放意味着多元融合、兼容并包、混合互联。开放既有物理层面的开放,也有资源层面的开放,更有思想的开放、心态的开放。真正的开放是从时间到空间、从有形到无形、从外在到内在的立体开放。

幸福课堂的研究推进需以学生为中心,建立三大学习空间的混合、连通、重构。学校的作息、教室的布局、校园的格调应成为更友好的学习环境,应突出弹性的多目的空间建设,更加支持协作学习、自主学习、主动学习以及探究和创造。如混合,包括普通教室、专业教室、公共空间的混合,正式学习空间与非正式学习空间的混合,学校空间、家庭空间、社会空间的混合,真实空间与虚拟空间的混合等。连通,包括教室内部桌椅之间的连通、同一年级及不同年级之间的连通、教室与其他空间的连通、教室与大自然的连通、教室和社区的连通等。重构,可拆分、可组装、可拼接、可重配的时空设计本身就蕴含着多种可能性,这将促进多样灵活的教学模式的实现。切忌将学生禁锢在封闭的环境中,被动地接受。

第三章　优化：常规学习空间的主动学习

　　常规学习空间是指通常意义上的课堂学习场所，主要是校内的教室、实验室、专用教室等，一般都配置有专门的教学设备、仪器，教师和学生在此依据课程规定的学习内容开展教与学的活动。因此，在常规学习空间的学习一般都是预设的，并且有着明确的教学目标和要求。在传统教育中，学生在常规学习空间的学习最主要，甚至是唯一，以致被许多专家认为是抵御改革的最顽强的"堡垒"。我校在幸福课堂的建设中，首先关注的就是常规学习空间的变革，力图抓住优化这个关键词，强调学生在学习过程中的主体地位，注重培养学生的主人翁意识，从而实现学生在常规学习空间中的主动学习。

第一节 指向主动学习的教学设计转型

在常规学习空间中,通常都有规定的教学内容,对内容的掌握也有明确的目标要求。因此,教师需要根据教学目标进行教学设计。大多数教师受此制约,在教学设计时,更多的关注是教学目标的实现和教学内容的传授,从而达到完成教学任务的目的。但是这一过程中,学生一直被置于被动学习的地位,学生的学被完全忽视,其主体性也没有得到体现。基于这种现状,我们在优化常规学习空间时,首先就要突破传统教学的弊端,在教学设计上体现学生的主体性特点,并充分发挥学生的主体性作用,实现从重教到重学的转变。

一、基于"主动学习"的教学设计的变化

我国改革开放40年来,发生了多次重要的教学变革,先后经历了以基础知识基本技能为中心、以智力和能力为方向、以素质教育为主题、以人的全面发展和生命价值为出发点等若干发展阶段。[1]传统的以教定学的教学模式暴露出越来越多的问题,于是针对其弊端和缺陷的改革举措应运而生,就教学设计而言,也同样如此。

(一)价值取向:从知识本位到发展本位

教学价值取向决定了教学改革的方向和性质,其形成与改变既与深厚的文化底蕴和传统有关,也受当下教育政策导向、教学实践变革、教育理论发展的影响。改革开放之初,受国家对人才的急切需求以及西方各种教育理论和

---

[1] 张蓉,洪明.我国中小学教学改革30年历程回顾[J].基础教育,2012(5):75-80.

思想的影响,中国教育界曾一度追求获得教育高效的捷径。其基本特征是关注知识的结构化以及智力的发展。1986年,我国颁布了《中华人民共和国义务教育法》,指出了原有教育体制、课程、内容等方面的一些弊端。尽管近20年来,在课程改革背景下教学改革有了新思路和招数,但仍摆脱不了知识本位的羁绊,改变不了灌输式教学的思维定式,传统课堂教学仍旧强调认知性目标,知识与技能成为课堂教学关注的中心。知识的价值是本位的,智力、能力、情感、态度等其他方面的价值都是附属的,可有可无的,这种教学在强化知识的同时,从根本上失去了对人的生命存在及其发展的整体关怀,从而使学生成为被肢解的人,甚至被窒息的人,更无发展可言。

新课程改革理论强调要学生形成积极主动的学习态度,倡导学生主动参与、乐于探究、勤于动手,培养学习搜集和处理信息的能力、获取新知识的能力、分析和解决问题的能力以及交流与合作的能力。2017年,《关于深化教育体制机制改革的意见》也指出:"要建立以学生发展为本的新型教学关系。改进教学方式和学习方式,变革教学组织形式,创新教学手段,改革学生评价方式。"因此,改革课堂教学必须要进行价值本位的转移,即由以知识本位转向以发展本位,教学目标要真正体现知识、能力、态度三个方面的有机整合,从而符合素质教育的要求。学生的素养发展、完整成长渐渐被全国上下普遍关注。整个教学价值从传统知识本位向发展本位过渡。

(二)教学目标:从关注知识到关注素养

2009年,有论者指出:在课堂教学目标上,我国基本上是沿着"偏重双基—培养智力和能力—强调非智力因素—注重三维目标的培养"这一条轨迹发展前进的。[1] 10年后若做梳理,定会加上核心素养这一新的转向。新课程标准理论指出,教学目标要真正体现知识、能力、态度三个方面的有机整合,从而符合素质教育的要求。情感、态度、价值观应成为课程目标的重要组成部分,它们不是附属的,而是具有独立意义的。

从"双基"的确立,到三维目标的提出,再到"核心素养"的出台,每次转折

---

[1] 万伟.课堂教学中的文化变革[J].江苏教育研究,2009(18):8-11.

都会对课堂教学产生深远的影响。三维目标较之于双基,核心素养较之于三维,都是既有传承的一面,又有超越的一面。核心素养中所构成的关键能力和必备品格,实际上是三维目的提炼和整合,把知识与技能、过程与方法、情感态度与价值观进行有机统一。

【案例3-1】 数学《图形的计数》的教学目标

1.学生经历数图形个数规律探索过程,初步掌握数图形个数的基本规律;

2.在自主探索规律的过程中,初步掌握类比推理的方法,并经历完整的推理验证的过程,且能应用这些方法探索新的数学规律,积累推理的基本活动经验;

3.感受推理的价值,促进学生抽象、推理能力等的提升。

从上面这个案例中可以看出,教师较好地把知识、能力、方法、价值观等都融入了教学目标之中,使教学目标的内涵更加丰富了。

(三)教学内容处理:从被动接受到主动调整

教学价值与目标从知识本位到能力本位再到素养本位的转变,必然带来人们对教学内容的理解、定位和处理上的变革。知识观的变化是引发教学内容观更新的重要因素。知识不再被认为可以独立地存在于认知之外,可以单独被发现和证实。与此同时,在教学内容方面,人们在关注学科知识基础性的同时,也开始强调教学内容与现实生活、学生经验的联系,强调实际应用。[1]基于此,教师更应该调动自身理解教材和处理知识信息的自主性、主动性与创造性。

未来的课堂,亦将凝练40年教学改革经验,实现教师角色从知识的传授者到学生学习的指导者,学生角色从知识的接受者到知识主动建构者的转

---

[1] 岳珂,姜峰,洪希.走向新知识观下的教学内容设计[J].贵州师范大学学报(社会科学版),2008(6):114-117.

变,凸显学生学习的主体地位,促进其主动学习。

二、基于"主动学习"的教学设计的策略

教学设计发展到今天,按不同的分类方法,有不同的教学设计类型。教学改革以来,教学价值从知识本位到素养本位的转变让传统以"教"为中心的教学设计慢慢发展为以"学"为中心的教学设计。

(一)把握"主动学习"的教学设计之要义

教学设计涉及一个复杂的教学系统和教学过程,在实现"主动学习"的教学设计中,主要考虑下列几个要义。

1.学情

学生是教师进行教学设计的出发点和核心,是课堂学习的主体。为更好地帮助学生进行"主动学习",在进行教学设计之前,教师必须对学生的基本特征、已具备的基本知识和认知结构、学习风格、学习起点、学习兴奋点,以及学生在整个学习活动过程中可能遇到的学习难点等有一个基本了解。了解学情,对促进"主动学习"教学设计有着很重要的价值和意义。

2.教师

在以促进学生"主动学习"的教学设计中,教师虽然已不再占有主导地位,但也仍旧是学习活动的引领者,依然占据着比较重要的地位。要引导学生进行主动学习,要求教师更新教育观念,转变角色。在设计时充分发挥学生的主体地位,尽可能多地把时间留给学生探究合作学习,教师尽可能少讲甚至不讲。教师只作为一个合作者、引导者,帮助学生克服思维的盲目性,避免学生的思路误入歧途,使学生在思考问题时思维能指向所要解决的问题,引导学生自己思考探讨、想出办法、找出途径,从而达到"主动学习"的目的。

3.内容

学习内容是实现学习目标所必须学习的知识内容,是我们进行具体教学设计操作的对象。在以实现"主动学习"为目的的教学设计中,学习内容的选择与安排很有讲究。教师在选择与处理教学内容时,不仅要关注知识点的落实,更要把学生的个体知识、直接经验看作重要的课程资源。从学生生活实

际出发，重视学生的实践操作，善于将教学内容置入一个与学生生活相近的情境里，这也是"主动学习"教学设计的一个重要方面。

4. 过程

学习过程是充分展开"学"的活动的过程。其核心是要发挥学生学习的主动性、积极性，充分体现学生的认知主体作用，高效优质完成学习任务，达成学习目标。通过充分的讨论、交流、合作，使学生的"学"相对丰富、多样，使学生的"学"比较有结构、完整。在纵向上学生的学习有阶梯的递升或方面的扩展，在横向上学生们建立相互的关联，并形成共同的学习经验。合宜的教学内容，有效的教学设计，必需建立在"学的活动"这个基点上。

5. 评价

学习评价是教学设计的一个重要因素和环节，主要是通过对学生学习过程、学习成果进行评价，并对评价结果进行分析、判断，以此来调控、修改和完善后续的教学设计。评价的方式及内容直接影响着学生进行主动学习的效果。教师应丰富评价的方式，拓宽评价内容，将学生作为评价的主体，多维度对学习成果进行评价。这也是保持"主动学习"的一个要义。

(二)促进学生主动学习的教学策略

促进学生主动学习的教学设计除了模式的构成要素外，教师在课堂实施时采取的一些教学策略对帮助学生进行主动学习有很大的作用。

1. 前置性预学，让自主学习提前发生

前置性学习单是生本教育理念的一个重要表现形式。它是教师向学生讲授新课内容之前，让学生先根据自己的知识水平和生活经验对新课内容提前进行学习、求疑和思考的尝试性学习，一般用于语文学科。教师通过"预学单"把一篇课文的基础知识、课文整体脉络梳理等任务提供给学生预习时使用。学生在预习过程中独立完成"预学单"上的内容，自主学习真正发生。

【案例3-2】 人教版四年级下册第六组"乡村生活"中的略读课文《麦哨》预学单

一、课文中的这些字词，我能注音，给不理解的字词打上"★"

和（　）着鼻音　　一声呼一声应（　）　河畔（　）　肚兜（　）

擎（　）着丰满的稻穗　　（　）儿　剥（　）开　吮吮（　）

嚼嚼（　）　　　　撩（　）起　　直沁（　）肺（　）腑

二、梳理课文内容：文中的乡村孩子们有哪些活动？请填入右边的图内。

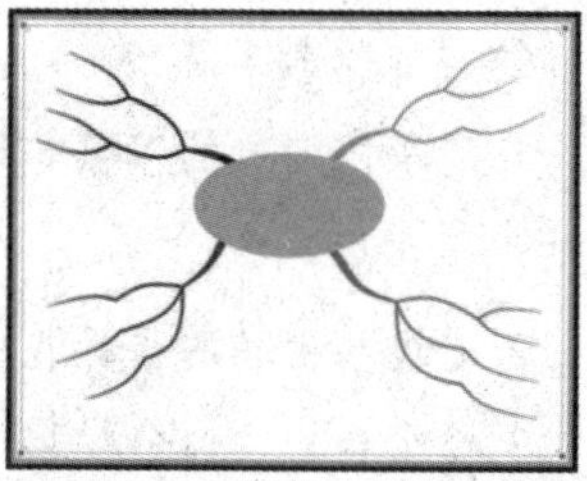

三、通过预习，我还不明白的是？
_____

图3-1　乡村孩子活动

该预学单一共三道题目，第一题是字词的提前学习，目的是了解学生的基础情况，筛选出大多数学生没有掌握的生字，以便课堂里展开集中学习。第二题是借思维导图引导学生朗读理解课文，并自主对课文脉络进行梳理。这是引导学生进行自主学习的一个有效载体，就算学生预学时图表填错，但学生自主学习的过程仍旧发生，学生对课文的理解已经发生。这正是预学作业的真正目的所在。

前置性预学单鼓励学生提前学习，提高独立思考的效率，同时帮助教师了解学情，找准起点，切准难点，及时调整和修正教学预设，展开下一阶段的教学，从而提高教学的适应性和有效性，实现以学定教，顺学而导，让学生真正成为学习的主人。

2.创设学习情境，让学生浸入学习

创设的学习情境构成了学习发生的情境场。学习情境的创设要与学习内容、目标相统一、相协调。随着学习内容、目标的不断变化，情境也在不断变化，不断变化的学习情境就形成了学习顺利进行的理想场所——情境场。

因此,在课堂上,我们以学生完整的生活和经验为依托,创设生活化的学习情境,努力让所学知识与学生生活建立联系,模糊生活与学习的界限,将学生带入生活化的学习场景中。

【案例3-3】 创设"蔷薇花情境"学习"对称"的含义

为了让学生了解"对称"的含义,在实际的生活情境中明白"对称"的美,老师这样安排教学环节。

1.从学校门口的蔷薇花墙入手,出示最美上学路照片集,从身边事物引入花的规律学习。

2.通过学生拍的蔷薇花照片对比、四季花图对比,感受花的生长规律。

3.小组合作、对比观察,了解蔷薇花的结构组成。

4.创设情境,从"巧手剪窗花　创意花贴画　趣味编手链"中自主选择其一,争当金牌设计师,在实践操作中加深对"对称"的理解。

【案例3-4】 创设生活情境学习"长度单位"

一年级学习"长度单位"时,老师们并没有让学生纸上谈兵,就测量而测量,而是设置了一个生活化的学习场景,将学习内容置于生活化的活动中,引导学生在实际操作中解决遇到的困难,激起继续学习的兴趣,完全浸在"问题的情境"中继续学习,从而提高学习效率。具体环节设计如下。

1.四人小组,先从N堆需要测量的物体里进行抽签,决定需要测量的物体。

2.小组轮流用目测的方法测量物体的长度,并记录在纸上。

3.用"人身上的尺子"估测物体的长度,并记录在纸上。

4.选用合适的测量工具(各类尺子),对物体进行准确测量,并记录在纸上。

上述两个案例的四个大环节分别围绕"对称"和"长度"两个知识点进行。学生在老师创设的具体的生活情境中,对所需掌握的知识点的学习充满期待,"纯知识学习"的痕迹明显减少。"欣赏同学在蔷薇花下的照片"给"对称"与"生活"之间搭建了一座桥梁,学生在短时间内就能"浸"入课堂。第二个案例中,学生通过目测、用身体部位测以及选择合适的测量工具来测等实践活动,逐渐对米、厘米、分米等长度有一个较为感性的认识,学习新知、解决问题变得主动而充满挑战。

3. 倡导合作交流,清主动学习障碍

杨振宁博士指出,如果说在过去还有可能一个人独立完成诺贝尔奖项的话,那么,进入20世纪80年代以来,尤其是进入信息社会以来,没有人们的共同参与,相互合作,任何重大发明创造都是不可能的。在经济一体化与专业分工日趋精细的大趋势之下,合作意识与合作能力已经成为人们生存发展的重要品质。

为充分发挥优生资源,提高课堂互帮互学的合作意识,为学生在课堂上减少学习障碍,我们提倡合作学习。学生的困惑点、难点是进行合作交流的主要内容。抓住学生在学习过程可能遇到的"学习障碍",发挥优生资源,借小组的力量,挺高学生学习的积极性,为助推"主动学习"创造条件。

【案例3-5】 创设合作情境,学习数三角形方法

在数线段到数三角形的类比推理的教学内容时,学生数线段的方法延伸到数三角形的方法显然存在困难。这也是大部分学生存在的学习难点。假如不给予一定的帮助,学生的学习兴趣会受影响,主动学习将成为一句空话。基于这样的考虑,老师在教学设计时安排了合作的环节。

教学内容：用数线段的方法来数一数下面边图3-2中的三角形个数

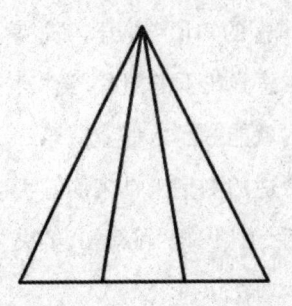

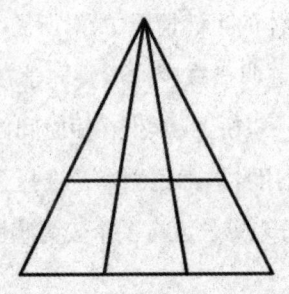

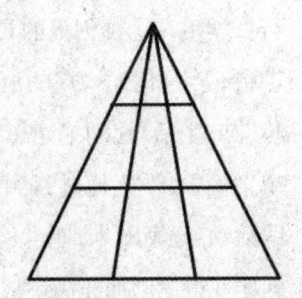

图3-2 三角形计数

学习步骤：

1. 猜想：猜猜各图分别有几个三角形，并说说自己的依据。

2. 验证：向小组同学说说自己答案依据的方法，如说不清楚，向同组同学求助。

3. 结论：由一名同学整理小组内同学的方法，选出最优方法。

从上面这个案例中可以看出，在教师设置的三个合作环节，旨在引导孩子们经历一个完整的数学研究的一般过程。猜一猜（凭直觉猜测三角形个数）—用自己掌握的方法验证自己的答案（验证）—小组合作，总结方法，选出最优方法（结论）。在这个过程中，不断引导孩子们思考数线段的方法是否能够类比到数三角形、数一层的三角形的方法是否能类比到层数不一样、每层数不一样的三角形中。这个问题对大多数同学来说有一定的难度，思维含量也很大。因此，采用"小组合作"的方法进行讨论、学习，既能让学生继续保持学习的兴趣，又因为"团队"的力量必须参与小组讨论的过程中去，这样的方式让学习成为一种自觉的挑战行为。

【案例3-6】 创设合作情境，了解蟋蟀住宅的特点

《蟋蟀的住宅》一文，了解蟋蟀住宅的特点，体会作者运用生动形象的语言表达具体事物的写作方法是本课重点。课堂上，第一次小组合作是找关键

词,了解住宅的特点,按相关要求完成第一次合作。

小组合作要求:

1.读课文5~6段,圈画描写蟋蟀住宅特点的关键词。

2.小组合作交流,把重要的关键词填写在图3-3中,想一想蟋蟀为什么要这样设计?

3.准备进行全班交流。

图3-3 蟋蟀住宅

而后,教师利用这张图和填的关键词,让学生进行第二次合作——用生动、有趣的语言来向大家介绍蟋蟀的住宅(每人一处)。这样的合作内容,不仅突破了教材的重难点,很好地体现了语文学科的特点,更重要的是帮助学生破解在学习过程中的难点,助力学生进行主动学习。

4.翻转课堂角色,激发主观能动

摒弃学生被动学习的传统教学模式,通过学生与教师的角色翻转,让孩子掌握更多的主动权,在老师的引导下自主地探索世界。

角色互换法是"能激发学生的主观能动性"的好方法。它可以把学生由学习的客体转变成学习的主体,改变那种学生只会被动学习的无奈局面。不管学习的知识懂不懂,会不会,感不感兴趣,最终都是由老师在唱主角,学生没有自己把握学习进度,开展学习活动的权利与机会。可事实上,教师与学生角色适当做一些调整,教师根据学生对某一知识点的掌握情况来开展"学生当老师"的教学活动,说不定会收到意想不到的教学效果。

学习并幸福着
幸福课堂建设的实践探索

【案例3-7】 学生当老师讲授人教版小学语文二年级下册《恐龙的灭绝》预习作业

有这样一题预习作业：写一写，看清楚生字在田字格中的位置，认真写在田字格中。

亡 肉 谜 类 传染 严寒

在样本数为40名学生的班级中，"亡、肉、谜、类"这几个四会字，38名学生预学中全部写对。第5个词语"传染"有5名学生写错，而"严寒"一词竟然有17名学生写错，错误率高达42.5%。但同时全班还有57.5%的学生预学时能将"严寒"写正确。如果课堂上教师进行详尽的讲授性教学，对这57.5%超过全班半数以上的学生而言就是无效学习。因此，基于大部分学生预习时对"严""寒"两字字形的错误书写的基础上，教师充分利用了57.5%的资源，组织展开了互动交流式学习。生字学习环节，教师请预学中书写"严寒"全对的学生来当"老师"，带领其他同学一起观察分析同学书写的错误。由学生具体分析了同学错误的原因，有的同学结合自己书写的经验介绍了正确书写的方法，也有同学提供了识记"严寒"的其他方法。最后教师总结，正确记住这两个生字的笔画之后，还要注意把握这两个字的结构和笔顺，争取把它们写端正漂亮，一起来写一写。

角色翻转在数学高段课堂中运用更多。五年级的周同学在班里的数学成绩一直不错，尤其是关于速度的知识掌握得特别好。因此，在五(3)班上《游乐场里的过山车》这个内容时，小周同学就承担了新知的教学，即根据具体情境，通过讨论学习，掌握已知两个平均速度，求总平均速度的基本方法和特殊情况下的简便方法，更深刻理解平均数的意义。

小周同学不仅将知识点讲得很透彻，还与同学们一起进行了错例分析，强化对比，数形结合。"翻转角色"对于当事同学来说，是非常有意义的学习，他在接受这个任务开始，学习已经变得主动，对知识本质的理解也更加深入，这样的方式在我们学校部分老师的课堂里已经渐渐成为常态，助力学生能力发展。

"角色翻转"有利于培养学生的语言表达能力和分析能力,容易让学生更投入,更有成就感,学习兴趣更浓。最后达到叶圣陶先生所说的"教,是为了达到将来不需要教"的目的,实现"主动学习"的目的。

5.巧设问题,发展高阶思维

在课堂教学中,通过问题驱动,激发学生的学习兴趣和探究欲望,是教师经常使用的手段。但是,简单的教师问、学生答,并不能激发学生的思维活力。因此,要真正达到目的,教师就必须设计高质量的问题。

【案例3-8】 教师提问引导学生思考数长方形的方法

在学习了数三角形的方法后,引导学生用同样的方法数一数加了不同条数的长方形的个数,教师设置的问题是:我们用了这样的方法研究了三角形的个数,那长方形呢?还有类似的方法吗?请你猜测一下图3-4中A、B、C、D四个图分别有多少个长方形?把你的猜想、验证过程、结论完整的写一写!

图3-4 长方形计数

当学生围绕这一问题开始学习交流,基本得出结论后,教师又设置问题进一步推波助澜:在刚才的研究的过程中,你们还有什么疑问吗?

从上面这个案例中可以看出,教师用问题引导学生通过倾听、比较,自己发现数长方形的方法,经历了完整的探究过程。该问题引导在研究内容上,学生可以自主选择一个不同层次的练习进行挑战,这样不同层次的内容设计更多地考虑到学生的差异性,旨在将类比推理落到实处。在研究方法上,引导学生进行多维类比,一方面将基本长方形与加一条(多条)横线的长方形进行类比,感受数长方形的结论的共性,另一方面将长方形与三角形进行类比,感受图形特征对结论影响的特殊性。最后在数、形结合之处再进行类比,体会数、形的密切联系。这一系列过程自始至终都是由"数三角形的方法"延伸开来的,学生在层层递进的问题里不断去研究,挑战。甚至这节课结束,老师还将问题带到了课外,引导学生做进一步思考:我们是否能利用这样的方法,继续思考解决其他的问题如:正方形、长方体的个数问题。

当然,引起学生主动探究欲望的"高阶问题",在各个学科的教学设计里都有涉及。

为了帮助学生理清文章的脉络,老师在执教语文六年级上册《草虫的村落》时设计问题:用简洁的文字或简笔画展现作者在草虫的村落游历的路径。学生要想完成这一问题,首先需要仔细研读课文内容。在了解课文内容的基础上,需要理清作者的写作思路,然后通过概括文字或简笔的方式完成路径的再现。为了能给学生一定的驱动力,驱动学生自觉进行探究,教师所设计的问题不宜太难。因此,教师在设计该问题时给了学生选择,用简洁的文字或者简笔画。前者需要一定的概括能力,后者则只需要读懂文章,理清思路就可以完成。

6. 任务驱动,激发学习动机

以学生为起点的教学中,如何将课堂教学设计的焦点由原来"如何教"转变为"如何学",从而促进学生的主动学习。基于任务驱动的学习活动设计,从任务目标设定、任务细化要求、任务达成度、任务间内在逻辑性和任务评价等维度,提出了有效学习活动设计的策略。

【案例3-9】 人教版四年级上册《颐和园》的学习任务设计

传统的文体教学目标的设定一般是围绕游览路线、景点特点等基础知识展开。但很显然,这样循规蹈矩的教学设计通常是索然无味的,自然也就不

第三章 优化:常规学习空间的主动学习

容易引起学生的兴趣。这时,如果我们能改变思路,将其转化为以学生为出发点的学习活动设计,细化为具体的任务,或许会收到意想不到的效果。于是教师做了如下设计:

颐和园是世界遗产之一的中国皇家园林,请以小组合作的方式据此画出游览路线图,自己做一回导游把我们中华民族的骄傲介绍给更多的人。

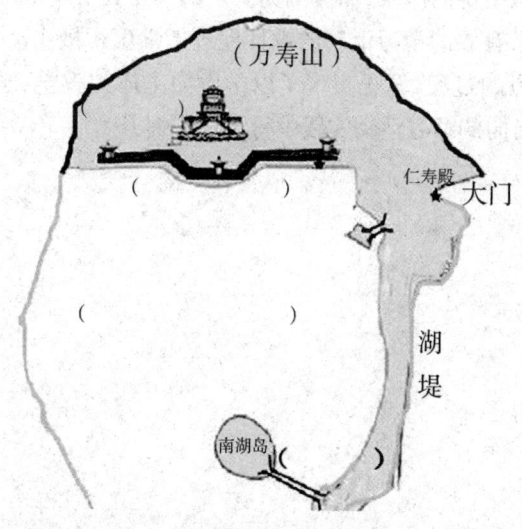

图 3-5 颐和园浏览路线

【案例3-10】 人教版四年级下册《牧场之国》的学习任务设计

人教版四年级下册《牧场之国》一文,围绕"这就是真正的荷兰"中"真正"一词反复设计任务活动:真正的荷兰是什么样的?请抓住荷兰之景;真正的荷兰是什么样的?请研读荷兰之物;真正的荷兰是什么样的?请体会荷兰之情。引导学生在不同程度的品读中,感受"真正"的意义。三个任务的学习活动,让学生从聚焦荷兰之景开始,到荷兰动物的自由,再到荷兰"人与动物和谐相处"的风情,先归纳后演绎,并加以实际的操作运用。这样由浅入深、由现象到本质的任务设置符合学生的思维特点,学生也正是在完成这些具有内在逻辑性任务的过程中习得了语言表达和内化运用的能力。

基于任务驱动的学习活动设计,注重任务之间的内在逻辑性,构建明确的任务关系,将课堂学习目标与具体的学习任务相结合,不仅能够培养学生发现问题、分析问题、解决问题的能力,也容易使学生产生新奇感和成就感,激发学生完成任务的内驱力,提高他们对活动的参与度。

建构主义认为,学习发生于真实的学习任务中。不仅因为"客观活动是个体构建知识结构的源泉,而且因为真实的学习任务有利于激发学习者的学习主动性"。[1]有效的学习活动的设计促进了学生积极主动思考,让学生自觉参与阅读学习的过程,真正实现了以学生为主体的教学,学生的思维能力会在具有逻辑指向的学习活动实践中得以逐步提升。

---

[1] 乔晖.语文教科书中学习活动的设计[D].上海:华东师范大学,2010:10,44.

第二节　促进主动学习的教学过程优化

新课程背景下的课堂教学改革要求变革传统课堂教学方式以促进学习方式变革。课程论的相关研究则表明：小学课堂活动的设计与实践直接为优化小学课堂教学而服务。基于此，我校结合"幸福课堂"教学实践课例梳理提出四点小学课堂促进"主动学习"的教学优化策略：基于"检测性预学"提高课堂实效；基于"图示学习支架"提升思维品质；基于"情境创设"拓宽学习视域；基于"多元化评价"变革学习方式。

一、运用检测性预学提高课堂实效

新课程改革积极倡导"自主、合作、探究"的学习方式。学习方式的变革与教学方式的变革息息相关，需要通过课堂教学方式的调整或者改变来实现。

那么，如何让小学课堂教学中的"学"与"教"产生本质关联，从而促进学习方式与教学方式变革？促进学生的"主动学习"？近年来预学逐渐成为我校"学教并重"教育理念下教师经常采用的一种学习方法。课程论的相关研究则表明：小学预学活动的设计与实践就是直接为优化小学课堂教学而服务的。[1]

检测性预学，指教师根据课程标准、年段目标、教材特点、学生学情等要素设计带有检测性质的预学内容，引发学生思考与学习，发现与聚焦学生真

---

[1] 张宝莲.预学："先学后教"的智慧[J].新课程.2011.7.

实问题。以此为基点展开课堂教学,体现"以生为本""以学定教"理念,少讲学生已会的知识,讲透学生不会的知识并习得学习能力与方法。

(一)基础预学:推进课堂节奏

"基础性预学"一般指针对语文学科课文中字词、段落梳理、课后问题思考等部分的提前学习。传统课堂中,学生的预习被默认为对新课文的了解与熟悉,是新课学习之前的一个常规要求。教师没有对学生预习情况进行进一步了解和反馈的意识。因此,他们仍旧按照之前的教学设计进行课堂实施。可在"幸福课堂"教学过程优化中,我们充分利用"基础性预学"的结果资源,将其作为教学的起点,及时调整教学重点,推进课堂节奏。

"识字写字"是二年级语文教学重点。同时二年级学生又具备了较强的自主识字写字能力。因此,在学生进行预学后,老师都会对字词预学的结果作出处理。

【案例3-11】 人教版小学语文二年级下册《恐龙的灭绝》的基础预学

写一写,看清楚生字在田字格中的位置,认真写在田字格中。

亡 肉 谜 类 传染 严寒

提前布置学生进行预学后,教师对预学的结果进行了分析。在样本数为40名学生的班级中,"亡、肉、谜、类"这几个四会字38名学生预学全部写对。第5个词语"传染"有5名学生写错,而"严寒"一词竟然有17名学生写错,错误率高达42.5%。

显而易见,本课四会字词学习的难度差异很大,学生能力差异也很大,预学中的错误很集中。根据该题学生的预学情况,教师根本没有必要在课堂中对每个字词教学平均用力,否则就是浪费时间。对于那些自学时正确率在85%及以上的生字词,课堂上教师不用花费过多精力组织学习。而"严寒"这两个生字组成的词语,错字类型多,错误比例高,而这个词的识记、理解成为本课字词教学的重点。

第三章 优化：常规学习空间的主动学习

基于教师主导性的预学设计与前测，使得教师精准掌握了学生学情起点与难点，用了极少的教学时间针对真实而共性的学情问题，在课堂上组织了有的放矢的交流学习，快速地推进了课堂节奏，取得了极好的教学效果。

（二）课前检测：确定教学重点

课前检测，一般针对数学学科，是介于旧知和新知之间的测试。主要目的是了解学生对旧知的掌握程度，以及对新学知识的了解情况，以便教师及时调整教学重点，争取利用课堂有限的时间把重点问题学透学深。同时，也进一步激起学生对未知知识的探究欲望，促进主动学习发生。

【案例3-12】 浙教版小学数学四年级上册第二单元《图形的计数》

这节课是在学生掌握了线段的计数后进行的教学，重在方法的掌握与类比，旨在引导学生经历猜想——验证——结论等这一完整数学问题的研究过程，在形成模式后提升自主探究的能力。那么学生的水平到底如何？为了保持学生主动学习的热情与兴趣，课堂教学的重点该如何确定？基于这样的考虑，我们对32名学生进行了课前检测，并进行了分析，情况如下表：

表3-1　图形计数前测数据分析

	前测情况统计	前测分析
1	（柱状图：1—1, 2—1, 2—2, 2—3, 2—4, 3—1, 3—2）	1）30名学生熟练掌握了数线段的方法，并且能有序数出线段的条数； 2）有2名学生虽然能够得出线段的条数，但是不能把自己的想法表达出来。
2	（柱状图：1—1, 2—1, 2—2, 3—1, 4—1, 4—2, 4—3）	1）7名学生数出部分三角形的个数，但是思考不够全面； 2）有16名学生能够类比数线段的方法，正确数出三角形的个数； 3）只有5名学生，能将数三角形底上线段的条数得出三角形的个数。

从表3-1我们发现84.4%的学生能够数出线段的条数,说明学生已经掌握了数线段的方法,这是学生数三角形个数的基础。65.6%的学生能够数出三角形的个数,其中16名学生能类比数线段的两种方法,有序数出三角形的个数,只有5名学生能通过数线,得出数三角形的本质其实就是数线段的条数。但是至于如何类比?为什么可以这么类比?大部分学生仍旧一无所知。前测数据让教师明白了本节课的重点和难点,也正是开展前测的目的所在。

再如浙教版小学数学第八册《角的度量》这个内容。2011版课标提出了明确的要求:"能用量角器量指定角的度数,能画指定度数的角。"在上新课前,老师对28名学生进行学习前的测试,发现大部分学生脑海里对角有表象,有比较角的大小的经验,知道可以运用重合法比较角的大小。但是,大部分学生在操作过程中,重合度不够精确,对于活动角的始边不在左边的情况认识更是浅显。读数时,对于如何正确选择内外圈的数据存在困难。根据这样的学情,课堂上,老师及时调整了教学。首先量角器的认识不是直接介绍,而是历经发生的过程。老师在学生认识了单位1°角后,请学生在直角里找到1个1°角。再借助1°角的累加,发现10个1°角组成了1个10°角。进而发现90个1°角组成了1个90°角即直角,从而形成了一个90°的量角工具。其次,量角方法的学习不是记忆步骤,而是理解度量单位累加的量角本质。主要是借助活动角,感知量角器是单位角的集合,让学生充分地体验和描述度量单位累加的过程。这样教学后,学生对于量角的本质是清晰的。知道从哪边开始数起,也就不会因为读哪圈刻度而苦恼,并且可以大大减少方向性的错误。虽然是一小小改变,不仅体现了"以学定教",还大大节省了时间,把握学习起点,拉高了教学起点。

(三)问题预学:推进学习过程

如果说上面的"课前检测"要在课前了解学生哪些知识已经学会,争取对学生已会知识在课堂教学时少讲甚至不讲。那么这里的"问题式预学"则刚好相反,它指的是通过提问方式展开预学,了解学生对哪些内容很感兴趣同时又有困惑。对于这样的内容教师要争取在课堂上给学生留足思考空间,更要在"传道授业解惑"的同时让学生学会思考,学习解决问题的方式方法,提升学生发现问题、解决问题的学习能力。

【案例3-13】 人教版小学语文四年级下册《文成公主》的问题预学

课前,有学生会根据自己的理解提出自己感兴趣的,或不能解决的问题。这样的问题有时不在编者和教师的预设范围之中,却是学生真真实实亟待解决的问题。如下表所示,教师对学生读完课文后提出的问题进行梳理,发现大致可以分为三类,如表3-2所示。

表3-2 前置性问题列表

分类	问题	梳理	学习活动
第一类	吐蕃在哪里? 松赞干布是谁? 青稞是什么?	针对故事中的人物、地点等背景知识提问	补充背景知识阅读资料袋
第二类	文成公主花了多少年去吐蕃? 文成公主为什么要去吐蕃?	针对人物形象进藏意义提问	出示选择义项文中圈画理由
第三类	为什么文成公主撒了一片羊毛就能过沼泽地? 为什么故事中的小鸟会说话?	针对民间故事文体特点提问	找到故事"神奇"之处,感受之体特色

学生前置性问题式预学情况的反馈,让教师了解到了他们真实的兴趣点以及难点,针对学生提出的问题教师予以梳理和反馈,根据学生的三组问题设计三个重要的学习活动,在"传道授业解惑"的同时让学生学会思考,学习解决问题的方式方法,提升学生思维能力。这些问题来源于学生,也成为课

堂教学展开的问题资源,这对实现"主动学习"具有很好的推动作用。

(四)开放性预学:变革学习方式

新课程对课堂教学方式变革的触动是深层次的。在新的环境中,原有的确定性消失了,取而代之的是课堂学习过程中的种种不确定性。[①]以语文阅读教学为例:阅读是学生的个性化行为,如何将学生个性化的阅读体验在课堂学习中加以梳理、点拨,从而挖掘学生学习的内部动力,变"学会"为"会学",变被动为主动,充分调动各种学习因素是语文课堂教学结构优化必须要面对并解决的问题。基于学生自主性预学中的个性体验,在课堂教学过程展开合作探究,"让学于生""以学促学",是优化小学语文阅读课堂教学的又一有效策略。

【案例3-14】 人教版四年级下册《七月的天山》的开放性预学

教学前,教师设计了如下开放性学生自主预学内容:自由朗读:七月的天山留给你怎样的印象?把你的感受写在横线上,学情统计结果如表3-3。

表3-3 学生对《七月的天山》的阅读感受统计表

天山的树林、雪峰、野花都是那么充满生机、使人流连忘返。	4	景色之美
有哪一个春天的花园能比得过这时天山的无边繁花呢?读着句子,我仿佛漫步在花的王国里。	3	
天山色彩绚丽,到处都是美景,是一个令人神往的地方。	2	
七月的天山就是一副绚烂多彩的画卷,映着天,映着水,映着花,一派生机。	10	
七月的天山那美丽的花朵像天边的霞光那么耀眼,像高空的彩虹那么绚烂。这不禁使我眼前浮现出了一个万紫千红的花花世界。	1	文字之美
天山的溪水是那么美丽,阳光透射到清澈的水底,鱼群闪闪的鳞光,映着雪水清流、生机无限。	17	

---

① 鲁德民.语文课堂教学结构问题探析.[D].硕士学位论文.上海:华东师范大学,2010.10.

从上表所摘取的几位学生的感受中不难发现,一部分学生读完课文后觉得天山的景色很美,一部分同学感受到作者的文字很美。天山虽然离我们很遥远,但是通过课文的朗读,显然,学生在进入课堂前就已经奠定了一定的情感基础。学生在"美"的熏陶之下,进入文本的学习,教师只需顺应学生的情感起点,用一个大问题"作者是怎么把天山的美写出来的?"展开学习,学生却能从不同角度、不同方面进行理解和思考。这样的"大问题"以点带面,摒弃了传统教学时"一问一答"式的琐碎提问,从中心向四周发散,让学生在交流、研读中提升思维能力。如表3-4所示。

表3-4 大问题引领下学生不同的理解和思考

大问题	学生群1	学生群2
作者是怎么把天山的美写出来的?	用词准确 "泻"——雪水之急 "漏"——森林之密 "浮"——野花之繁	想象丰富 "……像……"(雪峰) "……像……像……"(雪水) "像……像……像……"(野花)

在后续课堂学习中,学生的学习活动也应是"大板块"式结构,以"大问题"引领和贯穿整堂课或整个板块。基于学生前期的预习情况,抓住学生的共性兴趣展开教学,既活跃了学生思维又很有针对性。同时,这堂课对天山"美"的感悟,既是学生的兴趣点,也是学习的重点,让学生基于共性展开学习的同时又充分呈现个性体验与思考。本课教学的小组学习非常投入。自主学习时学生写下的关键词既是一种思维外显的形式,更是带动课堂教学方式变革的一种结构性体式,改变了以往单维度、单向度的课堂结构。我们以往一些课堂教学就像电路一样,是一个串联的结构,一环接着一环,其中某一环出问题了就脱钩了,没有并联。本课设计则把学习轨迹与环节的走向权交给了学生,教师只需在一旁适时引领、点拨,但所有的学习环节与内容又都围绕同一个内在逻辑基点与目标而展开。这节课教学就是这样通过语文课程结构的变革带动教学结构与方式的变化,最后促使学生达成"自主、合作、探究"

学习方式变革,效果实在。

站在儿童立场,处在"学"的角度,为了儿童自动地学、自主地学、自由地学而精心设计的"学习指南"。合理、有效的学习程序不仅助益于儿童在学习中自治力的发展,也为保障自由精神的课堂文化发挥着"柔性秩序"的特有作用。①

二、依托图示学习支架,提升思维品质

支架,原是建筑行业的术语,也称作脚手架。根据这个建筑隐喻,学习支架的定义是根据学生的需要为他们提供帮助,并在他们能力增长时撤去"支架",呈现出由扶到放的过程。学习支架的应用可以对学生今后的独立学习起到潜移默化的引导作用,使他们在需要的时候,可以通过各种途径寻找或构建支架来帮助自己学习,在遇到困难时能够学会用一定的方法主动寻找、探索和利用有形与无形的帮助。该部分主要探讨利用图示学习支架展开教学,落实生本课堂的理念,促进学生的主动学习。

(一)以图示为学习支架的意义

首先,以图示为学习支架的策略有助于学生适应信息社会对知识的管理。当今社会,是一个信息化社会,是一个知识经济社会,是一个全球化社会。"学会学习、学会共处、学会生存、学会共同生活"是联合国教科文组织在《教育:财富蕴含其中》中提出的教育目的。它告诉我们必须掌握学习的方法,善于解决生活中遇到的各种问题才能更好地生活。在数学、科学、语文等领域都有相关图示理论的尝试,这一策略具有创新性的重要意义,有利于知识的迁移运用。

其次,基于图示的学习工具有助于新一轮课程改革语文学习目标的达成。当前,新一轮课程改革正如火如荼地在全国各地开展,其改革的力度不仅在学校,更在课程和教学。在2011版语文课程标准中就强调:语文课程是

---

①顾燕.设计学习程序:彰显自由学习精神的应然路径[J].江苏教育研究,2013(11B):22-24.

一门学习语言文字运用的综合性、实践性课程。工具性和人文性是它的主要特点。我们不仅要关注语文的人文性,同时也要关注语文的工具性。同时,意义学习工具论者创建的图示工具理论为实施自主、合作、探究的学习方式,构建一个"以生为本"的课堂提供了良好的契机。

再次,基于图示的学习工具有助于形成学生终身学习和可持续发展的能力。终身学习是现实所需,每个人无论何时何地,都要有获得解决问题的一般知识和能力,并将其迁移到以后对生活、工作、社会中的问题解决之中去。这是社会对"人才"的需求,一个有发展的社会必然需要有创新性和可持续发展力量。通过图示教学可以打通学生学习的通道,运用多样方式学习知识,从而逐步实现"由扶到放"的过程。

(二)图示支架在语文课堂中的运用

新课程改革倡导变被动学为主动学,反观我们的阅读教学,陷入较为单一、被动的学习状态。当今世界正在进入读图时代,从地铁自动购票图示导购系统到医院图示提醒电脑预约程序。图示作为一种构建在视觉思维上的人们认识事物的工具有着其他思维工具所不可替代的优越性。人们往往会从图形中得到较为清晰的信息。因此,将图示引入教育领域,服务教学必为大势所趋。运用图示为学习支架解决文本内容的抽象性和思维的具象性之间的矛盾,尤其对促进第三学段的学生对文本阅读形成意义理解,将儿童天性和学科本质之间架构起一座桥梁。同时,图示的运用将学生的学习通道多元化,使学生在掌握有效的阅读策略中自由发挥自己主动性、创造性的本能,培植学习兴趣。

1.设计线索图,把握顺叙记述法

顺叙记述法,是指按照事情发生发展的先后顺序来进行叙述的写作方法,主要有时间先后顺序和事情发展顺序。时间顺序特别强调时间词的把握,而事情发展顺序强调对主要情节发展的梳理,因而在设计练习时各有侧重。

【案例3-15】 人教版六上24课《金色的脚印》的线索图

按照事情的发展顺序展开描写,以主人公正太郎的观察视角为明线,以正太郎与狐狸一家日益亲近的情感及行为变化为暗线,在学习本课时设计如下表的练习。

表3-5 《金色的脚印》线索

正太郎与狐狸一家之间发生的主要事件	情感变化
(　　　　　　　　　　　　)	(　　　)
↓	↓
(　　　　　　　　　　　　)	(　　　)
↓	↓
(　　　　　　　　　　　　)	(　　　)
↓	↓
(　　　　　　　　　　　　)	(　　　)
↓	
写写对课题《金色的脚印》的理解	
(　　　　　　　　　　　　　　　　　　　　)	

在上面这个案例中,教师通过该练习设计尝试建立线索图,以此梳理本文特有的隐性结构,即明线与暗线的叙述方式,将各部分的内容紧密联系起来,练习设计基于第三学段阅读目标,设置不同层级,促进不同水平学生的语言发展,从而形成一个有效的学习系统。

与文本内容相关的图示设计其实质就是将文本通过图示的方式做一个系统的梳理,使学生比较容易地把握文本特点。通过教学实践,我们发现:内容图示的引入对阅读能力较弱的学生提升尤其明显。

2.设计概念伞,概括人物特点

概念是一种重要的观念,可以连接与内容主题相关的其他重要观念,理解与学习者之间的关系,帮助概括。日常教学中不同的教师会采用不同的概念进行教学,同样,课堂学习中不同的学生也会采用不同的概念进行学习。用"概念伞"来设计练习,重在培养学生概括能力,将所学知识纳入以往的知识体系,建立起学习系统的同时,又促进了发散思维的形成,这种看似矛盾的练习设计对学生概括能力提升发挥出多重作用。

【案例3-16】《跨越百年的美丽》《我最好的老师》的"概念伞"

《跨越百年的美丽》课堂练习　　　　《我最好的老师》课堂练习

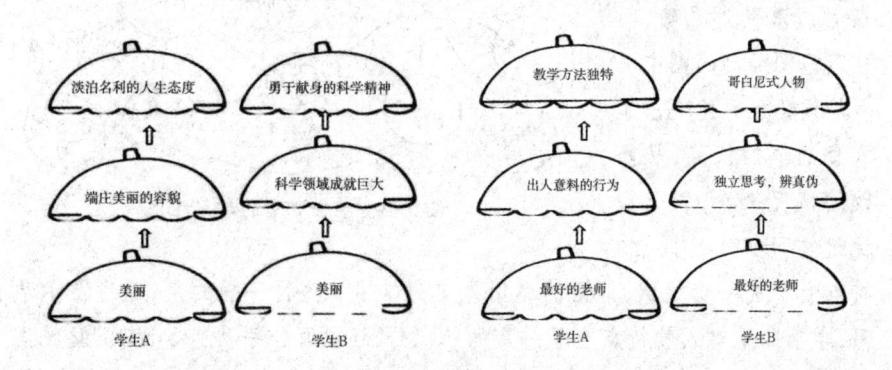

图3-6　概念伞

从上面这个案例中可以看出,教师运用"伞"的形式,将教材中涉及的概念进行归类,使学生能够清晰地了解,并学会自己进行概括,从而培养学生的信息网能力。

3.设计双泡图,促进语言评鉴

语言是思维的外壳,语言鉴赏的最高层级是发展独立阅读能力,自主建构独特的文本意义。同样在教学人教版五下《金钱的魔力》一课时,通过课前调查发现,学生对于老板和托德这两个人物有一定认识,但比较笼统并出现了偏差。学习课文时,就此设计了图示中的双泡图帮助孩子进一步分析认识人物特点。

【案例3-17】《金钱的魔力》的"双泡图"

图3-6中间的三个"泡泡"着重的是人物特点共性的认识,而两侧的"泡泡"则倾向于人物个性化的认识。从中我们可以发现从刚开始的自主研读课文填写双泡图到合作学习后的修改,孩子在双泡图中间圆圈中填写的对于老板和托德共性特点的词语更为准确,而在双泡图两侧的圈中填写的词语也更体现出了人物的个性特点,从修改的情况来看,孩子们通过学习文本,对人物

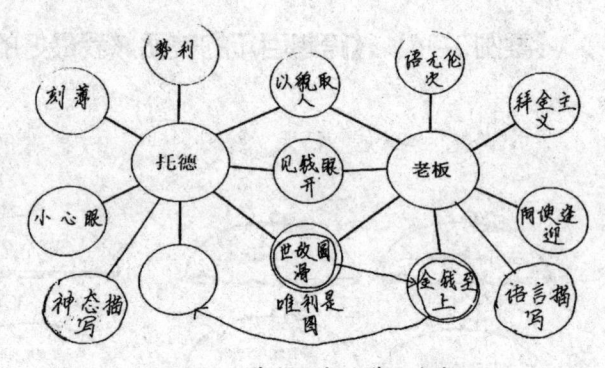

图3-7 学生课堂的学习生成

特点有了进一步认识,词语的运用也更为丰富。值得一提的是,通过图示学习,学生除了对人物特点有了一定的认识外,还对写作手法有了比较,发现描写托德时主要运用了神态描写,而描写老板时则主要运用语言描写。共性为两者笔法辛辣而夸张,为后续的续写故事提供了有力支撑,真可谓"一举两得"。通过以上"双泡图"的设计,我们发现该图突破了对人物特点认识的误区,促进了学生的深度阅读。

4.设计概念图,突破文本难点

概念图(concept map)是一种用节点代表概念,连线表示概念间关系的图示法。概念图的理论基础是Ausubel的学习理论。其中倡导知识的构建是通过已有的概念对事物的观察和认识开始的。学习就是建立一个概念网络,不断地向网络增添新内容。为了使学习有意义,学习者个体必须把新知识和学过的概念联系起来。将"概念图"的应用与阅读认知理论相结合后,我们会发现:由于阅读主体大脑中贮存的相似模块各不相同,因而即使是阅读同一文

本,也会形成各自不同的相似选择与相似匹配,通过"概念图"突破理解上的难点,从而表现出丰富的个性化解读。

人教版五年级下册第19课《草船借箭》中,诸葛亮借箭的过程是本课的学习重点,而学生在阅读时更容易被其中的精彩情节所吸引,而忽视其中颇具深意的语言。为了让学生在研读中深入体会语言的精妙,笔者围绕"诸葛亮的神机妙算表现在哪里?"这个问题设计的"概念图",用图示法来引导学生展开自主学习。

【案例3-18】 人教版五年级下册第19课《草船借箭》的"概念图"

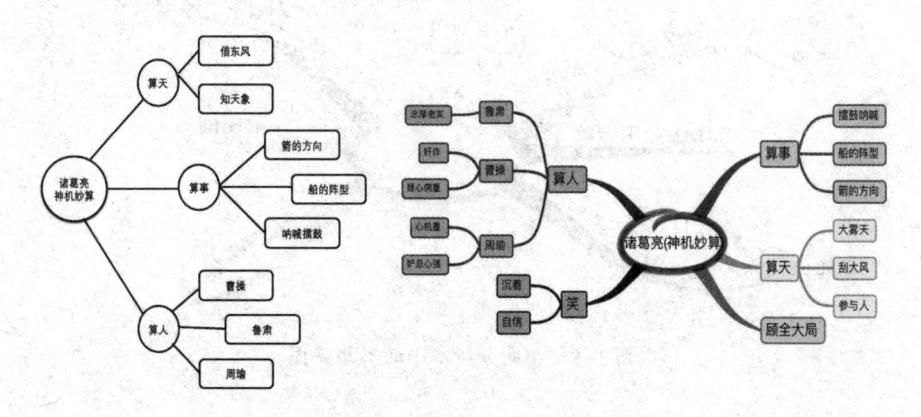

图3-8 《草船借箭》概念图

从上图可以发现:概念图指向的是问题解决的过程,充分体现出学生在此过程中对文本语言的梳理和提炼过程。学生们从"算天""算事""算人"三方面切入研读。上述两幅图示,画第二幅图示的学生用词更为准确、凝练,对人物的特点把握也更为深入。尽管如此,用这样的方式展开的学习是孩子喜闻乐见,打通了"视觉"和"言语"通道,整堂课兴趣使然,学习变得主动而有效。

(三)图示支架在数学课堂中的运用

图示支架有许多种形式,在教学实际中,教师可以根据教学内容,进行选择,以帮助学生展开思维活动。

1.指向分析水平的思维导图

这张思维导图内容清晰、结构分明,在内容上来看,从比例的意义与性质、正比例、正比例应用问题、反比例、反比例应用问题、解比例这六个维度进行分析。这六个内容之间层次分明,比较完整。从逻辑性上来分析,对于比例能从比例的意义、比例的性质进行整理,在解比例中,能解比例的意义、方法进行说明。总的来说这张思维导图具有分析能力的特征。这对学生掌握"比例"这一内容有很好的意义和价值。

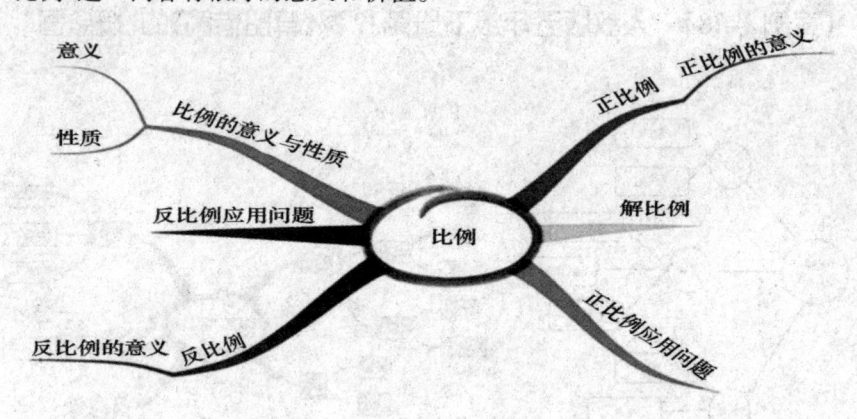

图3-9 指向分析水平的思维导图

2.指向评价水平的思维导图

这张思维导图区别于图3-9最大的特点是能从多维度进行分析,从内容上来看,能将比例的意义与性质、正比例、正比例应用问题、反比例、反比例应用问题、解比例这六个维度进行整合,分别从认识比例、解比例、正比例、反比例进行整理。对于正比例,从正比例的意义、正比例的性质、正比例的图像、正比例的应用能进行个性化评价。

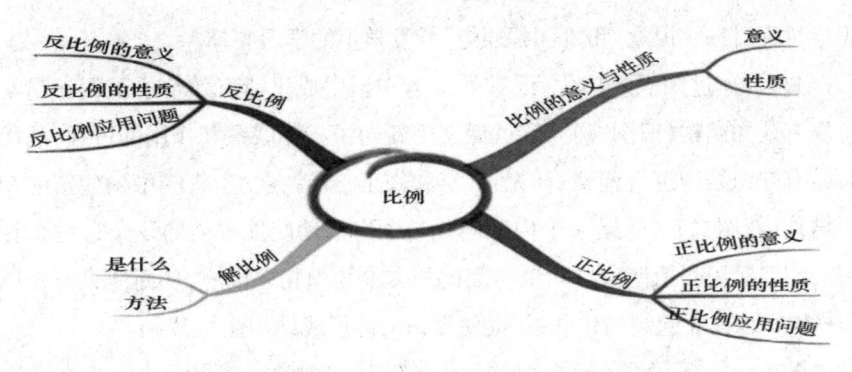

图 3-10 指向评价水平的思维导图

3.指向创造水平的思维导图

区别于图 3-9 和 3-10,这张思维导图更具有个性化的表达,同样对于正比例,还能结合实例进行具体说明,这样个性化的补充是基于学生的能力与水平;另外,错题的补充也是这张思维导图的一个亮点。

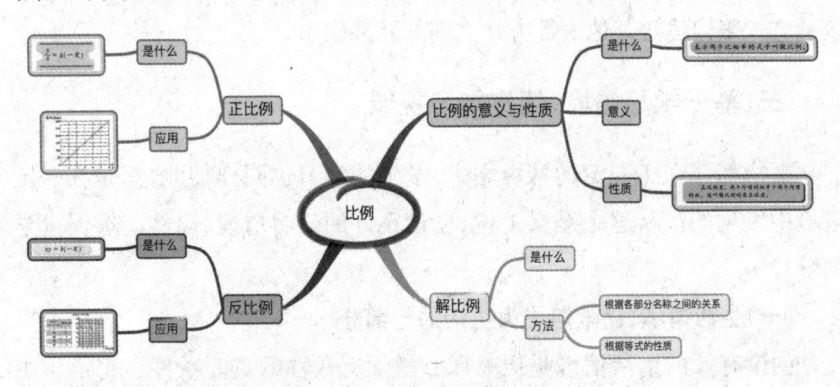

图 3-11 指向创造水平的思维导图

(四)图示支架的思维价值

首先,通过思维可视化,促使学生的思维过程外显可见。运用图示使思维可视化,形成能够直接作用于人的感官的知识外在表现形式,从而促进知识的理解与建构。在叙事类文本中尝试按照事情发展的线索展开梳理,推进文本阅读的理解,图示的运用将有效地将原本单一的文本阅读转化为形象的思维过程,打通"视觉"和"言语"通道,激发学生的学习兴趣。

其次,通过知识结构化,促进学生的知识生成迅捷有效。语文阅读是学生原有认知结构(旧图式)与阅读课文中新知识相互联系和作用的过程,从而对原有知识结构进行调整、补充、丰富和修正,或者在学生头脑中构建新的知识结构(新图式)。这是一个内部同化与顺应的功能性平衡的复杂过程。在阅读前期运用图示使背景知识与阅读的文本知识相互沟通,从而使纵向知识和横向知识建立起结构化联系,促使知识内部形成结构化关系。

再次,通过概念系统化,促进学生的知识联结紧密连贯。当学生在阅读时,视觉信息会进入感觉记忆系统,空间表征和言语表征的信息在工作记忆中得以加工,最终得到的语义知识则被存贮在长时记忆中。这就是从信息呈现(外部表征)到知识建构(内部表征)的转变,其过程发生于学习者开展生成学习之时。工作记忆会进行三个重要步骤来发展知识:选择进行深加工的信息片段,构建彼此之间内部联系以能够形成连贯的心理表征,最终实现以系统的方式来构建与其他表征方式之间的外部联系。

三、基于学习情境,拓宽学习视域

事物都存在于一定的情境之中,学生的学习也同样如此,都是在一定的情境中发生的。从这个意义上说,创设良好的学习情境,显然能够促进学生的学习。

(一)生活情境,让学习成为生活的一部分

创设有效的生活情境是提高课堂教学有效性的重要条件。将学生生活与所学知识有机结合,将"生活中学习"及"学以致用"有效落实。这在任何一门课程中都如此,尤其是科学课程。《小学科学课程标准》指出,科学课程要从学生的认知特点和生活经验出发,让他们在熟悉的生活情景中感受科学的重要性,了解科学与日常生活的密切关系,逐步学会分析和解决与科学有关的一些简单的实际问题。要创造学习科学的良好条件和环境,使学生在学习中体验科学的魅力和乐趣。

【案例3-19】 创设生活情境,展开《饮料中的科学》的教学

引入:农夫山泉广告

师:同学们,水是生命之源。我们的生活离不开水。可是,我们哪些小朋友是不喜欢喝水,喜欢喝饮料的?

生:(议论纷纷,爱喝饮料的还高高举起了手)

师:那妈妈为什么常嘱咐你要少喝饮料,特别是碳酸饮料,是不是饮料有什么特殊之处?

生1:觉得饮料太甜。

生2:可能是饮料太贵,比水贵多了。

生:……

师:我告诉你们,因为水的质量决定生命的质量。为什么呢?今天我们就一起来一探究竟。

这之后,教师带领学生分别检测不同饮料和水的酸碱度,并进行数据分析,阅读材料《酸碱性与身体健康》,分析酸碱性与健康的关系,在已有知识的基础上进一步理解"健康饮食"的意义。

在上述案例中,教师一开始就密切结合学生的实际生活,带领学生从生活经历出发,开始探究,最后解决生活中的实际问题。通过实验、亲身实践,明白饮品PH值和健康的关系,为后面以PH值为切入口展开学习奠定基础。PH值检测是《水污染及治理过程中PH值的检测》课程的主线,在课程起始课上,教师充分利用学生间的个体差异带来的生活经验的不同,从而造成学生间针对同一问题提出不同的创意和想法的因素,这一得天独厚的学习资源,调动学生的生活经验,很好地调动了学生的学习积极性,课堂上的实验探究已不再仅仅是一个学习任务,而是学生自觉探究的行为。

《简单推理》是二年级下册一节逻辑思维能力训练的起始课。二年级学生的形象思维十分活跃,同时也具备了一些简单的推理能力。数学组的老师

结合数学绘本《帽子戏法》,采取创设故事情境,学生身临其境,在有层次(一种情况,两种情况,三种情况)设计闯关推理游戏中引导学生自主探究、合作交流,充分体验数学学习,感受成功的喜悦。

【案例3-20】 创设故事情境,理解推理问题

创设故事情境(绘本故事《帽子戏法》):今天咱们要去一家帽子店逛逛,里面的老板可不简单,他会变戏法呢!瞧!他有一些红帽子、白帽子和黑帽子,他会在客人闭眼睛的时候把帽子戴在客人头上。现在,你们就是影子先生,看不到自己头上的帽子是什么颜色。不过,你们有两个好伙伴仔仔和多多,他们或许可以帮助你们知道你头上帽子的颜色。

第一关(一种情况):帽子店老板:这次我只带了一顶红色的帽子,戴在了影子先生的头上,影子先生,你能知道你头上帽子的颜色吗?直接判断:只有红帽子这一种情况,就肯定是红帽子。

第二关(两种情况):帽子店老板:这次我带了两顶帽子,一顶白色,一顶红色,将帽子分别戴在了影子先生和仔仔的头上,影子先生,现在你能知道你的头上戴了什么颜色的帽子了吗?

图3-12 《帽子戏法》第二关

小结:虽然看不到自己的帽子,但是从仔仔的帽子上可以判断出自己头上帽子的颜色。用图简单地画出思考过程,只有在A和B的两种情况下,不是A,就是B。

第三关(三种情况):帽子店老板:这次有三顶帽子,两顶红色的和一顶白色的,将帽子分别戴在了影子先生和仔仔的头上,影子先生,现在你能知道你的头上戴了什么颜色的帽子了吗?

学生通过观察仔仔头上的帽子颜色是白

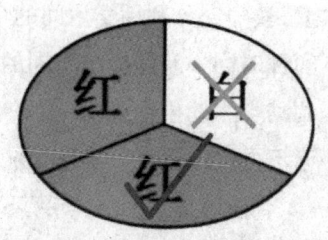

图3-13 《帽子戏法》第三关

色的,作出判断:影子先生是红色!

总结:在2个A和B的情况下,先确定B,那剩下的是2A,那么结果就是A。

第四关(三种情况):帽子店老板:这次还是将帽子戴在了仔仔和影子先生的头上,影子先生,你还能知道你头上帽子的颜色吗?

因为仔仔头上是红色帽子,所以确定不了。

师:那怎么才能确定呢?再来一个人,再加一条信息。

仔仔邀请到他的好朋友多多,现在你能判断了吗?

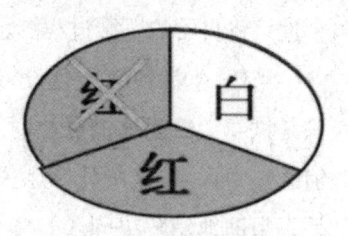

图3-14-1 《帽子戏法》第四关

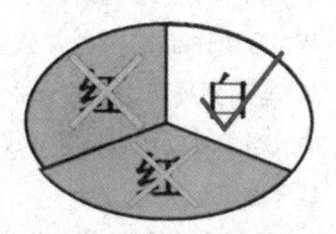

图3-14-2 《帽子戏法》第四关

总结:在2个A和B的情况下,先确定A,剩下1A1B情况,再确定B,那么最后就是A。

第五关(三种情况):帽子店老板有三顶帽子,白色,红色和黑色。仔仔:我买的是红色的。多多:我买的不是白色的。

请同学们独立思考,用简洁的方法记录推理过程;然后小组交流,全班汇报。

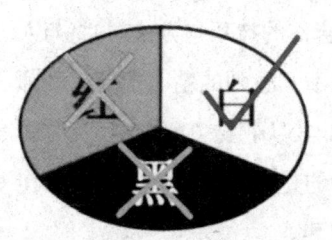

图3-15 《帽子戏法》第五关

得出结论:在A、B、C的情况下,先确定A,剩下B、C的情况,再确定B,那么结果就是C。

在上面这个案例中,教师的设计结合数学绘本《帽子戏法》,创设帽子游戏的有趣情境,学生身临其境,用上帽子的学具,在具体形象的体验中先喜欢上这节课,让思维的培养自然融入。接着通过"现在你能知道你的头上戴了什么颜色的帽子了吗""为什么刚才我们能确定,现在确定不了了呢"等问题的驱动,激发学生推理、分析,从而解决问题。"那你们能用图简单地画一画刚才的思考过程吗?"在这个过程中,学生的创造性思维得以释放,创造性地、有个性地将自己的思维过程图示化。

当然,生活情境的创设,还包括学以致用环节。当学生体会到学习不再只是试卷上冷冰冰的分数时,学习变得有趣,学习也变成一种自觉行为。在信息技术课后,老师让学生去发现身边需要帮助的人,运用编程知识制作作品去帮助他们解决问题。学生利用课余时间团队合作完成了"拐角防撞器""久坐提醒仪""校园语音导航仪""作业检测器"等,这些创意来源于生活。教师在学生作品上交时,又鼓励学生将作品进行完善,并将相关作品孵化为产品,运用到校园文化建设中。将学习成果运用于生活,这是学习的最终目的。当学习也不再只有分数时,学生的内驱力自然被激发,学习的热情也就越来越高了。

(二)合作情境,让协作成为一种素养

新课程倡导"自主、合作、探究"的学习方式。合作学习,是指学生在学习群体中为了完成共同的任务,有明确的责任分工的互助性学习。在课堂中创设合作情境,让学生在知识的学习中,逐渐学会与人合作的技巧与方法,并将与人合作成为现代生活的一种习惯。学生合作学习离不开教师的精心指导。教师在学生合作学习前需精心设计,先行指导;在合作学习中要了解学情,及时引导;在合作学习后要勾连目标,引导提升。更重要的是教师要关注学生在合作中和合作伙伴的态度等,让学生的合作成为一种素养。

【案例3-21】 创设合作情境,学习《可爱的草塘》

教师根据学生的预学情况安排了课堂合作的内容:学生自主研究,合作探讨"可爱之处";探究任务:眼前的草塘这么美,我们的课题能不能用"美丽的草塘"呢?作者为什么是用"可爱的草塘"呢?

出示这一合作的内容的同时,教师同时出示了合作的要求。

1.合作讨论时,学会赞美对方,学会控制自己的情绪,营造友好的合作氛围。

2.同学在发言时不说话,要注释着发言的同学,并不时点头表示赞许。如需要补充,请听完同学发言之后再发言。

3.小组找一找草塘可爱在哪儿。

4.找到相关段落,圈出关键字词。

5.说一说原因。

以上合作要求中的1、2从合作文化的角度提出了要求,3-5是本次合作学习的具体要求。我们在营造合作氛围时非常注重合作文化的建设,把每一次合作作为培养学生懂得学会赞美、学会控制情绪的良好机会,从而让这样的品质延伸到生活。在品读文章、感受草塘特色时,该教师给了学生充足的时间和空间,让学生就作者的情感变化进行自我感悟,交流过程中,从"面"上的了解到了"点"上的理解。对于草塘,大多数孩子都会被它的美丽所吸引,教师顺势引领孩子们都来体会、感受草塘的美。有了教师的示范,对草塘"可爱之处"的合作探究活动便能轻松展开,因为有了之前合作文化的建设基础,学生在合作学习的过程中能抓住关键词语来表达自己的阅读感受,在学生充分理解文本的基础上,通过情境模拟再现冬天在雪地里抓野鸡的情景。合作的效率高,合作也成了一个愉快的过程,学生真正成为课堂的主人。

【案例3-22】 分组合作实验,植物妈妈有"办法"

四年级的学生通过二年级语文《植物妈妈有办法》一课及其他途径对植物种子的传播方式具有一定了解,也能说出一些典型植物种子传播方式。于是,科学组的老师将科学教科版四下第二单元第4课《把种子散播到远处》进行创新教学,将原来的通过观察、实验得出风力传播、弹射传播、滚动传播,改成如下核心活动——

快速聚焦研究问题:各种不同结构的种子成熟后是否会留在原地?

学生分组合作实验:用纸模仿几种种子的结构特点制作种子模型,配以测量距离的同心圆和统一高度落下种子模型的标志杆和模拟自然风的扇子,让学生根据材料设计建立种子传播的模型并分组开展体验活动,用不同颜色的工字钉标记不同结构种子的传播位置。最后,将各小组不同结构种子的分布情况呈现于同一个同心圆中,进行全班统计。

全班研讨如下问题:1.种子落下后留在原地了吗?2.每种种子是利用自身的什么特点怎么落到远处的?还有什么新发现?3.植物将种子散播到远处的目的是什么?

改编后的核心活动设计打破原先看似丰富而浅层的多个独立探究活动格局,而是设计长时间持续探究环节,实现一个趋向于核心概念建构的积极思维过程。通过使用模型,各小组合作体验,获得直观的数据信息。然后,通过组际结果对比,查漏补缺,去伪存真,求同存异,小组的结果整理成全班的。通过研讨中问题1,对全班的研究结果进行表述,提高学生分析归纳的思维能力。通过问题2"还有什么新发现"促使学生多角度的提炼统计图中的更多信息,与已有的认识建立起联系,在讨论思辨的过程中提高迁移推理能力。最后,问题3的提升,指向大概念的思考学习。通过思维过程,获得新的思维的产物,作出新的判断,进行新的推理,从而在解决问题的过程中使思维获得增量。

创新教学后的整节课,由原先的单一知识学习走向指向大概念的探究学习,以"各种不同结构的种子成熟后是否会留在原地"为切入口,建立不同结构种子传播模型,让学生通过合作的方式使用模型,统计分析不同结构种子的传播形式和分布情况,进而思考"为什么植物要把种子传播出去",在建构种子传播方式和结构特点相适应概念的同时,发展学生利用建模获取信息、运用数学思维统计分析、基于证据论证的解决问题的能力。

(三)交流情境,让表达成为一种需要

现代教育理论认为:学习就是一种促进交往的活动。因此,在学习过程中,教师要创设情境,引导学生进行交流、分享。正是在这种交流、分享的过程中,学生学会了交往、协作,并使知识内化。

【案例3-23】 创设交流情境,拓展数三角形的方法

师:小朋友,我们已经掌握了数线段的方法,现在老师将线段变成了三角形,数三角形是不是有类似的方法呢?你们还有没有其他的方法?

(这是知识的延伸,创设充分的交流时间对培养学生的求异思维,理解该知识点非常重要。)为此,老师先是安排了全班交流:

生1:我是这么想的,小的三角形有3个,然后二合一三角形有2个,最后三合一三角形有1个,一共有6个三角形。师:还有其他方法吗?

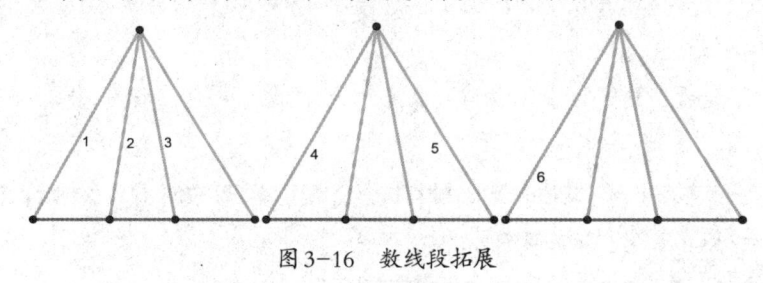

图3-16 数线段拓展

生2:我觉得只要数上面角的个数就好了!一共有6个角,所以三角形就有6个。

生3:我们来看底,一共有6条线段,像这样有3条线段,2条线段,1条线段,所以一共有3+2+1=6(条)。只要这个底确定了,三角形就确定了!其实我觉得只要看底有几条线段就可以。

在3个同学说了自己数三角形的方法后,老师还继续追问,引导学生进行对比交流:

师:你们听懂了?还有疑问吗?刚才我们用三种方法解决了这个问题!这三种方法有什么相同的地方吗?同样是数图形,数三角形的个数和数线段的个数有什么相同的地方?

教师给学生充分的时间,学生又进行了第二轮的交流。在观点碰撞、交流讨论中,其他学生逐渐明白了某一个同学说的"数角的个数、数线段的条数就是数三角形的个数,你看角确定了!这个底也就确定了,而三角形就是在

- 087 -

这里"的道理了。

从上面这个案例中可以看出,学生在教师的引导下,通过不断地相互交流,对知识的理解更加深刻了,掌握更加巩固了。更为重要的是,在这种持续的交流中,合作、协同得以实现了。

【案例3-24】《圆明园的毁灭》交流情境创设,欣赏好词好句

生:这一段作者举了许多例子,圆明园有殿堂,有亭台楼阁,有热闹街市,有山乡村野。

师:是呀!这段话中作者举了很多例子,同学们再仔细看看,作者在举例时有什么巧妙之处?

生:作者在举例时是做比较的,殿堂和亭台楼阁相比较,街市和山乡村野比较。

生:西洋景观和民族建筑。

生:仿造各地名胜建造的和根据诗情画意想象建造的。

师:像这样对比着举例叫对举。作者用这样对举的方法来写圆明园的建筑,让你感受到了什么?

生:圆明园的建筑美轮美奂。

生:圆明园的建筑很多,而且风格各异。

师:让我们随着作者的描写去欣赏欣赏,感受感受。

(配乐播放图片再次感受对举)

师:这样精彩的描写值得我们好好积累。

以上交流环节体现了以下几个层次:首先是基于学生合作学习的起点,引导学生发现作者举例的巧妙之处,并告诉学生像这样对比着举例叫对举;接着请学生找找这段话中还有哪些地方是对举的,进一步感受对举的方法;然后又引导学生说说作者这样对举,让你感受到什么,体会这种写作方法的好处。但这时孩子的感悟还是浅显的、模糊的,此时老师适时播

放图片再加上恰当的解说,让孩子的感悟逐渐清晰、深刻,最后顺着作者对举的思路引导学生背诵。这样层层引导,让学生对对举这一写作方法的体悟不断深入。

四、基于多元化评价,变革学习方式

评价是学习过程中的一个重要环节,评价并不仅仅是对学生的学习结果进行判断,更为重要的是,通过评价这根杠杆,撬动学生去更加积极、主动地学习。

(一)多元评价主体

传统的评价模式中,教师就如裁判员,承担着对学生作业进行判断的任务。在这过程中,教师独享话语权,扮演着发号施令的角色。而学生只是一个作业的完成者,作业的评价似乎与他们毫无关系。而在我们的课堂里,教师只是作业的评价者之一,学生才是评价的主体。当一个学生回答完毕后,教师非常重视其他学生的评价,一方面检测学生的倾听质量,另一方面,将学生作为课堂的真正主人,发挥学生发言的权利。例如,在我们的《创意智造》课堂中,在创意作品完成之后,全体同学参与小组开展的TED演讲,并对其他小组就评价标准中的"创意"和"演讲表达"进行投票评价。

表3-6 杭州市胜利实验学校创意智造大赛展评活动评分表

序号	项目名称	创意(30)			实践(30)			演讲表达(30)			合计(总分90)
		体现关怀主题	形成产品机会	推广经济价值	参与度	合作度	完成度	语言流畅思路清晰	配合默契分工明确	作品功能完美演绎	

学生们根据同学的作品和在TED演讲中的表现进行评价。这一过程,学生既是被评价者,也是评价的主体。教师和学生之间的关系变得平等、融洽。

除此之外,家长也是评价者的一部分。利用现代信息网络,让孩子把学习成果发到"杭州教育"平台,邀请家长和学生共同参与作业的评价,这也是评价主体多元的一个方面。

【案例3-25】 家长线上评价学生写话作业

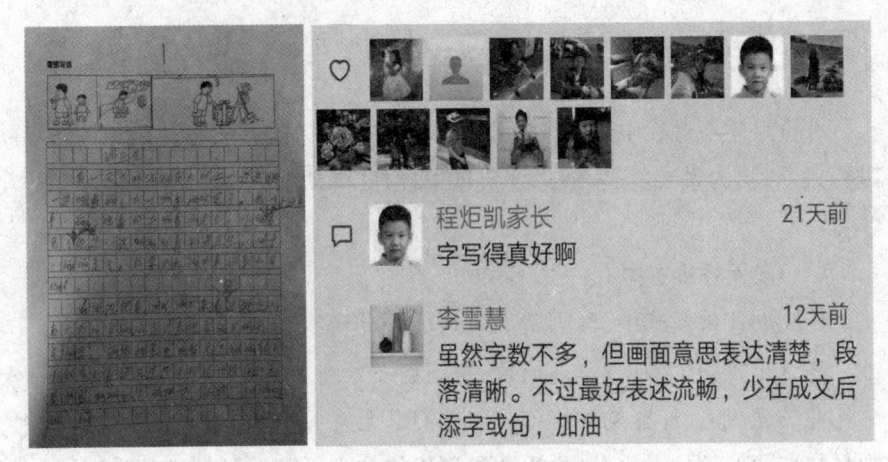

图3-17 家长线上评价

多元评价主体，身份不同，看到的方面也不同，对被评价者成果的判断也是极具个性的。所以，相对而言，评价主体的多元化让评价成为一场"几方"对话，评价也不再是"一言堂"的结果。

(二)细化评价内容

语文《评价内容》依据《义务教育语文课程标准(2011年版)》和《浙江省小学生综合评价改革语文学科分项等级制评价操作手册(试行)》设定，将语文学习的兴趣与习惯、方法与策略、情感态度价值观等融入"识字与写字、阅读、习作(写话)、口语交际和综合性学习"这五个分项之中，设定出各年级具体的分项评价内容。

【案例3-26】 语文分项评价内容

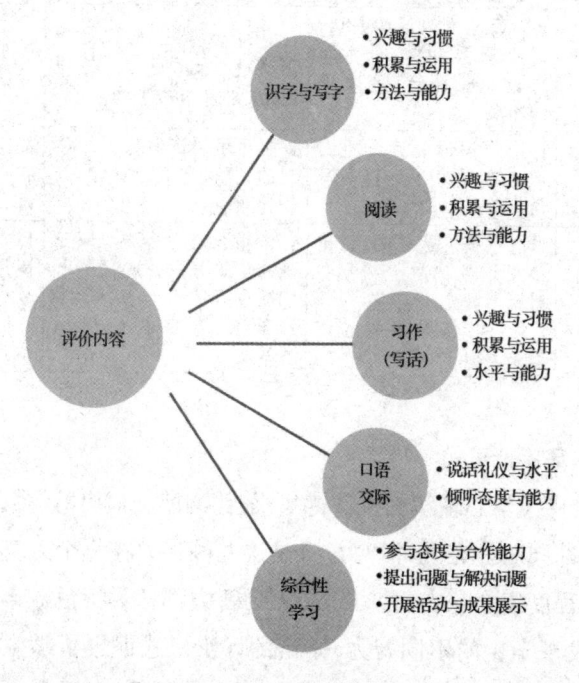

图3-18 语文分项评价内容

根据这些评价内容,我们又设置了相关评价标准:《评价标准》是对各分项评价内容不同等级的具体描述。每个分项评价内容根据学校本年级学生应有学习水平和具体学习情况,分成A、B、C、D四个水平等级。A水平为优秀,高于课程标准要求;B水平为良好,达到课程标准要求;C水平为合格,基本达到课程标准要求;D水平为暂缓评定,低于课程标准要求。《评价标准》中对A、B、C三个水平等级进行分项等级制描述,D水平等级不描述。以一年级写话评价标准为例:

表3-7　语文写话评价指标

等级	A	B	C
写话兴趣与意愿	1.对写话有浓厚的兴趣，留心周围事物，乐意写自己想说的话，想象中的事物。	1.对写话有兴趣，留心周围事物，乐意写自己想说的话，想象中的事物。	1.能按要求完成写话。
写话 词句积累与运用	1.乐于运用阅读和生活中学到的词语、句式写话，句子通顺。	1.能运用阅读和生活中学到的词语、句式写话，句子较通顺。	2.能尝试运用阅读和生活中学到的词语、句式写话。
规范标点和书写	1.能根据表达需要，正确使用逗号、句号、问号、感叹号等。2.能在方格中正确、整洁地书写。	1.能根据表达需要，较正确使用逗号、句号、问号和感叹号等。2.能在方格中正确地书写。	1.能根据表达需要使用逗号、句号、问号和感叹号等。2.能在方式格中基本正确地书写。

（三）丰富评价形式

美国哈佛大学心理学教授霍德华·加德纳博士提出的"多元智力理论"认为：每个人都同时拥有九种智力，只是这九种智力在每个人身上以不同的方式、不同的程度组合存在，使得每个人的智力都各具特色。丰富多样的作业形式旨在发现学生的不同智力，丰富的评价形式促进了学生不同智力的发展。对于实践类的作业，我们重视现场的互动操作，培养学生的动手操作能力；对于语言类的作业，我们更多地采用情境创设，让学生与多元评价主体进行对话，培养学生的语言智力；对于弹琴、唱歌、绘画、软笔等才艺类作业，我们将评价地点移到了小海燕电视台、小海燕展厅，学生自由申报展示的内容、时间、形式，大队部利用小海燕电视台时间，分期播放这部分学生的才艺展示录像。培养了学生的音乐智力，视觉-空间智力等。不同的作业内容采用不同的评价形式，充分尊重信任每一位学生的不同爱好，发掘每位学生的优点、闪光点，关注到了人的个性化发展和不同方面的智力发展，真正将学生视为一个具有独立意义的人，一个丰富多彩的人。

【案例3-27】 四年级数学、学生创意作品及唱歌的个性评价方式

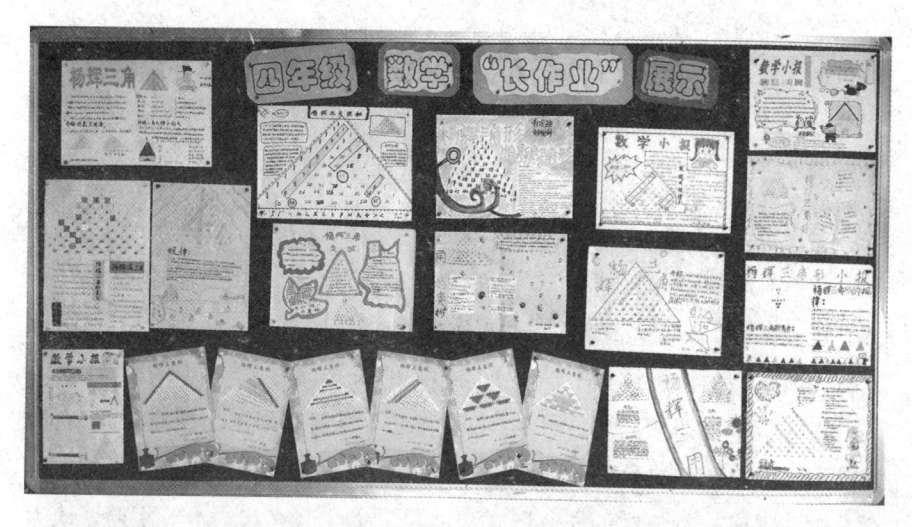

图3-19 个性评价

学科有其不同的特点,通过不同的评价形式,发现学生的不同才能,让学生各方面的才能得到最大程度地发挥。

第三节　助力主动学习的作业设计改革

上一节提到,我们在课堂教学过程中通过"有效运用检测性预学单""搭建不同功能的图示学习支架""创设生活式学习情境"以及"多元评价方式"等方面试图在学生学习过程中提供不同形式的扶手,减少学习中的困难,提高学生在课堂学习的主动性。可是,主动学习不能仅局限于在课堂时间,它应该成为学生的一种学习常态,包括作业的完成态度。怎样的作业才是学生愿意去主动完成的？怎样的作业形式和内容学生才会喜欢？本节主要谈谈为了让主动学习成为学生的一种学习常态,我们在作业设计方面的思考与实践。

作业设计的出发点是学生的学习,作业完成的主体是学生,学生也可以成为作业设计的主人。本着这样的理念,学校研究了四年的"诊断性作业、整体作业、协同作业"等六项作业设计都以学生的学习起点、学习方式、知识建构、学习风格差异等为基础,推动学生完成作业的欲望,激发主动的状态,最终实现学习能力的有效提升。

(一)推动主动学习的作业设计类型

在传统的教学实践中,教师往往把作业简单地归置于检测学生是否掌握学习内容的手段,因此,作业的形式十分单一。随着主动学习的提出,我们在改革课堂教学的同时,也致力于作业的改革,通过多样化的作业形式,更好地发挥作业的功能,使作业助推学生的主动学习。

1.关注学生学习起点的诊断作业

学生是教师教学的出发点和归宿。在进行教学活动时,教师要改变"想当然"式的教学,就应该关注学生的学习起点,包括他已经掌握哪些上位知识和相关知识,他在知识理解、技能形成方面的难点,他的认知误区等。作业作为教学过程中重要的一环,也应该关注学生学习起点。如果说作业具有检测和评估新学习活动结束后的学习结果的功能的话,那么,诊断作业就是在教学活动正式开始前要求学生完成的既定任务。诊断作业不同于传统的"预习单",诊断作业的着眼点不在"预习",而在诊断,其功能在于检测学生真实的学习起点,帮助教师探明学生的学习需求,确定适合学生能力的教学目标和课堂教学活动环节,更有针对性地促进孩子的学习能力发展。

毫无疑问,设计诊断作业单需要教师钻研教材,完整把握学科知识体系,依据记忆、理解、应用的不同水平考查学习者的学习结果,为此,我们以教研组为单位,在熟悉和理解课程标准的基础上,集体讨论教材,对每一个学习单元(学习主题)进行分析,在此基础上,分工合作,系统编制。学生完成了诊断作业单后,各任课教师自行统计、分析,确定本班学生的学习水平,对单元(课时)教学目标、课堂教学活动方案做相应调整。

【案例3-28】 "角的度量"的诊断作业

根据课程标准中有关"能用量角器量指定角的度数,能画指定度数的角"的阐述,我们编制了如下诊断作业单。

《角的度量》

亲爱的同学,你可能在之前的学习中已经知道了一些关于角的知识,或者什么都不知道,这都没有关系。请你回答下面的问题,用水笔书写。如果不知道怎么回答,你可以空着。

1. 什么是角?_____。
2. 请选择:角有大小吗? ( )   A 有   B 没有
3. 你能比较一下各组中两个角的大小吗? (在 ○ 里填>、<或=)

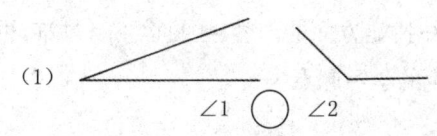

(1)   ∠1 ○ ∠2

(2) ∠1 ○ ∠2

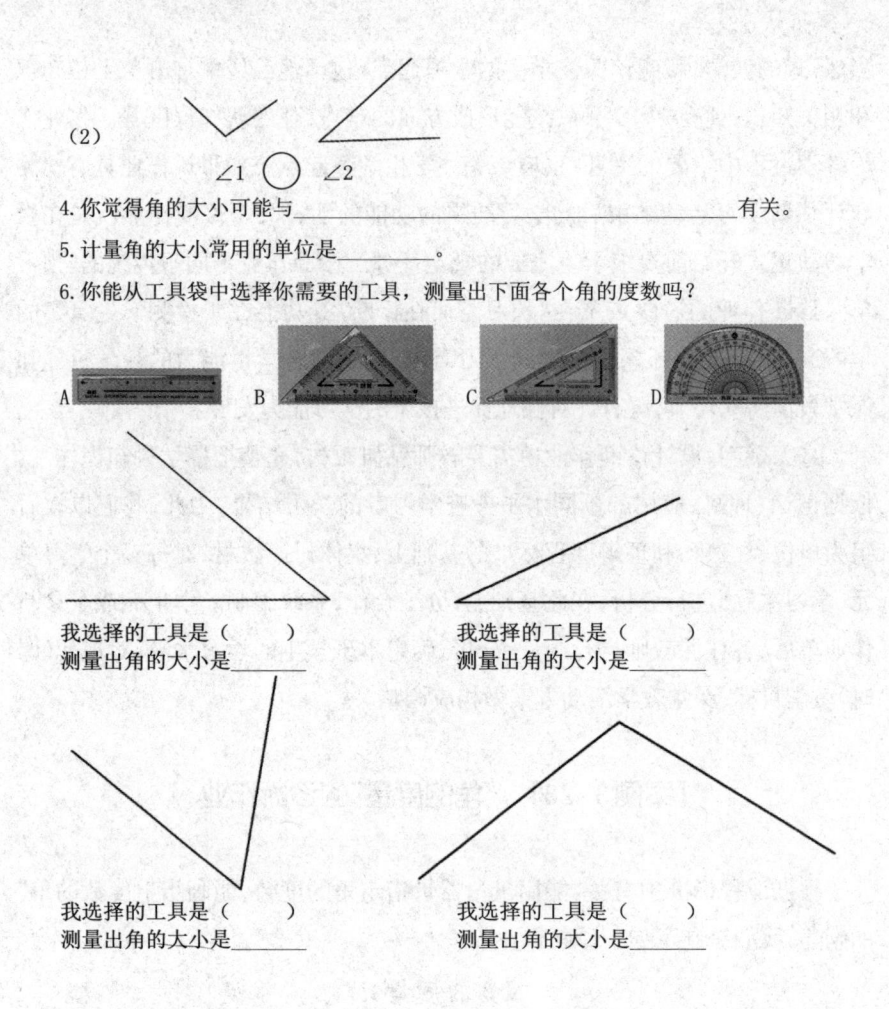

4. 你觉得角的大小可能与＿＿＿＿＿＿＿＿＿＿＿＿＿＿＿＿＿＿＿＿有关。

5. 计量角的大小常用的单位是＿＿＿＿＿。

6. 你能从工具袋中选择你需要的工具，测量出下面各个角的度数吗？

A　　　B　　　C　　　D

我选择的工具是（　　　）
测量出角的大小是＿＿＿＿

我选择的工具是（　　　）
测量出角的大小是＿＿＿＿

我选择的工具是（　　　）
测量出角的大小是＿＿＿＿

我选择的工具是（　　　）
测量出角的大小是＿＿＿＿

如此布置的作业，重点不在于考查学生对有关"角大小"的辨别是否正确，度量角的方法和工具选择是否得当，而在于发现学习者在相关知识、技能的学习上具有何种认知特性和方法习惯，从而使教师更准确地定位课堂教学活动从起始到结束的相关环节。

诊断作业题目不宜过多，尽量保证学生在10~20分钟完成；题目内容以陈述性知识为主，适当编制一些认知技能方面的内容；题目也不易过难，可适当设置分层题目，以更全面了解学生的学习起点。

2.促进学习方式转变的协同作业

在新课程教学中,由于关注到了学生的学习方式,合作学习应运而生。学生学习不仅有个体的学习,还需要合作学习,学习方式的转变让水平较弱的学生能够利用同伴互助得到提升,让不同学习特质的孩子能够相互理解他人的思维方式,互帮互助。因此,协同作业,常用于一项特殊而复杂的学习任务,需要与同伴相互协助完成的作业。协同作业充分发挥同伴的力量,通过学习方式转变,帮助学生提升学习效率,打开学习思路,有利于优化学生的认知建构过程。它可以很好地帮助学习者解决在学习过程中遇到的困惑点,争议点和难点。同时也是完成跨学科的综合性学习任务的一个很好的学习方式。

要提高协同作业的质量,促进协同努力,要求教师熟悉教材,根据学科特点,有的放矢梳理出本册教材中的学习难点、合作点等。在此基础上,利用备课交流的机会讨论协同作业的题目类型和合作步骤,及对合作成果采取的评价方式。

【案例3-29】 人教版语文第七册第四单元《母鸡》的协同作业

*16　母鸡

☆作者为什么不敢再讨厌母鸡了?研读5-8自然段,找找打动作者的原因。

```
_____
_____  ⎫
_____  ⎬ (　　　　)的母鸡
_____  ⎭
```

合作步骤:

1.独立读课文,跟着作者去看看这只母鸡后来发生了怎样的变化。

2.小组合作,按段落分工完成表格(记录关键词)。

3.小组交流,说说自己的理由,修改结论。

这项作业要求学习者熟悉课文内容,并能根据文章信息提炼概括出母鸡打动作者的原因。为降低难度,我们采取了协同作业的方式,引导学生通过协同努力,共同解决问题。值得一提的是,协同作业不可缺少的重要环节是合作步骤的设计。这是提高合作效率的有效保障,它给学习者提供了清晰的合作环节,既赋予小组内的每位学习者明确的任务和要求,又要求协同努力以达到共同解决问题的目的。

3. 回归人的完整发展的整体作业

学生既是教师作业设计的对象,更是作业完成的主体。因此,作业设计必须关注到学生的特点。学生首先作为一个人,人的生命是物质、精神、文化和信息的生命整体。人存在于世界的状态也不仅仅是此刻,还包括他的过去和未来,这些也都以一个整体出现。学生的生活、其认识所指向的事物和他未来所要面对的世界也具有整体性。因此,观照学生的生命整体,将其看作一个完整的人,帮助其实现完整成长和个性发展应该是学校孜孜不倦的育人目标。传统以"课"进行作业设计,缺乏整体的思考,容易使学生的思维呈现碎片化状态。因此,基于人的完整发展,学校设计整体作业,着眼于单元或学科间的知识联系,它强调的是整体教学的观念,帮助学生养成整体、全面思考问题的习惯。这不仅有助于促进教师对本学科知识体系的把握,更有助于学生理解知识间的纵横关系,促进学生形成系统思考问题的习惯。

设计整体性作业,需要注意以下几方面:1.要有明确的目标意识,切忌率性而为,无的放矢。所有学科在进行设计整体性作业时,都必须结合学科特点,严格把握各级目标,体现科学性。2.寻找单元之间的联系,在教学中落实分级目标,体现系统性。如数学分数应用题题型丰富,变化万千。教师就可抓住相通性,把相似、相反、易混淆的习题变成题组进行整体练习,这是加大教学密度,减缓思维坡度和提高教学效率的有效途径。3.寻找学科之间的联系,落实学科目标,体现整体性。如四上科学有一个单元是《生命》,语文四上二单元第六课《爬山虎》,学科老师要善于发现这两个内容之间的共通问题,结合本学科特点,设计教学目标,协同完成这两个内容的教学。让学生在实践练习中不断提升、完善，形成多元体悟，渐而形成整体思考、系统把握的学习习惯。

4.强化监控反思的"伙伴"作业

学为中心，即指以学生的学习为中心。学生学习不仅外显为学习方式、学习能力等，还有一点不容忽视，即学习心理。小学生的学习心理常常表现出注意力不稳定不持久，以兴趣为主导，且偏向于具体形象思维。自制力不强，自我反思的意识还比较弱，但得到外部提醒后易改变自身行为。基于此，小学生的学习常常需要教师的及时指导和督促。为预防、矫正学生作业过程中可能出现的常见错误，弥补学生完成作业和教师反馈之间的时间差，我们在作业中设计了许多小气泡，用以提醒和指导学生，满足学生学习过程中最真实的认知需要。旨在以此指导学生从中体会、学习如何监控、反思自身的思维。因为这些小气泡具有"伴随""指导"的功能，如同一个"俯身指导的伙伴"，我们姑且将其称之为"伙伴"作业。很显然，"伙伴"作业是在作业题目已经编制完毕的基础上进行的。教师根据学生实际，对编写好的作业进行审核，预设学生可能遇到的问题、需要注意的事项、背景资料的补充及学习习惯的养成而后用泡泡图的方式在题目旁边加以标注。

一般而言，"伙伴作业"具有如下功能：A.暗示学习方法。在生字抄写题旁边，配有"这里有些生字比较难写，你有好办法记住它吗"的气泡，希望以此促进学生进行再思考，积累字词识记的方法。B.培养学习习惯。"可别当小懒鬼哦，相信你是个自觉的孩子！"或"我来检查检查，看看对了____个？"的泡泡，提醒学生进行自觉学习，养成良好的检查习惯。C.降低答题难度。对有一定难度的题目，我们会在旁边给学生一个答题技巧或文章背景的提醒，有助于学生对文章内容的理解，帮助寻找正确的答题思路。

【案例3-30】《长相思》的伙伴作业

4.《长相思》的作者是_____代_____，他_____

_____，被称为"清代第一词人"。

> 可以写写他的成就、生平。

5. 旨在知识建构的自编作业

自编作业是相对于以上几种以教师为编制者的作业而言，在中高年级学生自我整理与自我学习后，基于自身知识经验主动参与编制的一种作业。这对学生的综合素质、知识结构都是一项考验与挑战。

学生的学习是以学习者为中心的学习，是由学生基于原有的知识经验生成意义、建构理解的过程。因此，知识不是由教师传授得到的，而是学生通过外界必要的学习资料和指导，自主进行加工建构而成的。自编作业就是学生自主加工建构的重要环节。自编作业改变了当前学生是作业设计"旁观者"的现状，将作业的主动权交给学生，让学生成为作业设计的主人，实现了学习者从作业对象到实施作业编制者的角色转化。学生就是在自编的过程中建构起更完善而系统的知识体系，开拓更大更广的学习和发展空间。

为帮助学生学会编题，提高题目编制的科学性，我们尝试着给学生提供两个平台进行作业的自主创编。一是自由选择学习内容，通过创编题目的方式展示自己的学习成果，另一个则根据老师提供的学习素材进行创编。以语文为例，主要方法如下：1.从经验入手，跳出"题目"看本质。组织学生各自整理"基础"和"阅读"两个板块的题目类型，而后讨论相关题目背后的能力要求，引导学生透过题目看"本质"。2.从教材入手，帮助梳理知识点。带领学生浏览全册教材，梳理各单元主题；以画思维导图的方式整理单元知识点；欣赏思维导图，明确学习目标，对比查找能力薄弱点及知识漏洞。3.从"成果"入手，明确方法。组织学生参与作业编写，对成果进行评价，明确编题的方法。学生编好的作业可自己做，也可提供给伙伴完成。教师还可将学生编写的优秀作业收入在校本作业中。进行过自编作业的孩子，他的知识系统更完整，平时学习主动性更强,也更易理解开放、复杂的信息。

(二)推动主动学习的作业设计特点

在我校的作业改革中,我们依据让学生主动学习的理念,不仅设计了形式丰富的作业,而且,使作业更具特点。

1.分层:满足不同层次的学生需求

优化的弹性作业结构,它针对学生的学习水平层次进行分类,目的是使不同层次学生的学习得到不同程度的提高。曹秀华在《基于多元智力理论的分层作业设计》一文中提出,分层作业设计应遵循科学性、主体性、实效性、差异性、实践性、创造性、亲和性、开放性的原则[①]。

【案例3-31】 数学《幻方》的不同层次的练习设计

《幻方》在"大众卷"中的分层样例
【大众卷】把1—9这九个数字填写在下图正方形的九个方格中,使得每一横行、每一竖列和每条对角线上三个数的和相等。
分享:你有哪些不同的填写方法?

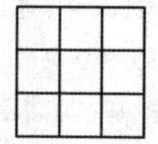

《幻方》在"提升卷"中的分层样例
【提升卷】用1——25编写一个五阶幻方。

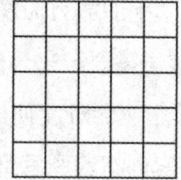

【私人卷】如图是一个三阶幻方,已知3个数,请根据幻方性质填出其他数。

图3-20 《幻方》不同层次

大众卷:以实际教学进度为准,制订符合中等生认知发展水平,要求学生在理解知识的基础上,对知识进行一定的再加工,其主要内容为对基本概念和基本原理的应用。从构成比重来看,大部分学生的成绩影响整个班级的教

---

①曹秀华.基于多元智能理论的分层作业设计[J]教育探索 2006(11):40-41.

学质量,故此项作业是为了确保大部分学生齐步走而设置的。中等生被称为"临界生",可塑性较大,他们中的相当一部分人,努力点儿也许就能跨入学优生行列。因此,教师在对这类学生布置作业时,要注意使他们在确保完成基础目标的基础上,努力完成发展目标。

提升卷:能合理、科学筛选出数学方面有特长的学生并加以培养,我们以数学系列模块为绳、设计适合学优生认知水平需求的"提升卷"。学优生增加作业难度,进行能力题专项训练,适当减少对学优生的基础性练习量,使他们从简单的机械练习中解放出来,因此提升卷多为融综合性、灵活性于一体的能力题。故这类作业要求学生能对所学知识进行深加工,训练学生思维的灵活性和独创性。

私人卷:针对后10%的特殊差异,量身定制既遵循教学任务、又契合个体需要的"私人卷"。后10%的学生控制作业量、降低难度。所谓的"控制",并非单纯减少作业量,而是增加基础知识的作业量,通过模仿课堂所讲授的知识和方法解决最基础的问题,起到巩固所学的作用。其主要内容为数学基本概念、基本原理、解题的方法、技巧等知识的直接应用,学生通过复习教材有关内容可以直接找到答案,因而是较简单的层次。

以上三份作业以充分尊重不同学生的能力为现实基础,从能力水平层次进行分层,满足了不同层次水平的孩子需要。这为推进主动学习提供了很好的实施条件。教师通过提高或降低作业的难度使后10%的学生掌握解题思路、中等生拓宽解题思路、学优生探索创新解题思路。这是一种各有所得、各有所长的数学学习新模式。

2. 个性:满足不同个性的学生需求

兴趣是最好的老师,在平时的教学中我们发现:只有学生对教师布置的作业感兴趣,才能集中精力完成。因此,作业的精心设计是影响学生作业质量的关键。教师在布置作业时,应设计一些既符合学生的心理年龄,激发学生的学习兴趣,又能结合教学目标、个性化的练习与活动。

(1)表演型作业。《英语课程标准》倡导"英语教学要面向全体学生,突出学生个体,采用活动途径,倡导体验参与"。表演型的作业,既是"表演"又是"学习",玩中演,演中学。在完成此类作业的过程中,学生之间需要相互合作,无论成绩好坏,都可以找到适合自己的角色,从而增强学习英语的自信心,提高表达能力、合作能力和运用能力等英语综合素养。在译林版小学英语的教材编排上,每个单元的第一篇课文都会围绕一个情境展开,非常适合学生进行故事表演。在作业反馈的环节,学生积极性空前高涨,效果远远超过让他们机械地背诵课文。

(2)创意型作业。创意型作业主要是根据教学内容和学生的年龄特点设计形式多样的各类作业。每一个学生都是极富个性的生命体,他们对英语语篇的理解也富有独特性和创造性。尤其是高年级的学生,经过几年的英语学习,学生已经有了一定的英语基础,教师可以尝试布置一些创造型作业。例如,在教完"Christ-mas"(圣诞节)这一内容时,布置学生查阅资料,了解中西方文化的差异,围绕"Christmas"完成一篇简单的英语小作文,并让学生设计一张关于圣诞节的贺卡。这种作业口笔兼顾,且有查阅资料、手工制作等其他学科的活动,使得英语学科与其他学科相互融合,既巩固了所学,又把所学的知识综合运用,起到了事半功倍的效果。

3. 丰富:拓宽了作业的视野

推动学生主动学习的作业改革,教师首先对"作业"要有较为宽阔的视野。传统中的为了巩固某个知识点的作业只是我们本章所说的"作业"的一个极小的方面,我们称之为"知识类"。除了这类常规作业外,我们在设计时还要遵循一个原则,即丰富化。通过设计丰富多样的作业,改变学生对作业的传统观念,克服见作业就害怕的感觉。

(1)探索类作业。此类作业从时间上看为课堂教学的应用和延伸的"长作业",多以观察性、实验性为主,在自主实践的过程中探索相关规律并形成知识经验。主要形式是以年级为单位布置长作业,并定期检查、指导、反馈。

此作业是以学生团队为单位开展的,故在学生分组前教师先对学生能力有均衡的分层,以此有助于学生间的合作与互助。信息技术课,上过相关的编程知识后,老师让学生去发现学校里同学或老师存在的困难或安全隐患,然后以项目组为单位利用编程技术对相关问题进行解决。有同学就发现了常有同学在拐角处相撞,所以项目组同学合作,运用编程知识完成了"拐角防撞器"的制作、调试并投入使用。老师在布置这项作业时,对作业的内容没有做统一规定,而是让学生自己去发现,去探索,学生们在探索、发现过程中,将编程知识加以实践性的运用。应用较为轻松的方式,对课堂知识进行了巩固。

(2)实践类作业。此类作业设置在课堂之外,有时是假期,要求人人参与,学生可以对自己感兴趣的生活中的某些知识进行研究,在时间充裕的情况下可以集中精力搜集各种资料,甚至可以与家长互动,让学生获得高质量的活动体验。

【案例3-32】 利用假期布置实践类作业

假期来临,我们设置了如下内容供学生选择:1.年俗活动知多少——寻访身边的优秀传统文化 2.探访体验快乐行 A.走进第二课堂,或聆听一场音乐会,或浸润图书馆……B.理财微体验 C.空气质量与烟花爆竹相关程度调查。(自选一项完成)3.节日送祝福。让学生从拍全家福、编制短信送祝福、参与打扫家庭卫生或写一副对联中进行选择,引导学生在这个特殊的节日用自己的喜欢的方式来庆祝节日。

科学课堂完成某个实验后,老师也可以布置:利用身边的材料做一个好玩的科学小实验,并用文字和照片等方法记录实验的方法和过程。小学英语教材上会有一些"Do a survey""Make and say"等板块活动,这些活动都是学生非常感兴趣,乐意去完成的。基于此,教师可以设计一些调查记录、手工制作的作业,当然仅仅这样还是不够的,最后环节还需要学生在课堂上运用简单的英语交流、汇报自己的作业。如在新授完"How much"这个话题后,可以布置让学生去商场、超市实地调查商品的种类、价格等信息,然后创编一些简单的英语对话,课堂上进行汇报表演。这类作业,一方面可以提高学生在实际生活中,运用英语表达的能力;另一方面可以培养学生观察、探索、交流的能力。实践类作业旨在将学科知识和学生的实践相结合,在实践过程中巩固知识,解决问题。

(3)拓展类作业。拓展型的作业,是对课堂教学的延展,是学生对所学内容的进一步深化。在设计拓展型作业的时候,教师可设计单独一人完成的作业,也可根据学生的能力、水平进行分组,设计需小组合作共同完成的作业。如:英语绘本创编。围绕课文中的句型或者单词,创编简单的英语绘本。学生们为完成作业,查资料、绘画、设计,各显神通。学生以英语绘本为载体将课文中的重点、难点进行消化、吸收,一个个难关在团队合作的过程中迎刃而解。

第四章　拓宽:非正式学习空间的自由学习

　　如果说,常规学习空间中进行的是一种有着规定课程、规定内容、规定场所、规定时间的学习活动。那么,与之相对应的则是一个非正式学习空间。非正式学习空间既包括了校园内除了常规学习空间外的各个场所,也包括了校外的相关学习场所。在非正式学习空间中,学生们依据自己的兴趣爱好,自主选择学习内容,习得知识,锻炼能力,培育素养。这种相对于目前的规范学习而言的学习,我们称之为自由学习。自由学习强调学生在学习时,自己提出项目的问题,确定项目的对象,设计项目的程序,收集所需数据,检验假设,直到最后做出结论。老师仅仅提供适度的指导和帮助。我们的幸福课堂,在优化常规学习空间学习的同时,也不断地拓宽非正式学习空间,为学生提供自由学习的广阔空间。

第一节　社团:基于个性特长的自由学习

社团,是学生在自愿基础上自发组织而成的学生群众组织。社团打破了学生所在年级、班级的界限,团结兴趣爱好相近的同学,发挥他们在某方面的特长,开展有益于身心健康的活动。学生社团形式多种多样,不仅成为校园文化建设的重要载体,利于丰富学生的校园文化生活;同时也拓宽了学生的知识面,增强了学生的团队合作精神以及人际交往能力,促进了学生的全面发展。鉴于此,我校积极组织开展学生的社团活动,各个社团以其独有的知识性、趣味性、多样性吸引了全校学生积极参与其中,形成了非正式学习空间中一道靓丽的风景线。

一、操作定义与特点

社团活动能够有效弥补课堂教学对学生全面素质提升的不足,有利于丰富学生的校园文化生活,同时对于拓宽学生的知识面、增强学生的团队合作精神以及人际交往能力、促进学生的全面发展有着积极的推动作用。因此,我校也积极组织开展学生的社团活动,从多个维度打造社团,形成社团群合力。

(一)操作定义

社团是指在相对固定的时间里,由学校教师或外聘教师,从学校的学生培养目标出发,以知识学习、技能提升、兴趣培养、个性发展为目标的学习组织形式。旨在通过该学习组织培养学生的兴趣爱好,帮助有兴趣爱好的学生提升技能,培养身体健康、行为自主、热爱生活的健康幸福的小海燕。

(二)主要特点

社团是学校文化建设和提高学生综合素养的重要途径,是学校课堂教学的有效延伸。社团学习较其他非正式学习空间的学习而言,给学生提供的各方面的自由度更大。它具有以下特征。

1. 时间相对固定

社团的学习时间一般由学校教导处根据学校国家课程的实施时间、学生学习的有效性及社团开展的特殊性等因素进行安排。综合考虑以上因素,学校学生社团学习时间为每周五下午的两节课。考虑到社团学习内容的特殊需要,确保社团活动的学习效果,两节课的学习时间是持续的,采用80分钟的长课时制。

2. 实施者多元

社团学习面向的是全体同学。在安排课程内容时学校考虑到学生的学习水平、兴趣培养、不同的能力提升以及学校某些专业资源不足等因素,课程实施者除了在校教师,还有外聘的专业教师和高年级学生。

3. 学习地点基本固定

我校学生社团的学习的场地为校内各空间。学校的操场、观摩教室、图书馆、小琴房、食堂等都是学习的场所,学生在老师或同伴的带领下,在这些非正式空间进行相关内容的学习。

二、组织与管理

学生社团为学生个性成长提供了发展的平台。学校开设学生社团的目的在于学生在参与社团学习的过程中,兴趣能得到培养,能力能得到提升,视野得以开拓,最终实现为提升经营未来人生幸福的能力提供帮助与支持。因此,组织与管理好学校学生社团是实现目的的重要前提。在组织过程中,一定要遵循以下原则:一是自主性。社团项目设置后,所有课程向学生开放,由学生根据自身实际自主选择社团,以体现课程的开放性和学生的自主性。二是全员性。社团内容的设置坚持面向全体学生,要求全员参与,满足每一位学生的个性需求,实现每一位学生的个性成长。三是走班式。社团成员的组成不再受班级或年级的限制,因共同的兴趣爱好或某个技能相同的水平层级都有可能被分到同一个班级学习。同学不"同班",人人均可参加适合自己个性的社团活动。四是常态化。社团活动是学校"幸福课程"的一个分支,社团活动的常态化开展是实现学校幸福课程很重要的一个方面。[①]

(一)招募实施者

社团学习开设的内容采取自下而上、因需开设的原则。所谓自下而上指的是学校教导处在第一学期开学准备周首先对全体教师进行社团开设的意向调查,填写意向调查表。在此基础上,了解我校学生兴趣爱好的学习情况,最后采用自主推荐、学校培养、自主招募三种方式确定实施者。

1.组织全体教师进行SWOT分析

为了解学校在岗教师的优劣势,以便学校更准确地给教师的专业发展提供帮助,在第一学期开学准备周,学校教导处组织全体在岗教师对自我优势、劣势及外部存在的机会和威胁,即进行SWOT分析。学校组织相关教师对教师的分析结果进行解读,而后制订相关策略。教师进行SWOT分析的表格如下:

表4-1　SWOT分析表

教师姓名		特长		是否打算开设社团	是( )否( )
拟开设社团名称及内容					
社团开设的优势					
社团开设的劣势					
社团开设需要学校提供的帮助					
拟打算呈现社团成果的方式					

全体教师根据上表内容进行填写。教导处组织相关教师进行调查结果

---

① 朱圣宏.社团活动:让每个学生实现不一样的成长[J].基础教育参考,2018(10):77-78.

的分析整理，得出相关信息。了解教师意愿和特长，为社团顺利开设及质量提供保障。

2.约谈个别教师进行双向选择

分析整理全体教师填写的SWOT分析表后，我们发现个别有特长且专业水平不错的教师没有开设社团的意向。针对这样一些特殊情况，学校委派分管教学副校长和教导主任一起找相关教师谈话、协商，了解其中的原因，并本着学生发展的角度希望该教师能参与到学生社团的开展过程中来。如学校有一位书法教师，其书法水平在区内数一数二。可她却没有意向开设社团，这对学校或学生来说是很大的资源浪费。后经了解，由于书法社团对学生的要求相对比较特殊，最理想的状态是水平层次相当的学生。该老师担心不能满足学习对象的要求而放弃了组织社团。她希望书法社团的学生有书法基础，以提升学生书法水平为目标，而非培养兴趣。学校在尊重人才的前提下，答应了该书法社团的招生对象为有书法基础且对书法有兴趣的学生。诸如类似的教师还有5位，学校通过各种方式对这少部分"有才但无意向"老师进行情况了解，经过双方协商，最后均得到了这部分老师的支持。这为社团开展争取了教师资源，丰富了社团的内容，可以满足更多不同兴趣爱好的学生需求。

3.招聘外聘教师

校内教师开设的社团内容确定后，教导处又通过座谈、访谈及结合上一年社团开设的内容等不同形式了解了我校学生目前的兴趣爱好及学习水平。结果发现，对沙画、非洲鼓、棋类等感兴趣的学生还不在少数。显然，校内教师的资源已经无法满足学生的需求。为了真正实现学生学习内容选择的自由，我们结合我校"健康、自主、文雅"的学生培养目标，最终由学生实际情况来确定社团内容。对于调查中的一些拟开设而学校教师资源不足的课程内容，如，沙画、非洲鼓、陶艺、足球、乐器等，学校采取向社会优秀机构招聘教师的方式进行。经过机构推荐、教师个人素养及意向调研，最后确定外聘教师名单。为确保师资的稳定性，学校对外聘教师所在单位及外聘教师个人也有相关的管理制度与协议。

4.确定社团内容

综合以上几方面的因素,本着尊重学生兴趣特长和教师意愿,在更多满足学生的个性需求的基础上,立足"学生兴趣、学校特色、培养目标、时代特点"四个维度来组建学校社团。

最终确定健康类社团、文雅类社团和科创类社团等三个社团群。我们根据学生需求,结合学生培养目标,对"健康""文雅""科创"三个社团群的学习内容进行了分类,"健康类社团"主要分为强健体魄和阳光心理;"文雅类社团"包括审美高雅与休闲生活;"科创类社团"包括科技制作与科创体验。具体如下。

表4-2 2018学年胜利实验学校社团群概述

社团群	发展目标	具体方向	实施内容
健康类社团	激发体育健身的兴趣,发展学生基本活动能力,增进身体健康,拥有健康体魄;初步获得某项体育健身的方法和技能;发展学生阳光自信的心理,形成积极的心态,培养学生不怕困难的良好品质,充满活力。	强健体魄	篮球(男、女)、排球(女)、趣味篮球、乒乓球、形体舞蹈……
		阳光心理	团队游戏、胜实老娘舅
文雅类社团	培养学生高雅的审美态度,有足够的自信和兴趣在艺术的殿堂里轻松徜徉;行为举止温文尔雅,富有涵养,具有良好的道德品质与公民素养。	高雅审美	创意彩陶、钢琴、美妙声音、趣味速写、书法、"三棋"入门
		休闲生活	十字绣、Beauty发饰铺、工艺制作、生活DIY、趣味纸工……
科创类社团	基于STEM教育理念,打造自由开放学习环境,软硬件结合,通过大量实践操作与项目学习,训练学生基本工具的操作技能,培养学生算法思维,在玩中学,创中乐,从而激发学生学习科学的欲望,为良好科学素养形成奠基。	科技制作	木工、遥控快艇、线操纵飞机、电子百拼……
		创客体验	科学实验、奇迹创意、scearh入门……

第四章 拓宽：非正式学习空间的自由学习

（二）组织报名

在社团学习内容确定以后，比较重要的阶段便是组织学生报名。此过程分为三个阶段：竞赛型社团参与人员的提前录取阶段，其他学生预热了解课程内容阶段和抢课报名阶段。

1. 第一阶段：竞赛型社团人员的提前录取

少部分艺术类社团由于本身学习内容的特殊性，它对参与对象有着特殊的要求。如合唱社团，本身对学生的声音有一定的要求，再加上前一年的学习，各声部人员也基本确定。因此，合唱社团招收有声乐学习基础和合唱经验的学生比较合适。再如，管弦乐团，也由于该社团学习内容的特殊性，具有学习基础的学生参与能更大程度发挥该社团和老师的作用，最大程度挖掘学生潜能，培养学生这方面的能力。当然，还有书法社团、舞蹈社团等。基于这些特殊情况，在组织全体学生开始报名之前，学校要求这些社团老师对去年参与该社团学习的老成员进行个别约谈，在学生本人对参与该社团有意向的基础上，给该生家长发"社团邀请函"。

杭州市胜利实验学校2018学年第二学期
社团邀请函

_____家长：

您好！

鉴于您的孩子在_____方面表现出的浓厚兴趣与特长优势，基于学校相关竞赛人才储备需求、竞赛人才梯队培养等方面的考虑，邀请您的孩子参加本学期_____社团。本着双向选择，尊重孩子意愿的原则，请您咨询孩子意见后，以回执的形式向学校书面答复。

> 重要提醒：若同意参加本社才无需参加下周二集体选课。

杭州市胜利实验学校教导处
2019.2.21

盖章有效

邀请函的发放对象为家长,内容为:"鉴于您的孩子在这方面表现出的浓厚兴趣与特长优势,基于学校相关竞赛人才储备需求、竞赛人才梯队培养等方面的考虑,邀请您的孩子参加本学期社团。本着双向选择,尊重孩子意愿的原则,请您咨询孩子意见后,以回执的形式向学校书面答复。"家长在后面的回执单上签字确认后该邀请函正式生效。综合学生和家长的意见,最终确定参与该社团学习的名单。这部分学生作为提前批录取,无须再参加后面的全校选课活动。该举措不仅保证了学校一部分特殊社团的生源力量,为某方面人才的培养积淀了时间和经验,更为每位"全员参与"提供了保障。

2.第二阶段:预热了解课程内容阶段

为了让其他学生提早了解社团开设的内容,让选择更有针对性,学习更有实效,学校教导处在社团内容确定后,活动开始的前一周,将本学期拟开设的社团内容、指导教师、社团介绍、拟招人数、上课地点等信息,利用学校微信公众号向全体学生和家长发布,通过校级家委会群、班级群、杭州教育等途径,将有关社团的信息告知全体家长和学生,确保每一位学生都知晓该信息,并引导家长带领孩子根据自己的兴趣进行"预选"。以下为部分社团发布的信息。

① 乐高EV3机器人编程

社团名称	乐高EV3机器人编程	指导教师	王司间
社团简介			
智能机器人社团以乐高EV3编程机器人为载体,学习机器人编程技巧,设计制作各类智能机器,如自平衡小车,循迹小车以及各种完成挑战任务的机器人。			
报名特长要求	具有一定EV3编程基础,可以自备iPad和乐高EV3套装方可报名。		
招生人数	20	三 0	四 7	五 7	六 6
是否竞赛项目	有	上课地点	科学教室
对口竞赛	市、区科技节比赛		

② 男子足球(中段)

社团名称	男子足球(中段)	指导教师	罗正骅
社团简介			
校队队员优先,选拔部分队员代表学校参加区比赛。			
报名特长要求	校足球队优先。		
招生人数	16	三 8	四 8	五 0	六 0
是否竞赛项目	有	上课地点	足球场
对口竞赛	上城区小学生足球联赛		

第四章 拓宽:非正式学习空间的自由学习

3 科学小实验			
社团名称	科学小实验	指导教师	赵皆喜
社团简介	雷雨时天空为什么会出现闪电?巨大飞机为什么能飞起来?钢铁造的轮船为什么能浮在水上?你知道其中的道理吗?那就让我们通过小实验来弄明白其中的科学原理吧。动手实验,动脑思考,科学小实验社团欢迎你的加入!		
报名特长要求	纪律良好,懂得同伴合作,动手能力较强,留心观察身边的事物。		
招生人数	20	三 4	四 5	五 5	六 6
是否竞赛项目	无	上课地点	科学教室(水)
对口竞赛	/		

9 葫芦π合唱团			
社团名称	葫芦π合唱团	指导教师	吴瑶香
社团简介	葫芦π,少年派,葫芦π,青春派,无限美好理想派!		
报名特长要求	招收声乐特长生,须有声乐学习基础与合唱经验。		
招生人数	40	三 8	四 12	五 20	六 0
是否竞赛项目	有	上课地点	音乐教室1
对口竞赛	上城区七色花艺术节		

图4-1 乐高等社团发布的招生信息

学生与家长一起提前了解学校在本学期开设的社团内容,并根据自己兴趣爱好提前考虑所选社团,了解相关社团信息,便于在规定时间内根据发布的"选课操作方法"进行选课。

3.第三阶段:确定各社团人员名单

"预选"信息发布后一周,学校教导处根据事先规定的时间开放选课平台,除提前批录取的学生外,其他学生都可参与一个社团的选择活动。选择的步骤如下:

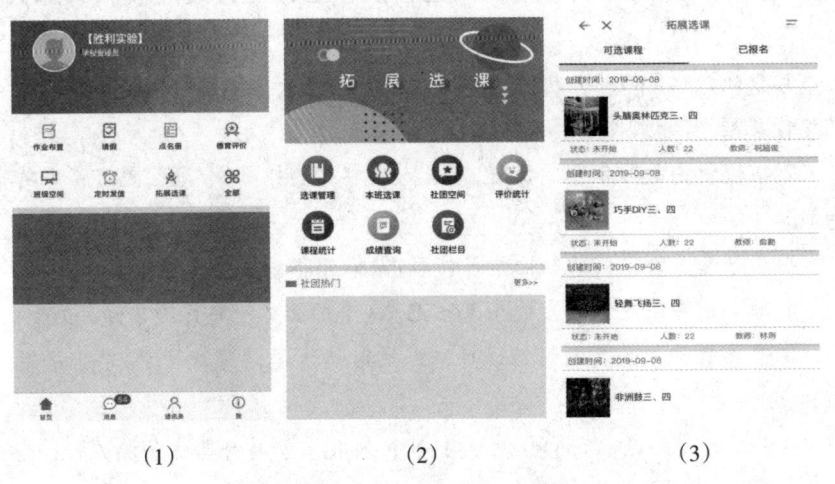

(1)　　　　　　(2)　　　　　　(3)

图4-2 学生选择社团的流程示意

- 115 -

打开选课App,点击"拓展选课",进入到如图2页面,再点击"选课管理",进入到如上图3页面。学生选择自己意向中的社团进行报名。当所选社团的选课人数到达预招收人数,那么该社团报名通道就关闭,学生就不能再进行选课。根据前几年学生社团选课的情况,为最大限度满足各不同兴趣的学生需求,确保95%以上学生能选择到自己心仪的社团。教导处在设置各社团招生人数时充分考虑到这点,并设置所有社团招收总人数多于学生总人数。因此,尽管这样的"选课"有点类似"抢课",在时间方面提出了很高的要求。学生必须在家长的帮助下第一时间进行选择,否则可能会错过自己的心仪课程。但从选课结果和不完全调查数据来看,95%左右的学生所"抢"的社团与"预选"的内容完全匹配和基本匹配,5%不到的学生没有选到自己心仪或比较心仪的内容。不过,该选课方式较之前的"志愿填写"方式更具现代化,大大提高了工作效率。

(三)社团管理

首先,集中学习《杭州市胜利实验学校学生社团管理制度》。该制度包括社团课的建立、社团课选课办法、上课要求及社团评价办法等四大板块组成。每一板块对相对应的内容做了详细的说明。

【案例4-1】《杭州市胜利实验学校学生社团管理制度》(节选)

1.教师进行SWOT分析,根据自己的兴趣、特长主动向学校申报自己确定的选修课程,提出预期目标。

2.学校讨论教师申报的课程,本着人尽其才的原则,合理配置选修课的辅导教师。

3.部分专业性很强的社团学习内容,做好外聘教师的招募工作。

4.每个选修课的学生人数在20~25人(个别团体有特殊需求除外)。

5.辅导教师须认真制订活动计划并及时认真记录每次活动,期末评定成绩,展示成果。

6.每周活动一次,时间80分钟:1:20—2:40。(有特殊需求的除外)

第四章 拓宽：非正式学习空间的自由学习

在上面这个案例中可以看出，《制度》从四个方面对社团的建立进行了明确规定。在实践中，每个学年，学校教导处根据以上"建立办法"开展社团工作，做好教师的招募工作。而"制度"对各社团实施者也有明确的要求：

【案例4-2】《杭州市胜利实验学校学生社团管理制度》(节选)

1. 所有社团都要按时在指定地点高质量开展活动。
2. 活动过程中，辅导教师须认真辅导，充分调动学生的积极性，教师不能随意离开活动室，无特殊情况不得提前或延迟活动时间，确保活动安全、扎实、有效。
3. 对无故不参加活动的学生，应及时查明原因，并和班主任、任课老师取得联系。
4. 辅导教师如有外出学习等特殊情况，应提前报教导处批准并及时安排代课老师。
5. 每次活动前后，要及时做好活动室卫生工作，做到地面清洁、台凳整齐、物品完好，并及时关锁门窗。
6. 活动结束后辅导教师须提醒学生及时返回教室，不得私自逗留或外出。
7. 每个社团每学期至少有一次展示(竞技)的活动和校园网新闻报道。

社团正式开始上课前，教导处组织所有社团老师就以上"规定"进行集中学习，明确学生点到、上课要求等。

其次，上交并审核教学计划。为保证各社团的学习组织更有效，各社团老师在正式上课前一周上交简单的教学计划，内容包括教学总目标、上课时间和教学内容。虽然教学计划很简单，但教学管理部门对计划上拟安排的教学内容的连贯性、教学内容与目标是否相一致以及教学内容对该社团学生的适切性等方面进行审核。有需要的在课程实施前进行调整。教学计划如同教师的一份课堂承诺，为后续教学指导明确了方向，同时为学校管理部门监督管理教学提供了一定的参考价值。

再次，分布落实"双线"点到制度。由于社团学习采取走班制,实施者对该社团的成员信息掌握受到局限,这给各社团的学生点名工作带来一定的困难。而部分外聘教师的社团,教师的准时到岗也成了一个头痛的问题。为让社团运作更高效,学校采取"双线"点到制度。

学校教导处在上课前十分钟对各社团老师的到岗情况进行登记。各社团老师利用点到App里的"点名册",对自己所任教班级的学生进行点名。当某学生没有按时到教室,老师可以对该学生做出"病假、事假、其他"三种情况的选择。待所有社团老师点名结束,教导处便可以在该App里查询所有社团学生的到课情况,落实未到学生的原因查询。教导处对全校学生进行第二次"点名",一方面及时了解未到课学生的去向,确保学生的安全。另一方面对该社团教师第一次点名进行

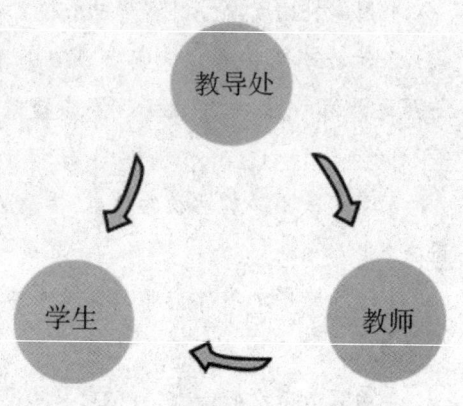

图4-3 社团"双线"点到制度

补充,减少了社团老师因个别迟到学生而进行二次点名的麻烦,提高社团上课效率。自启动该点名办法后,学生不知去向的情况几乎没有再发生,大大减少了安全隐患,提高了社团课的效率。

最后,落实考核办法。针对社团,学校出台了《杭州市胜利实验学校社团教师考核办法》。办法对所有社团老师分达标级和优秀级两个梯度进行考核和奖励。达标级是最基本的工作要求。根据《社团活动手册》的内容,期初制定教学计划、评价标准;学期中随堂点到、过程记录;期末上交《选修课活动手册》存档。拍好学习过程的活动照片,上传QQ群相册。这是对社团所有老师的要求,也是期末社团考核的最基本的指标。在此基础上,设置了优秀级的考核要求:在完成达标级要求的基础上,参赛、板报展示(幸福日展示),形成教学成果(固化作品或节目)并在奖金上给予倾斜。在第一学期的全体社团教师会议上,所有成员一起学习此考核办法与管理制度,让老师事先了解,以

便后续更好的落实。

三、活动与开展

社团一经成立,就会根据社团的特点,在规定的时间和地点,开展各种活动。这些活动的开展,既丰富了学生的校园生活,也成为满足学生个性特长发展的平台。

(一)开展社团活动的价值与意义

首先,社团活动促进了学生的主体发展。在全校师生的共同努力下,学生期盼的社团活动顺利开展。随着现代社会的发展,人与人之间的交流沟通越来越密切,人际关系也成了我们生活中很重要的一部分,一个拥有健全人格的人,也必然是善于与别人交往沟通的人。良好的人际关系不仅是学生心理健康水平、社会适应能力的重要指标,也是人生幸福的基石,是我们培养健全人格,享受积极、健康生活的重要因素。而学校社团恰好是学生交往能力培养的重要契机。由于每个社团的学生由不同年级、不同班级的学生组成。学生经过网络自主报名后,新的社团群体形成。每一个社团相当于一个社会交往群。学生在参与活动的过程中,与不同班级的同学进行交往。在活动中慢慢熟练交往的技能,提升与人交往的能力。

社团的组织形式对发展学生的交往能力有着不可忽视的重要作用。社团丰富的内容对学生自主发展也有着重要意义。社团内容从学校学生培养目标出发分为健康类、自主类和文雅类。篮球、足球、跆拳道、羽毛球等体育类社团,满足了喜欢运动的孩子的需要。锻炼身体的同时也锻炼了意志。合唱、舞蹈、管弦乐等音乐类社团是性格相对外向,喜欢音乐的孩子的所爱。美食、DIY、老娘舅等社团内容贴近学生生活,满足热爱生活、喜欢动手实践的学生需求。物创、创意智造等是探究性很强的社团,满足好奇心强,喜欢探究的孩子。从不同的维度设置不同的社团内容,满足了不同学生的发展需求。

社团活动的开展,丰富了学生的生活,激发了学生的兴趣,发展了学生的个性特长,促进了学生的自主管理和全面成长。通过一系列的社团活动,使学生社团在校园文化建设中的地位和作用显得日益重要。学生在社团活动的开展中,自我管理、自我教育、自我服务的能力也得到提高。

其次,社团活动的开展也激发教师的生命活力。学校在引导教师进行自我特长分析之后,对教师的兴趣爱好有了更清晰的了解。经过学校、教师的共同努力与协商,有兴趣爱好的教师都愿意承担社团活动的教学任务。从几年的教学实际情况看,由教师承担指导任务的社团受到了学生的一致好评。随着社团活动的开展与进一步完善,学生的个性得到发展。与此同时,教师的生命活力也被进一步激发。彩铅画、硬笔书法、手工DIY、美食烹饪……这些看起来与语数英科老师专业完全没关系的内容,却在社团时间由老师们执教并开展得有声有色。

【案例4-3】 教师执教社团后的感受

执教社团彩铅的殷老师说:彩铅本来就是我自己喜欢的,社团给了我继续坚持业余爱好的机会,能与孩子们一起去研究和学习。承担手工DIY的冯老师说,我喜欢摆弄摆弄,但是平时没有时间,是每周80分钟的社团让我可以放松身和孩子们一起进行摆弄。虽然每周多了两节课,但因为是自己喜欢的,所以我并不感觉到累,反而很开心。

英语编程社团陶老师说:我是英语老师。如果就英语本身开社团的话,我觉得不好玩,所以当时没有申报。可是当学校找我协商能否做些改变和创新时,我就想着要不将编程与英语相结合试试,所以就有了这个社团。从现在开展的情况看,学生很喜欢,我也摸索出了一条好玩的学英语的方法,我自己的某方面的潜力也被挖掘了。

像殷老师、冯老师这样的老师还有很多,他们为能在社团时间与学生一起继续自己的爱好感到高兴。也有少部分老师是在学校与之协商后同意带社团的。这些老师同样也体会到了社团带给自己的活力。

(二)开展不同形式的社团活动有助于学生个性的自由成长

社团活动的开展,最大的受益者无疑是学生。在社团活动中,学生进行

第四章 拓宽：非正式学习空间的自由学习

自由学习,学习的热情得到迸发,探究的欲望得到满足,动手能力得到锻炼。一句话,社团活动促进了学生个性特长的发展。

1. 创意智造、科学小实验等社团满足学生的探究欲望

创意智造、科学小实验等社团以自主探究为主,引导学生自己选择研究的内容、自己设计研究方案、自己选择时间进行研究……这几个社团给予学生充分的自主权,满足了学生的探究欲望。学生在这些社团里自由开展研究、自主进行讨论交流,学生在社团里收获了学习的快乐与自由,学习效果好。

【案例4-4】 创意智造社团学生自主发现探究主题

随着社团老师的导学课结束,创意智造社团各研究小队开始了探究主题的讨论。

"我妈妈每天晚上起来给我妹妹喂奶,很不方便。有一次还把桌上的水杯碰翻了。我想帮助妈妈解决这个不便。"

"我发现周老师总是在转脖子,这可能是每次批作业低头很长时间造成的。我想发明一个久坐提醒仪用来提醒老师们一段时间后注意休息。"

"我妈妈每次辅导我作业都很容易上火,我想改变一下这个现象。让辅导作业不再是亲子关系的伤害。"

……

社团成员们以小组为单位各抒己见,经过商量、比较,最终确定小组研究的主题。

研究主题确定以后,小组成员又进行了解决方案的讨论与交流。方案确定后,小组成员便进入了自主探究阶段。作品的外形如何设计？通过哪些程序达到预想的功能和效果？等等问题都需要学生自己去探究。学生可以通过成员的共同努力,也可以请教社团指导教师来解决制作过程中遇到的困难,其主动权都在于学生。教师只是作为一个协助者,帮助者和学生探究过

程中的支持者。

2. 木工、衍纸等社团锻炼学生的动手能力

苏联教育家苏霍姆林基曾说,"儿童的智慧在他手指尖上"。我校社团在满足学生探究欲望的同时,也非常重视学生动手实践能力的培养。该类社团以木工与衍纸社团为代表。对于现代社会的孩子来说,木工社团所使用的各种工具都是大部分家长所回避的。也正因为这样,木工社团更是吸引了众多的男孩子。

"我觉得这些工具都很好玩,我想试试。"

"在家里,妈妈不让我碰这些,说很危险。但我觉得它们很好玩,我想挑战它们。"

"这些工具看起来都很特别,我想用它们做各种木工作品。"

正如他们说的一样,在社团后面的活动中,这些工具的确很有吸引力。学生们只要严格按照老师规定的使用方法,他们就能自由摆弄它们,自由完成作品。这也正是该社团的目的所在。学生在逐渐学会使用各种工具的同时制作木工作品,如一张小板凳、一把木工手枪,一座木房子等。同样,衍纸社团也需要学生熟悉运用各种特殊的工具,如镊子、珠针、锥子、波浪造型器、花型剥离片、曲规器、多功能尺子等。虽然这些工具没有木工社团所需要的各种工具那么"危险",但对学生动手实践能力的要求是一样的。学生在使用工具的同时锻炼了动手能力,各种作品也随之完成。

【案例4-5】 衍纸社团学生上交作品

衍纸社团钱老师的办公室里,衍纸社团的学生正排着队来交衍纸作品。这是社团结束阶段,同学们正上交本学期的社团作业。可没想到的是学生们上交的作品大大出乎钱老师意料之外。他们手里拿的有早餐系列,有花儿系列,还有人物舞蹈系列。这些都是课堂上钱老师没有直接指导过的。

"你们做得都这么好看,太厉害了。做这个'蒸笼'难不难?我看有些我都做不出来。"

第四章 拓宽：非正式学习空间的自由学习

"老师,我发现掌握了方法后做得就不难了。"

"我就是运用钱老师教的方法利用放学后时间做的。"

"我觉得不难。方法掌握了以后,做的时候再仔细点就好了。"

……

学生们纷纷向钱老师说自己作品的来历,他们热情高涨,纷纷表示完成这幅作品也没有很大困难。

具有一定的动手和设计能力是完成这些精致的衍纸作品的前提。该类社团对学生动手实践能力的培养效果是显而易见的。

3. 美食、老娘舅等社团激发学生的生活热情

具有积极的生活态度也是健康的胜利实验小海燕其中一个方面的内容。在社团内容设计时,我们根据学校老师所长,安排了美食、老娘舅等这些与学生生活息息相关的内容。美食社团以制作甜品、日常小点心为主,每次上课内容由学生在前一节课进行选择确定。制作好的甜品或点心提供给该社团或学校老师品尝。老娘舅社团从解决身边同学遇到的矛盾为出发点,在帮助同学的过程中学会调解矛盾、与人相处的方法与技巧。该类社团都从与学生生活息息相关的事或物出发,在制作美食、调解矛盾中激发对生活的热爱。

【案例4-6】 美食社团和老师们分享奶茶

时间:周五下午3:30

地点:观摩教室

事件:全校教师会议即将结束,十几个孩子正等在观摩教室门口,拿着奶茶打算分给会议结束的老师们。"老师,请您品尝我们美食社团同学制作的奶茶。""老师,您辛苦啦!请喝奶茶,很好喝的。"……原来是美食社团的同学们把制作好的奶茶与老师们分享。老师们接过孩子们手里的奶茶,都不忘由衷地说声"谢谢"!孩子们看着老师们满脸笑容,嘴里不住地表示感谢,他们脸

上也绽放开幸福之花。此时此刻,他们也正感受着与人分享的快乐。

美食社团的同学们在递出去的一杯杯奶茶中感受生活的美好,在一次次美食的制作中体会生活的轻松与快乐。同样,老娘舅社团的同学们在打开同学们求助的信件,做好充分准备去帮助协调相关事件时,他们也逐渐明白彼此宽容的重要意义,逐渐懂得如何为人处世,如何与人好好相处,从而更加珍惜现在的生活。

四、实施与评价

社团选择结束,学生除了规定课程的学习外,在学校里有了根据自己喜好,自己作主选择的一个学习内容。为了让社团活动实施有效,真正满足学生所需,提升学生的综合素养,学校通过以下方式落实社团活动的计划。

(一)组织培训,统一思想

学生社团学习是否高效很大程度上取决于教师的课堂教学内容的安排与落实。为能统一思想,提高社团学习教学的效果,每学年第一学期,学校教学部门专门会组织全体教师围绕主话题"丰富社团活动　实现学生的自由学习"进行讨论与交流。培训会上,老师们就社团的形式、内容、时长等展开了讨论。大家一致认为,社团内容丰富多样,活动性质也不一,因此,在时间基本统一的前提下,不应拘泥于社团开展的形式,包括评价;应该为学生进行自由学习创造更多的机会与空间。有了这样的思想认识,社团活动的开展也变得有序而有意义。

【案例4-7】 "温馨厨房"社团包饺子

又一个社团活动时间到了,学校教工食堂里,金老师正带领"温馨厨房"社团的十五名成员在包青菜肉饺子。成员们头戴厨师帽、身穿厨师服,以小组为单位进行操作。这是孩子们自己选择的内容,看起来积极性特别高。

大家首先聚在一起,看金老师示范切青菜,菜拌肉的方法及注意事项。

"大家要注意,一个同学负责切菜,一个同学负责拌肉,还有同学负责打下手,组长分好工后就可以开始了。"金老师示范后再次强调了注意事项。

"老师,我的菜切不碎。"

"老师,搅拌时需要多少盐?"

……

前一段时间,各组动手操作,完成了包饺子要用的馅儿。

"把饺子皮摊在手心上,往上面放半勺刚拌好的馅儿。然后,用指头蘸点水涂在饺子皮的四周,最后将饺子左右捏在一起,这样一只饺子就完成了。"

社团后半段课,金老师又带领学生开始了包饺子、煮饺子、吃饺子的实践。

……

"温馨厨房"社团是我校社团的一个常态活动。教师在课堂上给学生充分的自由,学习内容由学生自己选择,课堂上给予充分的实践机会,老师从指导者变成了参与者,合作者。我们坚信:老师们思想统一了,社团活动的实施过程才会更顺利,才能真正实现学生的自由学习。

(二)结合"兴趣章",落实考核

对社团活动的指导老师,学校也制订了相关的考核办决。"雏鹰争章"里要求每位学生在一学期必须争得一枚兴趣章。为了落实"雏鹰争章"活动,同时也让参加社团的学生的学习更有目标,学校将社团学习的考核与少先队雏鹰争章活动有机结合,严格按照选择社团—明确社团争章要求—进行评价的流程执行。而各个社团争章的要求则根据各社团的内容而定。老师们根据学生在社团学习过程中的表现进行兴趣章的发放。每个兴趣章的考核都从争章目标、获章要求、争章实践、争章体验以及自评、同伴评和师评等方面做了详细的要求。

【案例4-8】 物创美术社团的争章目标

学习用审美的眼光审视多元的美术材料,学会用创造性思维创作物质形态各异的艺术作品。要求是:尝试用不同的材料,创作有美感的美术作品;创作的美术作品能有独特的思考;在创作过程中能遵守纪律,有序整理材料;认知参加社团活动,并参与社团作品展示。符合这些争章要求并通过争章实践,经过自评、他评和老师评后,成绩合格及以上就能得到一枚物创美术兴趣章。

【案例4-9】 舞蹈社团的争章目标

遵守舞蹈社团的纪律,不无故缺课、迟到或早退;热爱舞蹈,积极参与每一次社团学习;能学会合作,至少参与一个集体节目的表演。对部分在积极参加舞蹈社团排练的基础上,还在校级以上的舞蹈比赛中获奖,经申报认证后可直接获章。

其中"争章实践"部分引导学生对自己的学习成果进行不同方式的展示。老师们根据社团学习的特点设置了学习展示的方式。

表4-3 部分社团争章实践要求

争章实践	1.非洲鼓的本名（　），它来自（　），常常和另一种（　）鼓一起演奏,主要有（　）种音色,我知道演奏信号,常用（　）和（　）的打法。 2.我能在表演中选择自己的分组,练习并演绎相应的独奏段落,（　） 3.我在（　　）展示了作品。	争章实践	1.能够清楚了解脚垫球的触球部位,能在平时练习中较连贯地做出垫球动作。（　） 2.我在排球技术考核中的成绩为 　①基本素质（　） 　②人球结合（　） 　③垫球准度（　） 3.我在排球选修课课堂中的点到次数（　）。 注:在积极参加训练的基础上,还在校级以上的比赛中获奖,经申报后可直接获章。
争章实践	1.我能熟练制作（　）款发夹,我最满意的作品是:(照片) 2.我在（　　）展示了作品。		

第四章 拓宽：非正式学习空间的自由学习

上表中，是DIY发饰社团（左下）、非洲鼓社团（左上）、女子排球社团（右图）的争章实践要求。不难看出，不同学习内容的展示方式不同。适合表演类的社团，要求学生进行动态的活动展示，如非洲鼓、古琴、舞蹈等。而对于动手实践的社团，要求有作品展示，如DIY发卡、木工、彩铅等，并在社团学习结束后按要求进行展示与评价。

争章是学校对社团学生学习过程的一个基本管理，学生们根据该社团老师下发的争章要求提前规划自己的学习过程，并按争章要求去努力。这也是为学生自由安排学习进程，规划学习时间，明确学习目标提供记录的载体。同时也是落实对教师指导的考核。

（三）搭建平台，展示成果

自由学习除了自由选择学习内容、自由进行实践操作、自由表达自己的观点外，很重要的一点是对学生的学习成果进行多种形式的评价。社团学习的评价不再是一个"√"或一个分数的事情，其方式根据不同的社团内容而定。学校为学生搭建了不同的展示平台，给学生提供展示的机会，开发学校现有空间，促进学生的全面发展。评价方式主要有下列几种。

1.借由学校大型活动（校园节日）进行展示

此平台的展示有两类，一类是静态的作品展示，主要以美术、摄影、科技类社团为主。学校每年第一学期举办一次"幸福日"，这是面向全体家长和学生的一次展示全校师生面貌的文艺表演活动。在这学期，绘画类、手工类、物创类、书法类等社团学生作品就成了该活动现场环境布置的主要材料。学校要求在本次幸福日活动的静态作品展示中，每位学生都要成为展示者。第二类是动态的现场表演。这种展示方式以音乐表演类为主。如舞蹈、合唱、管弦乐、课本剧等社团的学生在该活动中都有一个节目呈现。另外，学校组织学生在艺术节、贸易节、科技节等进行节徽、海报设计、主持人选拔等活动，相关社团学生即可得到展示的机会，参与学校的活动全过程。

2.有效利用展能空间进行展示

在没有幸福日的第二学期，对于社团，学校要求书画类社团利用学校小海燕舞台、展示厅等展能空间对该社团学生进行学习成果的展示与评价。学校大厅的"小海燕舞台"，艺术楼的"小海燕展厅"，各教室门口的"展示墙"等由教导处统筹安排展示时间，完成对学生的评价。

表4-4　部分社团展示安排表

序号	学期	时间	展示社团	要求作品数量	负责老师
1	2018学年第二学期	4月16日—4月20日	生活DIY	40件	冯骏驰、俞勤
2		4月30日—5月10日	物创美术	8件	张丹妮
3		5月14日—5月18日	书法社团	16件	郑蕾蕾
4		5月21日—5月25日	油画社团	10件	吕凉凉
5		6月4日—6月8日	国画社团	20件	蔡一宙
6		6月11日—6月15日	创意智造	20件	余国罡
7		6月17日—6月21日	生活DIY	70件	冯骏驰、俞勤

而对于健康类的社团，我们则采用"以赛代训"的方式进行。篮球、足球、排球等球队参与区或校级比赛作为社团展示的方式。

3. 利用小海燕电视台进行展示

除了上面提及的一些社团外，还有一部分社团既没有现成的作品，又不适合舞台的现场表演，如语言类的演讲与口才、老娘舅、趣味英语社团等。对于这些社团，我们有效利用校小海燕电视台，请该社团学生分批到电视台进行现场演讲，或提前录制好辩论等内容向全校学生播放。

【案例4-10】"演讲与口才社团"电视台展示

"小海燕电视台开始啦！快点，快点！"

随着广播的响起，同学们纷纷跑进教室等待。大家知道今天是学校"演讲与口才"社团的辩论赛展示。第一场的8位选手在摄像头下胸有成竹，"演讲与口才"社团的其他同学在电视台现场观战。随着主持人的引入，辩论赛

第四章 拓宽：非正式学习空间的自由学习

拉开了帷幕。立论、驳立论、质辩、自由辩论，选手们唇枪舌剑，据理力争，社团同学看得也是惊心动魄，现场气氛紧张激烈。坐在教室里的同学也是掌声雷动，惊叹连连。

到了总结陈词环节了。双方辩手更是气宇轩昂，巧舌如簧。

……

像这样的辩论赛一连举行了三期，每一位社团成员都得到了亮相的机会。充分利用学校的空间，给学生搭建展示的平台，给学生的个性成长、自由发展提供良好机会，这正是社团活动的目的所在。

五、保障与意义

学校社团始终把学生发展放在首位，尽最大可能为学生的成长创造条件。发挥好社团活动课程的平台作用，以拓宽学生视野、激发学生兴趣、培养他们的特长和爱好、实现自由学习为目的。注重学习过程体验，通过社团活动课程帮助学生调整自己发展方向，对未来人生规划起到重要的帮助作用。[1]学校从人力、物力、财力多方面保证各社团活动的正常开展。

首先，双管齐下，确保有一支优秀的社团教师队伍。社团课程开设内容从全校教师培训中产生。经过教师填写"SWOT"分析，挖掘教师中的优秀资源，为丰富社团内容提供保障。在执教教师的选择上，学校根据之前的表格信息，采用了"自主报名+学校推荐"的方式进行协商式确定。根据我校学生培养目标和我校学生近几年兴趣爱好的内容和人数分布，对部分学生有需求，学校没有本地资源的社团，学校启用了向社会优秀机构聘用临时教师的机制，保证满足学生的个性需求，确保社团的活动质量。

其次，精准物、资投入，确保社团活动高效开展。由于社团活动从学生兴趣和个性需求出发，因此，上课场地、物资的投入有其特殊的要求。一方面，

---

[1] 栾洁.论社团活动的有效组织[J].文化创新比较项目,32期:95-96.

对于非常规课堂所需的非洲鼓、管弦乐、鼓号队、沙画设备等,学校投入财力,根据学生上课人数进行物资采购。对于上课场地问题,学校统筹安排学生及学校活动,将观摩教室、体育馆等公用空间腾出来,提供给社团活动使用。另一方面,学期初召开各社团负责教师会议,了解社团教师所需物品及经费,并纳入学校整体财务预算。在社团开课之前,学校总务处对各社团预报经费进行审核,而后根据学校财务制度进行申购,确保社团课的正常有序开展。

第二节 场馆：基于空间迁移的自由学习

在传统教育中，人们关注的是学校中的学习，随着教育改革的不断深化，各类场馆作为学习资源，越来越受到重视。场馆所提供的学习形态有其特殊性，场馆中的学习既不像学校学习那么结构化，也不像家中晚餐时的谈话那么"随意"。场馆是有意识地、为一定教育目的而设计的物理空间，创设了学校和家庭难以提供的情境。但场馆里没有固定的学习流程，学习方式通常是非结构化的，学生可以根据各自的经验、兴趣自由选择，因此，我们把这类环境中的学习形态通常被称为非正式学习。我校在构建幸福课堂的过程中，把场馆作为第二学习空间，成为学生自由学习的又一平台。

一、操作定义与特征

为达到共同育人的目的，学校要善于向家庭、社会积极争取教育资源，应广泛利用校外的图书馆、博物馆、展览馆、科技馆、工厂、农村、部队和科研院所等各种社会资源以及丰富的自然资源；积极利用并开发信息化课程资源。[1]在知识信息大爆炸时代，教育方式不断受到新的冲击，学生学习的场所已经由校内各教室、各非正式学习空间逐渐扩展到校外的科技馆、天文馆、自然场馆等具有封闭结构的场所，也扩展到动物园、植物园等与文化、科学教育相关的露天场所。只要学生愿意学习，教育的场所无处不在。

本节提到的场馆学习就是指学生在社会各封闭或露天的场馆发生的与

---

[1] 基础教育课程改革纲要(试行)2001.6.

科学、艺术等知识相关的学习方式。这也是在非正式学习空间进行的一种重要学习模式。学校根据场馆不同的内容、性质,确定学习的主题,设计学习内容,组织学生进行学习。利用各场馆现有的资源开展活动,是对学校课堂学习内容的补充。

目前,随着国家对基础教育的重视及"立德树人"的指导思想,场馆已经不仅仅是保存文物或者展示展品的场所,而是由原来的收藏、展览、项目功能逐渐扩展到具有教育功能;从过去的标本、展品、模型展示逐渐丰富为许多互动型的操作呈现,以更加通俗易懂、轻松活泼的方式激发参观者的学习兴趣。毫不夸张地说,场馆已经具备了开展非正式学习所需的资源和情境,已经成为开展非正式学习的重要场所之一。相对于在校内实施的社团学习,它具有以下特点。

(一)学习具有情境性

社会场馆拥有丰富的学习资源,不论学习资源还是硬件条件均优于学校,均能给学生提供多样的展示手段和生动的学习环境。学生在场馆里可以有不同感官的体验,文字、图片、媒体影像或专业人士的讲解对学生来说都是听觉的享受。学校根据学生培养目标、课程的拓展补充、学生的兴趣培养等方面选择不同的场馆组织学生外出学习,这对开展自由学习大有益处。学习在具体的情境中发生,大大提高了学习的主动性和学习效率。

(二)学习主题很明确

场馆中的学习是学校课堂学习的补充,是课程内容的延伸。学校可根据课程安排、学生兴趣、德育目标、能力培养等需要,确定符合场馆特点和教育目的的学习主题,组织学生进行场馆学习。学习主题既可以是德育教育方面,也可以是课程学习方面,还可以是综合能力提升方面。学习主题明确,学习目标集中,学习的效率自然就提高。

(三)学习主动性很强

学生在场馆环境中被赋予充分的自主选择权。他们可以在固定的时间内自由地控制学习进度,根据个人或小组安排到场馆不同地方去发现、思考、探究和解决学习主题的相关问题。在场馆内不同内容的学习时间也是自由的,学生可以选择自己喜欢的方式进行学习。因此,场馆学习的时间分布、学习方式都由学生自己决定,学生在场馆学习中主动性强,学习环境轻松,学习效率得到提高。

(四)实践参与倡主导

实践性是场馆学习较之课堂学习等其他学习最明显的特点。由于场馆本身就是一个具体可感的情境,场地相对较大,学习资源丰富。因此,学生在场馆里边看边听,根据学习主题通过实地参观、项目、实践等方式对场馆内事物进行探究,包括调查采访、亲身体验、动手制作等。学生利用学校无法提供的空间环境和学习媒介,经过参观和实践进行知识的学习,实现学校无法满足的学习条件,收获学习所得。

二、组织与管理

2001年,教育部颁布的《基础教育课程改革纲要(试行)》就提到各中小学校应广泛利用各类校外资源。2014年,《教育部关于全面深化课程改革落实立德树人根本任务的意见》特别指出,"学校要探索利用科技馆、博物馆等社会公共资源进行育人的有效途径"。2015年,中共中央办公厅、国务院办公厅印发了《关于加快构建现代公共文化服务体系的意见》,提出要深入推进公共图书馆、博物馆、文化馆、纪念馆、美术馆等免费开放工作,逐步将民族博物馆、行业博物馆纳入免费开放范围,推动科技馆、工人文化宫、妇女儿童活动中心以及青少年校外活动场所免费提供基本公共文化服务项目。这些教育大背景有利推动了场馆学习的开展和实施,为学校组织和进行场馆学习的实践提供了制度保障。

(一)目标整合,明确育人方向

由于场馆学习不像学科学习一样有可参考的书目,有相对固定的教学目标,其学习的地点也是一个相对没有边界的空间。学生在场馆的学习时间相对自由,学习任务也不一样。因此,教师很难像在教室一样组织统一的学习内容,布置统一的学习任务,对学生也难以统一管理,在组织过程中对活动的目标把握也相对存在难度。因此,结合学校学生培养目标,从情感、态度、价值观,能力与方法,知识与技能三方面制订场馆学习的整体目标,显得非常必要。

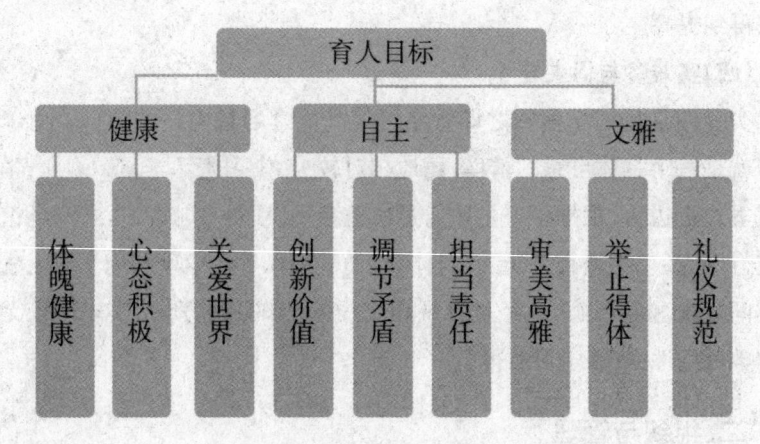

图4-4 杭州市胜利实验学校育人目标

结合现代社会对人才素养的要求,我们对我校学生培养目标健康、自主、文雅进行了重新解读。健康意为体魄健康、心态积极和关爱世界;自主意为创新价值、调解矛盾和担当责任;文雅意为审美高雅、举止得体和礼仪规范。在这基础上,充分发挥场馆学习的优势,从以下几方面确定场馆学习的总目标。

1.情感、态度、价值观方面的目标

(1)对自然现象保持好奇心和求知欲,乐于探究自然现象和日常生活中的科学道理;乐于参加观察、实验、制作、调查等科学活动。

(2)有求真务实、坚持真理的科学精神,敢于依据客观事实提出和坚持自己的见解,能听取与分析不同的意见,而且面对有说服力的证据勇于改变自己的观点。

(3)有将自己的意见公开并与别人交流的愿望;认识交流的重要性,有主动与他人合作的态度。对别人的情感和利益具有敏感性,并能理解别人的观点。

(4)有热爱自然,珍爱生命,具有保护环境的意识和社会责任感。

2.能力与方法方面的目标

(1)能够识别科学性问题,辨识由生活需要而产生的各种技术问题,在回答问题时首先要考虑收集证据。

(2)能够大胆猜想,有根据地进行假设,根据已有知识与条件进行实验设计,以便能够验证假设。

(3)学会使用各种工具,包括科学项目中需要的工具、仪器,也包括技术工具,能够通过观察、实验、调查、阅读、实践等多种方式收集可观察和测量的资料,并能运用工具制造产品或解决实际问题。

(4)能够运用表格、统计图表等形式分析整理数据资料。

(5)能够在基于证据的基础上回答关于物体、事件或系统的特性和规律的问题,从自然现象中发现因果关系。

(6)了解科学探究是人们认识自然世界、获取科学知识的主要方法之一;能够调动思维进行理性的思考,参与讨论和辩论。

3.知识与技能方面的目标

(1)学习物质科学、生命科学、地球科学、设计和技术四大领域中浅显的、与日常生活密切相关的知识和技能,并能尝试用于解决身边的实际问题。

(2)通过对物质科学相关知识的学习,了解物质的常见性质、用途和变化;对物体的运动、力和简单机械,以及能量的不同表现形式具有感性认识。

(3)通过对生命科学有关知识的学习,了解生命世界的基本食物和现象;形成对一些生命活动,以及对人体和健康的初步认识。

(4)通过对地球科学有关知识的学习,了解与地球相关的宇宙环境,知道太阳系的基本概况;了解地球的运动及地球的圈层结构;认识人类与环境的关系,懂得地球是人类唯一家园的道理。

(5)通过设计和技术有关知识的学习,初步掌握综合知识和经验进行设计的技能;能够运用一些简单工具制造产品或解决实际问题。

从以上三维目标的排列顺序不难看出,对于学校来说,组织学生在这个非正式空间学习的主要目标是态度、情感和价值观的培养及能力的提升。这是对以"知识与技能"目标占主导的课堂学习的补充,也是实现我校学生培养目标的又一空间拓展。

(二)细化方案,确保活动顺利开展

不同的场馆拥有不同的学习资源。如低碳博物馆、自然博物馆等都有丰富的科学学习资源;丝绸博物馆、剪刀博物馆等具有杭州地方特色,蕴含了丰富的杭州传统文化资源;于谦祠、章太炎故居、苏东坡纪念馆、盖叫天故居、岳飞墓等是引导学生走近英雄、了解英雄、缅怀英雄、学习英雄很好的平台,可以激发学生热爱祖国、热爱家乡、热爱生活的情感。为充分挖掘场馆丰富的资源,保证场馆学习的有序高效开展,学校学生处在学期开学前组织各年级组长召开会议,结合学校重点工作,根据整体目标,专题讨论本学期场馆选择及各场馆学习的分目标、内容、路线、评价等内容,这对后面全校采用分领域的"大手拉小手"形式或分年级组织场馆学习显得特别重要。从"关爱"主题出发,经过各个层面的交流讨论后,最终确定科技类场馆的学习地点安排如下。

表4-5　杭州市胜利实验学校各年级场馆学习内容安排

年级	第一学期	第二学期
一年级	浙江省自然博物馆	杭州官窑博物馆,八卦田
二年级	中国茶叶博物馆	浙江丝绸博物馆
三年级	中国京杭大运河博物馆	杭州低碳科技博物馆
四年级	杭州工艺美术博物馆	中国良渚文化博物馆
五年级	杭州博物馆	杭州西湖博物馆
六年级	杭州市城市规划展览馆	杭州天子岭垃圾填埋场

有项目表明,儿童的早期兴趣是通过与父母的互动、观看电视、参观博物馆等活动形成的,所以场馆学习对学生的早期学习经验形成有独特的作用。[1]为了让场馆学习能对学生学习经验的形成有很积极的促进作用,我们又集大家之智慧,制订了每一个场馆学习的具体方案,内容包括学习目标、

---

[1] 于菲."场馆学习"教学方式的探索[J].辅导员 2017.4:47-48.

行前学习内容、活动形式、活动过程建议、活动成果考察、评价标准、资料链接等。

【案例4-11】 杭州市城市规划展览馆学习方案

一、活动目标

1. 了解杭州城市规划的基本情况；
2. 感受杭州城市规划的总体设计和理念；
3. 活动中学会关爱，激发热爱家乡的情感。

二、行前准备：见资料链接

三、活动形式：大手拉小手

四、活动过程

1. 前期筹备，了解场馆信息；
2. 合理行程，保证活动安全；
3. 参观场馆，感受工艺美术文化；
4. 分享成果，交流参观收获；
5. 写写画画，感受活动乐趣。

每次场馆学习都会事先制订活动方案，教师明确在活动组织前、组织中和组织后的目标。老师们在活动过程方案的形成过程中对活动的组织流程、纪律的调控、安全的预防、成果的展示与评价等都经过了全面的思考，这对确保活动的顺利开展、提高学习效率有很重要的价值和意义。

三、活动与开展

在场馆中进行的学习活动不同于课堂学习，也不同于校园里的社团活动，它有其自身的特点和要求。为此，我们对场馆中的学习活动进行了相应的安排。

(一)大手拉小手：符合年龄的自由组织

1973年，斯坦福大学教授格拉诺沃特在 The Strength of Weak Ties 一文中提出了"弱联系优势理论"。他认为，时间、深厚的感情、亲密（相互吐露）和互利这四大因素决定了人际关系的强度。相对于表现为亲人、朋友、同事的强连接关系，弱联系是一种相对于更为广泛的，然而却较为肤浅的社会关系，这些社会关系一般相处时间不长、感情也不深厚。可无论信任高低，弱连接都能在获取知识上提供帮助。

小学阶段，孩子喜欢模仿年龄、地位与能力比自己高的同伴。同样，相对年长的孩子也能在帮助比自己小的孩子，与他们一起活动时获得自身更好的发展。他们能通过帮助比自己小的孩子的过程中获得正面的自我认同，获得精神的快乐与成长。这会让他们更加热衷于，也更善于互相帮助。

基于以上两方面这样的理论，考虑到学校里，不同班级或年级的学生彼此并不认识，但相同的身份带来的认同感，会让孩子之间存在天然的信任感，促进知识的学习。而这种跨年级的弱联系又和幼儿混龄教育中的基本理念吻合。因此，我们在场馆学习中，采用了"大手拉小手"的跨年级的形式开展。

在"大手拉小手"活动中，一、二年级的学生正是擅长模仿学习的时候，对他们来说，通过观察高年级学生的一举一动，就自然地习惯了校园生活，学会了与他人相处的方式，养成了良好的行为习惯，这就是高段学生榜样的力量。而五、六年级的学生，情感变得日益丰富，道德感也有了很大的进步，情感的稳定性和控制力也大大增强，他们会认真观察低段学生的行为、神态和反应，主动地照顾他们，主动解决问题，这对高段学生来说也是非常好的一种锻炼机会，他们会变得更有自信，更有担当，更有责任感。同时，在"大手拉小手"的整个过程中，不管是高段学生，还是低段学生都在默默观察他人的行为，并作出应对。

一学年来，学校对开展场馆学习的"大手拉小手"的对象是基本固定的，分别为一年级与五年级、二年级与六年级、三年级与四年级。这有利于在弱联结中帮助学生学到知识，培养能力。

表4-6 2018学年第二学期场馆学习"大手拉小手"安排

九月场馆学习活动安排

时间	年级	地点
9.27（周四）上午9:00——11:30	一年级、五年级	浙江自然博物馆
下午13:00——15:30	三年级、四年级	
9.28（周五）上午13:00——15:30	二年级、六年级	浙江自然博物馆

十一月场馆学习活动安排

时间	年级	地点
11.21（周三）上午9:00——11:30	3、4	跨湖桥博物馆
11.22（周四）上午9:00——11:30	1、5	跨湖桥博物馆
下午13:00——15:30	2、6	

十二月馆学习活动安排

时间	年级	地点
12.19（周三）上午9:00——11:30	3、4	天子岭垃圾填埋场
12.20（周四）上午9:00——11:30	1、5	天子岭垃圾填埋场
下午13:00——15:30	2、6	

由于场馆学习本身的优势，加上"大手拉小手"的形式帮助学生寻找到学习的同伴，这使得大小朋友在学习过程是充满快乐的，学生在该学习过程中身心得到放松，学习自然也就成了一种自由的精神享受。

（二）同伴互学：优秀自我的自主成长

自由学习某种程度上是实现学生的个性发展。学生个性发展是指学生在禀赋、气质、兴趣、情感、思维等方面的潜在资质得到发现，学生心灵自由和精神世界的独特性得到尊重,学生思考的批判性、思维的独特性和思想的创造性得到鼓励。在落实场馆学习时,我们充分考虑到小学生"喜欢模仿""乐于表现"等年龄特点,在采用"大手拉小手"形式的同时,对每一次场馆学习"同伴互学"的内容都有相应的教育与指导。希望在活动进行过程中,同伴之间能从各方面取长补短,自愿形成学习伙伴,发挥各自的优点,取长补短,共同进步与提高。

图4-5 同伴互学示意

场馆学习中,A、B两个同伴之间的学习内容是多方面的,人际关系、行为习惯以及知识的学习。这些方面对彼此都起着互相影响的作用。我们将人际交往、行为习惯置于知识学习之前,旨在希望通过这样的机会,学生能找到值得学习的伙伴,实现精神的自由生长。

【案例4-12】 一、五年级开展"自然博物馆"的同伴学习

离出发还有5分钟时间,五年级各班的大哥哥大姐姐在老师的带领下来到一年级各教室门口,让大家去认领结对的小伙伴。一年级孩子很认真地坐在位置上等候。

"姐姐,我在这。"听到叫自己,一位胖胖的小姑娘向一位可爱的男孩走去,拉着男孩的手走出了教室,回归到队伍里。

"哥哥,我在这。"一位看起来有些好动的男孩跑向正在喊他的男孩,手拉手一起出来了。大男孩自然地将小男孩的包接了过来。

因为已经是第三次活动,又因为距离上次活动将近两个月,大小朋友再

次手拉手都有些激动。

"你快排好队,我们准备出发了。"在同学整队时,哥哥提醒身边好动的小弟弟。

"水杯自己保管好啊!不然过会儿口渴没水喝了。"又一位大姐姐提醒着身旁的小妹妹。

"姐姐,你的东西掉了。"另一位小男孩捡起脚边的一支笔递给他的大姐姐。

......

40分钟后,大家来到了自然博物馆。老师根据之前的活动方案,下发了相应的学习任务单后,学生开始了自由的学习过程。大小朋友根据自己的兴趣爱好,互相商量决定场馆内学习的内容和学习时间。

"恐龙是中生代时期(2、3亿年前)的一类爬行动物,矫健的四肢、长长的尾巴和庞大的身躯是大多数恐龙的写照。它们主要栖息于......"在地球生命故事厅里,两个脑袋正凑在一起,哥哥正认真地对小伙伴读着旁边的文字介绍。

......

在以上案例中,大小伙伴在活动正式开始前就已经建立了学习的联系:大哥哥帮小弟弟背包,大哥哥提醒小弟弟排好队,大姐姐提醒小妹妹保管好自己的水杯、小弟弟帮姐姐捡起掉在地上的笔等都是同伴之间发生的温暖行为,这涉及关爱他人、自我约束、自我管理等层面的优秀品质与精神。教一个人学会关爱世界,有温暖的灵魂,正是学校品德教育中的重点,是教育的目的所在,无疑之中也实现了道德教育的目的。

因此,场馆学习的"大手拉小手"的同伴互学,不论从场馆内的学习帮助、一路上的"榜样力量",或是过程中习惯的潜移默化等等,对彼此来说都是一次自我的提高和成长。

(三)大空间学习:精神世界的自由生长

一个场馆相当于一个大型教室,里面的讲解员相当于教室里的老师。在教室学习,其学习内容、学习进度、学习的先后顺序、学习时间的安排基本都由老师决定,学生很难真正有主动权与选择权。可是,在场馆学习,学生被置入一个偌大的空间,这空间里有同伴、有游客、有场馆讲解员。一般情况下,学生就是自己的老师,场馆里所有的资源都由学生自己调配,学习时间由学生自己把控,学习内容由学生自己选择。当活动一旦真正开始,教师由课堂的组织者变为活动的引入者、等待者。

场馆学习已经持续进行了两年,我们会根据组织管理与学生习得的程度来确定场馆。一般情况下,所选场馆至少要容纳两个年级,满足我们"大手拉小手"的最低人数。因此,每次开展场馆学习的人数至少在300人左右。这已经远远多于传统意义上的"班级人数"。为此,在开展场馆学习之前,我们会以班级为单位对场馆学习资源、场馆游览路线进行集体的学习准备,并引导学生在有限的学习时间内与学习伙伴商量对学习路线、学习内容作出选择。

杭州低碳科技馆以生态、节能、减碳为主题,是青少年了解"低碳经济、低碳社会、低碳城市"的"第二课堂"。全馆建筑面积有33656平方米,有碳的世界、全球变暖、低碳城市、低碳生活、低碳未来等五个主展厅,有科技之光展厅、儿童科技乐园两个专题厅。组织学生在这个大空间进行为期半天的学习,我们提前做了充分的准备。

【案例4-13】 低碳科技馆内的自主学习

三月的第一个周五下午,所有班级同学都在同学的组织下学习杭州市低碳科技馆的相关内容。中高年级由班级同学讲解,该同学通过网络查找、实地走访把了解到的关于该场馆的大致信息、导览图等都分享给了同班同学。低年级由班主任和同学一起介绍场馆的大致情况。在这样的基础上,一次"低碳科技馆"的学习之旅拉开了帷幕。

来到场馆门口,老师强调了一下纪律,提醒结对伙伴在学习过程中要互相照顾、互相监督及结束集中的时间后,同学们拿着"学习任务单"很快就穿梭在偌大的场馆里和游客之间。

"我们从哪个馆开始?有碳的世界、全球变暖……?""随便。"一对伙伴看着进门处的总导览图在商量。

第四章 拓宽:非正式学习空间的自由学习

"我们先去哪里?""我要去开高铁列车。""那个在楼上,我们等下去,好不好?我们先看看怎么走路线是不重复的。"……

伙伴们经过几分钟的商量,已经设计好了游览的路线和学习的内容,大家便分头按自己的"游览计划"进行着。

"这里要不要玩一下?是介绍水循环的。"大哥哥看了看旁边的介绍对小妹妹说。

"我想玩旁边那个。"

"我们先去模拟开高铁,等下人会很多的。"

"好。"

……

将近两个小时,这样的对话时常在耳畔响起。随着到门口集中同学越来越多,本次场馆学习之旅结束。

在场馆学习正式开始之前,老师就已经退到了"课堂"后面,真正站在"课堂"中间的是学生自己。他们才是学习的真正主人。他们通过浏览导览图,选择自己感兴趣的内容进行路线的设计。面对这么多的学习资源,在与伙伴商量中对学习内容进行筛选,在学习内容选择的同时学会了取舍。这在课堂里鲜有机会发生的事情恰恰是场馆学习司空见惯的事情。选择的自由对孩子来说是精神成长的一个很重要的方面。而在游览场馆的过程中,学生对所选择的内容也有及时调整的权利。当发现事先选择的内容自己或同伴并不感兴趣时,他们可以随时作出调整,更换其他学习资源。

当然,在过程中,对所选择的学习内容的学习时间也由他们自己把控。感兴趣的多体验一会,不感兴趣的少花些时间。学习内容和游览路线的选择,学习时间的自我掌握,遇到困难的自我解决等,学生被作为本次学习真正的"主角"上场,是一次"我的学习我作主"的亲身体验,其积极性得到激发,学习热情空前高涨,是精神世界一次真正意义上的自由生长。

四、实施与评价

在场馆中的学习与常规课堂中的学习相比,不仅学习空间发生了变化,更重要的是,随着学习空间的变化带来了学习方式、评价等一系列的变化。同样是自由学习,在常规课堂中主要表现为学习目标、学习进程等方面的选择;而在场馆中,则更主要的表现为学习内容、学习方式等方面的选择。因此,在实施过程中,我们强调以下三个方面。

(一)组织形式重交往

在我校,很多活动都会采用"大手拉小手"的形式开展。让同学们体会到学校也是一个大家庭,彼此之间要相互关爱,相互帮助的同时,也希望在学习收获知识的交往过程中实现教育的目的。南京师范大学学生工作处副处长孙茂华女士认为,在网络空间,教育者的主体性在减弱的同时,受教育者作为客体的主体性在增强。网络环境的开放性、自由性、多元性等特质使得大学生的选择面和自由度增强,传统思想政治教育所依赖的话语权、信息控制及相对封闭的育人环境受到网络新媒体的冲击与挑战。这样的新背景下,大学生思想政治教育中应充分运用主体间性理论,根据受教育者接收信息中的特点,加强和改进教育者的教育手段和方法,协调好思想政治教育的两大主题关系,消除主体间的矛盾,构建一个交互式的对话思想政治教育模式,这对交流和融合,充分发掘受教育者的主体性、自主性和创造性,充分体现人的发展、思想政治教育自身发展和时代发展的要求,使教育者将教育内容内化为个人意识,实现从认知、情感到信念的飞跃,起到十分重要的理论价值和实践意义。[①]闫艳等认为,主体间性思想政治教育应把交往看作是行之有效的教育方法,其内容要注重交往理性、交往意识的培养,应以生活世界为底板,从而实现向真正的人的回归,因为它具有多级主体性、双向建构性、平等对话性等本质属性。基于上述理论,我们采用一年级和五年级、二年级和六年级、三、四年级结对,以班级中学号或排队的顺序来确定结对对象,为了保证弱联系的优势,结对的对象随着活动的持续开展有所变化。

采用"大手拉小手"的形式开展活动,给学生提供了交往的机会,这也是主体间性理论的精髓所在,即在交往中彼此获得普遍一致的意见,并达到"相

---

① 闫艳.论交往性思想政治教育的提出及其意义[J].黑龙江高教研究,2006.9.38.

互理解、彼此信任、两相符合的主体际相互依存",最终达到主动分享彼此的生活世界的目的。在这过程中,高年级学生变得更有自信,更有担当,更有责任感,遇到难题首先想到自己解决,或与同伴商量,从"我不行"转化成了"我能行"。这一转化过程就是道德素养慢慢养成的过程。

(二)学习任务需明确

场馆学习有整体学习目标,老师们在组织学生每一次学习时要逐步落实这些目标。而落实这些目标的关键是教师对学习过程的有效组织及学生学习任务的明确安排。如果不能做到这两点,场馆学习很容易变成走过场,热热闹闹之下是一无所获的结果。为此,我们要求年级组在场馆学习开始之前对学生安排"行前学习",场馆开始学习中安排明确的学习任务,让学生带着学习任务进行场馆中的自由学习。

【案例4-14】 城市发展规划馆学习任务单

一、知识窗

今天我们走进杭州城市规划展览馆,在展览馆里,一共有(　　)个展厅,它们分别是_____。

其中让我收获最多的是(　　　　　　)厅,我了解到了_____。

二、能力角

1.请你画一画你看到的杭州规划蓝图。

2.如果你是城市规划者,请你在上面的规划图中,规划一下杭州日后的发展点。

当然,对于年级组结对采用的"大手拉小手"形式进行的场馆学习,其学习任务是不一样的。如为了让学生了解各种职业,主动参与体验各种职业的不易,我们组织了一、五年级同学一起进行的"嘟嘟城职业体验活动"。对于识字不多的一年级学生来说,用画来表达自己的所见所想是最合适的,而对五年级同学来说,这已经是他们去过很多次的场馆。为了达到本次活动促进"交往",各有所获的目的,我们让一、五年级同学各自带着不同的学习任务走进场馆,进行为期半天的学习。

【案例4-15】 一年级小朋友的学习任务单

我是( )班的( ),我和( )班的( )号一起前往"DO嘟城",体验各种职(zhí)业。我会把印(yìn)象深刻的内容画下来。

通过填写简单的信息——"我是( )班的( ),我和( )班的( )号同学一起前往DO嘟城,体验各种职业"来推动一年级小朋友去主动了解、认识五年级的同学,为活动过程中的交流打下基础。这是"大手拉小手"的任务之一。后面一部分是"画一画",引导学生画一画学习过程中看到的印象最深刻的项目,或者学习后的感受,还可以是与五年级大哥哥大姐姐交往过程中的故事,等等。这是一年级小朋友本次学习的任务之二。

【案例4-16】 五年级学生学习单

交往篇

我是( )班的( ),我和( )班的( )号( )同学一起前往DO嘟城,体验各种职业。

1. 我和同学一起体验了( )种职业,其中我们最喜欢的是:
2. 我和同学相处时候,我喜欢他/她的一些优点有:
3. 我和同学相处之后,想给他/她提出一些小建议:

该学习单中既包括了同学之间的了解与交往,在和小朋友交往过程中,善于发现对方的优点,并能采用合适的方式给对方提小建议,以便更顺利地开展下次活动。与此同时,针对本次的场馆学习内容,也设置了学习任务单的学习板块。

学习篇
1. 我已经第(　　)次来Do嘟城了,这次参观与以往几次有什么不同?
2. 参加"工作"前,请你仔细了解各行业单位张贴的入职招聘启事,并根据自己的特长选择适合自己的"工作"。你打算未来选择的工作是_____,理由是_____。
3. 如果下次再来,你还想体验的职业是_____。因为_____。

"学习篇"重在给学生参观时提供任务驱动,参观后引起对相关问题的主动思考。DO嘟城虽然看起来更适合低年段的小朋友,但是采用"大手拉小手"后,场馆学习除了知识层面的收获外,更为思想政治教育创造了交往的机会。人对人的理解是个体道德提升的基础。高年级学生个体的道德自我在与一年级小朋友的"关系"和"互动"中逐步发展起来,他们在教一年级小朋友遵守规则、注意安全等事项时,也不断提高了知觉别人的能力,自我概念也在不断得到发展。

(三)成果评价求精准

通过"大手拉小手"的研学方式让学生每一次的研学活动都有新的体验和收获。一个完整有效的研学活动,一定是由前期准备、完整的实践体验过程与学习评价组成。对于场馆学习,评价单根据不同年级的学生特点,从学科学习和德育教育两方面进行设置。如考虑到低段学生的识字量有限,采用等级制打分、涂色、绘画的形式来描述本次场馆学习的收获。而高段则多采用文字表述的方式,侧重知识综合运用的能力。另外,根据不同年段学生,学科学习的评价内容做相应调整,但作为德育活动,评价的维度基本一致。例如在自然博物馆的学习中,在主体间性理论和交往实践理论的指引下,针对学校德育关注的行为文雅和行动自主,对结对的两个年级的学生提出了同样的评价标准:行为文雅要求做到保持安静、不喧哗、文明行路、不追跑、耐心排队、守秩序;行动自主方面要求同伴间互帮互助,并能照顾同伴感受,具有一定的自我控制能力,能认真听介绍。结对学生互相为"我眼中的小伙伴"评定等级。

表4-7 场馆学习评价表

我眼中的伙伴

评价项目		评价标准	评价结果(等级)
活动过程	行为习惯	保持安静,不喧哗	
		文明走路,不追跑	
		耐心排队,不推挤	
		互帮互助,彼此照顾	
		遇到困难,主动问询	
	学习收获	学习态度,积极认真	
		完成任务,主动高效	
评价标准	A.完全做到,活动中始终保持文明有序,对自我选择的学习任务能积极高效完成。 B.较好做到,活动中大部分时间保持文明有序,对自我选择的学习任务积极完成。 C.基本做到,活动中有些时候保持文明有序,基本完成自我选择的学习任务。 D.有待改进,活动中有明显的不文明言行,不能完成自我选择的学习任务。		

活动结束后,学生还可对同伴表达直观的感受。低段学生通过填满爱心的数量来表达这次活动中对学长的喜爱程度;高段学生则可将小伙伴的优点与给小伙伴的意见用文字的形式记录在任务单上。回校后,由班主任组织进行评价单的交换,以便更客观地了解自己的优点和缺陷,及时自省,进行调整。这就是混龄教育的优势所在,也是"大手拉小手"的主要目的之一。

而就学科学习的角度,在知识习得的评价上,低年级学生只要粗浅地了解"自然博物馆有近( )万件珍贵的馆藏标本,记录地球的生命历程;这里

第四章 拓宽:非正式学习空间的自由学习

以深入的学术项目探索奇妙的生命世界;这里用生动的展示叙述人与(　　)的故事……"或者"画一画印象最深的一个场景或者是最喜欢的一件展品"就可以。但作为高年级的同学,除了了解场馆内基本的现成学习资料外,还要从知识的综合运用、知识的迁移等角度来设置,如,"参观完自然博物馆,你对(　　)厅印象最深刻,说说你的理由(　　　　　　　　　　)。""请你绘制一张自然博物馆的参观路线图及建议停留的时间,要求走完全程,并突出参观的重点。"

五、保障与意义

随着社会对人才培养要求的提高,学校对学生教育理念的不断更新,作为一种重要的非正式空间的学习方式,场馆学习被学校广泛推广和实践。为了能确保场馆学习顺利进行,达到"充分挖掘各大场馆丰富的学习资源,在活动中锻炼能力,习得交往技巧"的目的,在组织场馆学习时,以下几方面的内容需要特别关注。首先,场馆的选择要根据学校培养目标及学科学习需要进行。杭州可提供教育机会和学习资源的场馆不计其数,根据学校培养目标和学科学习的需要进行场馆的选择,对提高学习效率,达到学习目标有很重要的作用。不论是选择人文场馆,还是选择自然场馆,都有学校自成体系的选择理由。在这样的理由支持下,场馆学习任务的设计、学习评价都相对集中。其次,教师要组织好入馆之前的准备。组织学生对该馆的性质、馆内学习资源等进行提前了解和学习,提前了解场馆开放的时间及对参观者的特殊需要,并根据学习目标设置相应的学习任务单及评价单。最后,师资配备要齐全。由于场馆学习在校外,学习空间也相对自由和开放,为确保学生安全,每个班至少要配备两位以上老师,关注学生活动过程中的安全问题及给学生提供必要的帮助。

有了以上这些人力、物力的基本保障,场馆学习就更有其开展的意义和价值了。因为场馆学习给学生提供了更广阔更丰富的学习空间,学习内容在真实情境下发生,学习形式更灵活,这对培养学生广泛的兴趣和探究欲望有积极的促进作用,大大提高了学生主动参与的积极性,促进了思考问题的有效性。

第三节　项目：基于方式转换的自由学习

教育部2000年1月颁布了《全日制普通高级中学课程计划(试验修订稿)》,在综合实践活动板块中,提出了研究性学习,并与社会实践、社区服务、劳动技术教育共同构成综合实践活动。该文件倡导基于小学生真实生活问题,实现学习方式从传统向"研中学、做中学"的转变,指向学生综合素养的发展。项目是学生在教师指导下,从学习生活和社会生活中选择、确定研究专题,开展主动获取知识、应用知识、解决问题的项目学习活动,从而培养能力,发展素养。项目学习改变了传统的学习方式,鼓励学生抱团研究,这为实现团队自由学习又提供了一种可能。

一、操作定义与特点

项目学习是让学生从生活中获得项目的内容或主题,通过亲身参与实践活动,自己或团队设计项目问题、项目步骤等,对所学项目的内容或主题开展项目研究,从中获得知识和技能,提升能力的学习活动。"要让学生学习有意义的学习内容,将课程知识尽量与实践相联系、与学生自身相联系,调动学生的主体性。"[1]

(一)操作定义

项目学习是以培养学生发现问题、提出问题、从而解决问题的能力为基

---

[1]张丽、朱霞.罗杰斯有意义的自由学习观对我国教育改革的启示[J].三门峡职业技术学院学报,2007,01期。

本目标;以学生从学习生活和社会生活中获得的各种课题或项目设计、作品的设计与制作等为基本的学习载体;以在提出问题和解决问题的全过程中学到的科学方法、获得的丰富且多方面的体验和科学文化知识为基本内容;以在教师指导下,以学生自主采用项目学习方式开展项目为基本的教学形式的学习方式。

2016年11月30日教育部发布《教育部等部门关于推进中小学生研学旅行的意见》指出:研学旅行是指由教育部门和学校有计划地组织安排中小学生,通过集体旅行、集中食宿方式,开展的研究性学习和旅行体验相结合的校外教育活动,是学校教育和校外教育衔接的创新形式,是教育教学的重要内容,是综合实践育人的有效途径。文件中的研究性学习就是项目学习的一种。由此,项目学习在新时代背景下又有了新的内涵和意义,综合性被再次凸显。它不仅弥补了课堂教学的不足,更是启发学生探究欲望,提高学生自主学习能力。

(二)主要特点

首先,项目学习是一种实践性较强的教育教学活动。和一般的学科教学不同,项目学习不再局限于对学生进行纯粹的书本知识的传授,而是让学生参加实践活动,通过选择题目、制订项目计划,进行社会调查、收集资料,直到撰写项目报告等一系列的过程,在实践中学会学习和获得各种能力。

其次,项目学习强调知识的联系和运用。项目学习和以往的兴趣小组不同,它不仅是某一学科知识的综合运用,更是各个学科知识的融会贯通,如"节水提醒仪的设计"就至少需要数学、物理、美术三个学科的知识。学生通过项目学习,不但知道如何运用学过的知识,很自然地在已经学过的知识之间建立一定的联系,而且为了解决问题学生还会主动地去学习新的知识。

再次,项目学习能充分调动学生学习兴趣和积极性。"项目"这个词本身就具有挑战性,而学生选的课题往往是平时自己最感兴趣的,这样就能充分调动学生的学习积极性。当然,小学生的项目学习和大学、科研机构的"项目"在内涵和要求上有着根本的区别。但它仍然是一种学习,只不过是"像科学家一样"的学习。形式上是"项目",实质上是学习,通过亲历知识产生与形成的过程,最终完成知识的自主建构。

二、组织与管理

我校的项目学习是以小队为组织形式开展的,在实践过程中,一般分成如下五个步骤。

(一)规范组建项目小队

项目学习的主题往往涉及的内容较为综合,对学生整体素养的要求较高,独自一人开展遇到的困难会较大。因此,一般情况下,建议学生以小队形式开展。如何组建小队,怎样的小队让学生有归属感,从而在后续的共同项目中真正发挥小队每个成员的作用。我们通过以下步骤进行。

说明组建小队的目的 → 自由组队 → 教师家庭住址、能力进行调整 → 确定小队

图4-6 项目小队组建流程

学校活动有很多,组建小队对学生们来说并不陌生。能力、水平是组建时考虑最多的问题。但由于项目学习主题的特殊性,常需要家长带着小队成员外出进行调查、实地察看。因此,为方便活动的开展,提高效率,在组建小队时,家庭住址、家长的工作状况也是一个必须要考虑的方面。所以在学生自由组队后,教师要根据以上因素对小队成员进行微调,以保证各组都有较为有利的外在条件与能力水平进行自由学习。

小队组建好后,要让每个学生都有正式成为该项目小组成员的仪式感和归属感。在大队部的倡议下,共同给小队取名称、设计logo,并完成小队公约。

【案例4-17】 "金光闪闪"项目小队介绍

"金光闪闪"项目小队成立于2014年9月。目前由杭州市胜利实验学校四(4)中队袁喆、邵睿杰、戚若楠、李元麒、王浩琪、洪璐婷等6位成员组成。

口号是:每个人都闪耀着金色的光芒,用光芒照亮前方。

公约是:项目学习我们爱,遇到问题一起扛;齐心协力往前闯,解决问题闪金光。

由学生共同设计名称、制订公约的过程,也是一次小队成员之间彼此熟悉、了解的过程。这对培养小队成员的归属感,小队荣誉感有很重要的作用。

(二)确定项目主题

要提高项目学习的效率,真正促进学生的发展。项目的主题一定要从生活中来,是学生感兴趣的话题。选择自己感兴趣的话题作为项目学习的主题,这体现了自由学习中的选择自由。我们从以下几方面引导学生寻找项目主题。

第一,结合当下时事热点或关注热点展开项目学习,可以引导学生关注媒体报道,人们热衷的话题,并从中选择自己感兴趣的问题确定项目。

【案例4-18】 关注《杭州日报》报道垃圾分类开展学习

《杭州日报》连续一段时间报道关于垃圾分类、环境保护等问题,引导学生以此为项目点开展项目学习,并结合对杭州即将实施的生活垃圾分类投放实名登记制度的看法给市长写一封信,说说你的看法和建议。

【案例4-19】 关注校门口的蔷薇花组织学习

每年五月,学校大门口围墙上的蔷薇花姹紫嫣红,曾被杭州《都市快报》称为最美上学路。学校也曾引导全校学生就蔷薇花这个话题结合各学科开展画一画、猜一猜、写一写等项目,并以此为题材进行主题统整的教学。

第二,和节假日相结合展开项目学习。自杭州小学开始实施春秋假后,我校便第一时间开始项目假期作业,并充分利用这个有利条件开展项目学习。

【案例4-20】 寒假调研菜价

寒假:请你们一起逛逛超市或菜场,调查了解过年的菜价行情,通过网络、走访等方式了解菜价变化的原因,与去年相比的情况,及对老百姓生活的影响。并能用已学数学知识(各种单位、统计图表等)写项目性报告。

【案例4-21】 暑假旅行路线等的研究

暑假期间,引导要去旅游的学生在旅行前,首先了解当地的天气、特色小吃、经典景点等内容。一同出行的队员进行行程规划(包括班机、路线、酒店等)。其次,旅行过程中,选择一个你感兴趣的问题进行项目学习。而对不去旅游的同学,可以引导对几个假期班里同学外出旅游的情况展开调查,并通采访、问卷等方式了解旅游的原因、旅游的开支等,最后形成一份班级同学旅游情况调查报告。

第三,延伸学科内容展开项目学习。自我校暑期引进美国平移课堂项目以来,学校更加关注STEM教育理念下学生综合素养的培养。

【案例4-22】 《环境和我们》的拓展学习

基于教科版《科学》(六下)《环境和我们》单元,在拓展课程学习过程中,引导学生利用创客知识,通过团队协作,开发设计制作不同的pH值监测装置,实现环境保护中"五水共治"主题项目。通过检测水体化学指标中pH值的数据变化,从水质指标细节中感悟治理污水的困难与保护水体环境的重要性。

第四章 拓宽：非正式学习空间的自由学习

【案例4-23】《不规则图形的面积计算》的比较学习

基于四年级数学内容——不规则图形的面积计算，在学生疑惑重重时，引导学生以组为单位，自由选择人工试验和编程两种方法进行探究，而后通过两组的数据对比，比较两种方法的优劣，从而明白推理西湖面积的多维方法。

第四，与学校免试生活动相结合展开项目学习。学生每学期都有单科或全科免试生，以"免试不免学"为出发点，免试活动都由学生处策划组织，选择实践地点，由小组成员选择项目主题进行项目学习。由于免试生来自不同的班级，为此，在开展免试项目活动时，我们临时组队，由学校分派老师带队进行活动。由学生处罗列实践基地可供选择的项目主题，由学生以小组合作完成项目研究。

【案例4-24】 消防队里的项目学习

上学期免试生实践地点为消防大队。消防大队学习资源有很多，为了能让学生顺利开展项目学习，学生处制作了学习菜单供项目组同学选择。A.消防武器的种类及使用；B.消防员叔叔的一天生活；C.6月杭州消防出警情况调查及分析……除了老师提供的主题外，小队可以根据自己的参观、体验，确定项目主题。半天的实践结束后，回校后再完成项目成果。

我们通过以上具体的案例，介绍了我校开展的四类项目学习。从中可以看出，尽管这些项目学习的内容还不十分规范，但已经能够反映出学生对社会热点，对校园生活等的关注，并由此出发，开展学习活动。

三、活动与开展

项目学习作为一种实践性学习活动,要求学生从问题出发,进行项目设计,展开研究活动。因此,项目学习的过程不同于社团学习活动,也不同于场馆学习活动。

(一)主动发现问题,引导确立项目内容

项目学习虽然也需要几个人共同完成,但它有别于一般的合作学习。项目学习需要学生个人或团队去发现学科、生活中的问题,并据此确定研究主题,整个学习活动一般在课堂之外完成。引导学生关注生活、参与生活,用创意改善生活,运用自己所学知识解决生活或学习中的问题。学生在项目学习中不光有知识的收获、有思维方式的培养,还有心灵的触动。只有触动人心灵的学习才叫真正的自由学习。我们的每一个项目,都是学生内心深处最关心、想要解决的问题。因此,学生主动发现问题显得非常重要。引导学生主动发现问题的思路有很多,课堂知识点的拓展延伸,自己或他人遇到生活中的困难或不便,热点焦点问题的解疑,等等。学生发现这些问题不难,难的是能想办法把问题当作学习的资源,运用所学知识去解决问题。

数学是一门实用性相对较强的学科,学生在学习了某个知识点后,教师要引导学生学以致用,引导与生活联系在一起,从而开展项目学习。

【案例4-25】 "我家的住宅面积有多大"问题探询

测量长度来计算面积的方法学习后,老师抓住"家庭房子面积测量"这个项目学习的最好契机。

师:同学们,你们知道你们家多大吗?

生1:好像160多平方米。

生2:好像90多平方米。

生3:我只知道我们家两层。

……

第四章 拓宽：非正式学习空间的自由学习

一轮问答中，很少有同学能准确地说出自家住宅的面积。

师：你们每天都住在家里，可你却不了解它？有什么办法吗？

生（异口同声）：用今天学的办法去测量一下。

在老师的循循善诱下，学生对"测量住宅面积"引起兴趣，将其作为一个项目进行研究。学生由书面知识开始探究测量房子面积的方法。这既是面积测量方法的进一步巩固与运用，又是数学"学以致用"的一个鲜活例子。

【案例4-26】"同学在拐角相撞"后的问题探询

创意社团刚上课，有同学就向老师汇报了同学在走廊交叉的拐角处被撞的事情。

师：自己有被撞的经历的请举手。（大概有3、4只手举了起来）

师：有看到同学被撞的请举手。（举起的手比刚才多了几只）你们有办法可以减少这样的事情发生吗？

生1：贴提醒标语。

生2：大队部做好教育工作。

生3：除了标语提醒，我们可以做一个提醒仪帮助提醒。

师：太棒啦！我们创意智造社团本来就是要善于发现生活中的问题，然后运用我们所学的编程技术解决问题。接下去半个月时间，大家以项目组为单位进行这个项目的研究。

学生已经发现了身边人存在这样的安全隐患，但大家只是从心理上同情、担心。在老师的点拨和同学的讨论下，将担心化作了关心同伴的实际行动。这是项目学习最本质的初衷。引导学生从真实问题出发，通过观察自己的生活环境，寻找家庭、学校、班级的一些"痛点问题"，而后将这些问题变为项目进行研究。

(二)充分展开设想,自主进行项目探究

美国斯坦福设计学院在《设计思维指南》(An Introduction to Design Thinking Process Guide)中对项目开展中的设计思维模型进行了详细阐述,包括:移情思考(理解挑战、观察)、整合观点、设想、原型制作以及测试6个步骤。[①]

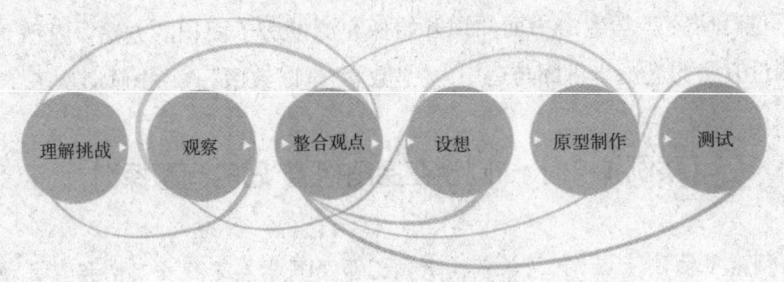

图4-7 斯坦福设计思维模型

在明确了项目内容后,引导学生进入项目的设想阶段。学生通过头脑风暴发表自己的观点、评价他人观点,从而形成解决问题的可能方案。设想的方案是项目研究的"魂",在整个项目研究过程中起着很重要的方向性的作用。个人或项目组成员根据最终确定的方案进行研究。

【案例4-27】 "我家住宅面积有多大"的设想方案

1.观察住宅结构,画出平面图,不要求完全符合比例关系。

2.对照房产证上的平面图,进行修改并完成。

3.选择适合的测量工具,测量所有涉及面积计算的数据。

4.在平面图上标注数据。

5.根据测量所得的数据计算住宅的使用面积。

6.对照房产证上的面积,发现误差,分析原因。

---

① 胡小勇、朱龙.面向创造力培养的设计思维模型与案例[J].现代远程教育,2018,3.

第四章 拓宽：非正式学习空间的自由学习

相对而言,住宅面积的设计方案是静态的,但学生根据这一份"指南"就可以较为正确地解决之前的问题。学生在实践操作中,答案逐渐清晰,该项目的学习也接近尾声。

【案例4-28】 "BMI指数仪"的设想方案

师:同学中胖子越来越多,大家发现了这个问题并确定了"BMI指数仪"的项目学习内容。那接下来我们该怎么办呢?

生1:指数仪最好便携,便于移动。

生2:指数仪要能随时监控同学体重,最好也能测身高。

生3:最重要的是能帮助同学监测BMI。

……

同学们根据讨论的结果,各项目组运用已学的编程知识,分头对"BMI指数仪"进行项目探究,制作,用实际行动将"设想"变为现实,最终实现项目学习成果。

(三)调控研究过程,优化项目学习成果

项目学习内容确定以后,个人或各项目组进行项目的研究过程是收获项目成果的重要环节。学生会利用课余时间进行项目的制作、落实。整个过程是完全自主的,学习时间、学习过程、学习质量等都不像课堂那样基本由教师把控,学生是项目学习真正的主人。他们决定项目的进展与质量,决定学习过程的投入时间与投入程度。基于此,我们采用项目手册和导师两方面对项目学习过程进行调控,以提高项目学习成果的成功率。

1.《项目手册》提高项目质量

《项目手册》是针对创意智造类项目而言的。《项目手册》包括选题指导单、分工信息表、方案优化表、作品设计图、程序流程图、制作过程图文记录、原型测试迭代、反思总结表和试用反馈表。项目组成员每进行一步,项目手

册上都要有相应的记录。同时，也是给存在疑惑的小组一个步骤的指引。

【案例4-29】 "智能小夜灯""爱的分贝仪"的项目手册部分

杭州市胜利实验学校　班级：404　项目名称：智能小夜灯

作品设计图

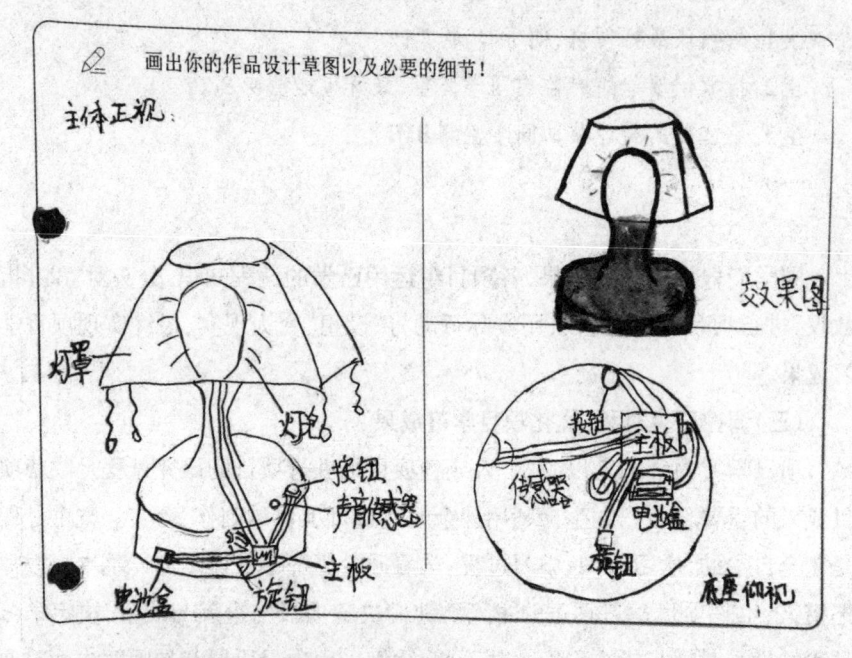

1. 在数学老师指导下，呈现较为准确的尺寸数据
2. 在美术老师的指导下，画出正视图与侧视图

第四章 拓宽：非正式学习空间的自由学习

班级：404   项目名称：宝宝小夜灯

原型测试（迭代）报告

项目组测试原型作品，以更好地改进解决方案：

+ 作用效果……
1. 可以用旋钮来控制灯的亮度。
2. 检测到声音响时亮到最亮，按下按钮后会灭。

— 哪些可以被改进……
1. 声音要很响才能亮，把数据调小点。
2. 可以用蓝牙在手机上调节亮度或熄灭。
3. 装饰柿饼的好看一点。

？存在哪些问题……
1. 有时候声音传感器会突然"失灵"。

★ 好的主意……
1. 用三个旋钮控制RGB灯的颜色。
2. 可以在手机上进行操控。或遥控

图4-8 两个项目组成员的部分记录

以上是两个项目组成员的项目手册的部分记录。我们要求，每个项目组的每一次活动都要在项目手册上有所体现，以把控整个项目进程，提高学习质量。

2. 导师助力项目进度

在部分项目的实施过程中，我们充分利用家长和老师的力量。老师自愿组织微课,指导学生作品设计、视频制作及报告撰写。而家长导师则在学生遇到困难时给予技术的支持。不过在家长导师的指导过程中,我们要求家长把握以下原则:一是做好组织协调,做好孩子们在课余研讨实践时的后勤保障工作,保证安全;二是及时纠偏,当学生在开展讨论、合作等环节出现一些干扰或者出现方向性错误时,能给出一些专业性的指导;三是不能代替学生思考与实践。

表4-8 教师微课内容及家长公约

"关怀世界,幸福你我"创意智造大赛微课堂内容安排

时间	内容	指导老师	参加对象	备注
11.11周一上午	项目整体指导	余国罡	项目总监	带上《项目记录手册》、记录本、笔
11.12周一中午	微视频制作指导	钱丹	摄影师	带上本子、笔
11.13周二中午	文本撰写指导	赵小凤	小记者	带上本子、笔
11.14周三中午	作品设计指导	吕凉琼(五年级) 蔡一宙(六年级) 张丹妮(四年级)	艺术总监	准备好作品外观、功能的大致构想;带上《项目记录手册》、记录本、笔

家长公约

1. 在孩子遇到困难时,请给予指导,而非代替;
2. 在孩子有问题咨询时,请给予引导,而非解答;
3. 在孩子需要动手操作时,请给予指点,而非代劳;
4. 在孩子项目遇到挫折时,请给予鼓励,而非指责;
5. 在孩子需要外出体验时,请给予支持,而非反对。

从上面的学校导师和家长公约中可以看出,学生开展项目学习的时空十分灵动,可以在校内外任何地点学习,可以在家庭请教"家长导师",可以在社区做调查访谈,也可以在线上线下进行自主学习。通过技术手段、小组协作、运用资源、动手实践,大胆将自己的创意变成现实,实现真实情境下的持续学习,获得对概念的深度理解,实现"做中学"。

第四章 拓宽：非正式学习空间的自由学习

四、实施与评价

项目学习由于学习方式的变化，导致对学习的管理和评价也不一样。我校在开展项目学习的过程中，在管理与评价中突出强调了以下三个方面。

（一）重视已学知识间的连接

每一个项目学习其内容都带有综合性，要求学生有一定的知识储备，能综合运用已学的相关学科的知识。对学生各方面的要求也相对较高。为了让学生有充足的知识储备完成对项目主题的学习与研究，教师在项目学习开始之前，有意识地进行与该主题相关知识的铺垫很重要。

【案例4-30】 项目学习《水污染及治理过程中pH值的检测》的前期辅导

"五水共治"出现在学生的日常生活中，如：工地墙体广告、地铁广告、电视公益宣传以及身边人口口相传等，学生早已耳熟能详。但此时绝大多数的学生也只是知道"五水共治"的几个主要任务，关于具体为何要进行污水共治，以及为何要把治污水放在"五水共治"的首位，学生并不清楚其背后的现实意义和带来的深远影响。基于此，本项目主题选择以"五水共治"为切入口，带领学生体验水污染的速度和治理污水的难度，学生从中感受污染易，治理难的过程，根据具象化的经验形成环保意识。但是，要完成这个项目主题，达到教育意义对六年级的学生来说存在一定的困难。

为了让项目顺利进行，给学生信心。《科学》学科的王老师将此内容设计成一个系列课程。

第一课《饮料中的科学》：通过实验和自主阅读，初步建立健康饮食的科学态度，激发课后探索健康饮食的学习兴趣。整合学生已有经验，搭建课程脚手架。

第二课《身边常见水质pH值的检测》：使用可采集模拟信息的pH值探头，课程实施过程中针对模拟数据做具体讲解，为学生后续创意涌向做进一步铺垫。

第三课《五水共治》：学习"五水共治"知识，分析污水源，提出目前政府的实际需求，讨论社会上现实存在的问题。基于社会参与，尊重社会实际需要，开发有意义、有价值的装置。

第四课《制作pH值监测设备》：基于"五水共治"实际需求，学生结合自身创意，制作不同的pH值监测设备，教师从旁辅助，以实现学生创意的落地，将创意转化为实际监测装置。

第五课《探秘污水治理过程》：创意分享、装置检测，为后续改进提升创造空间。

第六课《回归到生活中的装置》：源于生活的创意，回归到生活的装置，创意过程"固化"到心中的措施。

通过以上几个课时的共同学习之后，学生对开展本主题的项目做到心中有数，项目有法。仅有创意无知识体系乃是无源之水，学生在机械的制作过程中会缺少学习的主动性和思维的思辨性。因此应在创意达成的过程中，对与此相关体系知识的共同学习显得尤为重要。以知识学习为主线，知识与创意相互促进，在知识上取得的学习成就作为创意实施过程中的动力，以所学知识当堂检验各自的创意，为创意的分享和验证提供交流的平台，这样创意更轻松达成的同时也收获了学科知识。

（二）关注项目问题的生活化

项目学习活动以学生为主体，满足学生的个人兴趣和能力需求，使他们能做自己想做的事情，解答自己所困惑的疑问。这种活动打破以往学生被动接受的传统学习方式，打通学科之间的界限，使学生成为学习的主人，真正实现自主学习，个性发展。我校在"健康、自主、文雅"的学生培养目标的指引下，学校除了关注学生在课堂中"主动参与""个性表达""有效思考"这三个方面的表现，关注学生参与的积极状态，思维的深度和广度外，也一直利用各种"生活"契机给学生提供自主项目学习的机会，搭建共同项目平台，试图让学生在项目学习的参与、思考中逐渐养成"敢创新、会关怀、能担责"的好

第四章 拓宽：非正式学习空间的自由学习

品质。

每年五月，学校门口围墙上的蔷薇花如期开放。学生和家长们都为之振奋，每天上下学总能见到孩子和家长在蔷薇花下合影留念。学校抓住学生生活中的教育教学资源，利用这一得天独厚的天然条件，开展教育教学活动，对实现学生培养目标，提高学生综合能力有着很积极的推动作用。

在学校教导处的倡议下，各学科老师结合本学科特点就"蔷薇花"这个话题组织学生开展了为期一周的项目学习活动。学生参与积极，项目热情空前高涨，项目成果形式丰富，质量很好。美术组的老师们经过商议，采用了"个性+共性"的方式进行指导。第一阶段，四位美术老师发挥各自优势，组织学生观察蔷薇花，并进行各种表现形式的绘画，用写生、国画、物创等方法进行集体或个体创作。第二阶段则采用集体参与的方式进行指导。引导学生以小组为单位自主收集名家作品，课堂上进行分享，最终实现美术教育的知美、赏美、懂美的目的。语文组老师则用这一素材根据学生的不同年段组织学生进行儿歌、诗歌、小散文等的创作，并以小队为单位搜集名家写"花"的古诗、文章进行积累，最后与自己或同伴写的文章进行对比。通过积极主动地参与，自主发现不同，并习得更多的写作方法。再如科学组老师组织学生就蔷薇花的花期、变色等问题开展实验，进行实践项目；数学组则引入了估算、面积等数学知识。

一周的项目活动内容集中，形式多样，学生不仅获得由此拓展的知识，更从中开阔了视野，锻炼了能力，是一次真正意义上的玩中学，学中得。

当然，针对生活中常会碰到的各种小问题，我们上学期也开展了为期两个月的"关怀世界 幸福你我"的创意智造大赛活动。这是一次项目主题来源于生活的全校性的项目学习活动。旨在引导学生做生活的有心人，从关怀身边的人、物、环境等为出发点，积极发现身边的人、物、环境等存在的困难或不便，而后提出自己的解决方案。

通过学生自由组合的小组讨论解决方案实现的条件分析，在项目组成员的共同努力下，运用创意智造来帮助解决问题或提供便利。从身边的小事出发，从熟悉的人出发，从真实的生活出发，将学习、项目与生活融为一体。学生积极探索,发现问题。智能小夜灯、爱的分贝仪、拐角防撞器、坐姿提醒仪、自动作业检测器等都是学生经过反复研究、反复试错、反复检测以后的成功作品。如有一组小朋友从班里同学在学校拐角相撞受伤中得到启发,小组成员在人流集中的拐角分工连续观察一周,得出相关数据,而后通过查找资料、项目比对等提出解决这个安全隐患的方案。该方案最后经过导师团就可行性分析、实施的条件等方面进行集体审核或建议,最后进行实践操作。该项目主题完全来自学生生活,其目的也是为解决生活中的问题。学生在作品产生过程中收获的不仅仅是创意智造本身的技术,更多的是体会到项目的价值和意义以及帮助他人的快乐。

项目学习主题从生活中来,学生不断运用已学知识,调动生活经验来思考问题,解决问题,又在探索项目问题中学习新的知识。由于问题的真实性,项目背景的生活化,整个项目过程,学科界限逐渐模糊,学生在解决问题的过程中,调动了完整的知识和经验,考验的也是综合处理问题,解决问题的能力,学生学习的主动性真正得到了体现。

生活即教育,生活即课堂,引导孩子从小关注生活,在生活中学习,在生活中立项,这正是教育所追求的诗和远方。

(三)重视评价方式的创新

项目学习是相对于传统的学习方式而言,具有学习空间不固定、学习时间自由、学习内容不统一,学习成果多样化的特点。传统的等级制、数字评价已经无法对项目学习成果做出准确个性的评价。为此,创新评价方式,寻找到一种能真正衡量学生学习过程中的表现及项目学习成果的评价方式显得尤为重要。

1.评价理念创新

评价不仅要关注学生的知识获取,更要重视发展多方面的潜能,了解学生发展中的需求,着眼学生的终身发展和可持续性发展。为此,我们在分析现有评价方式利弊的基础上,从项目学习的特点出发,关注学习过程,注重个性发展,建构一套个性化、人文化、立体化、动态化的评价体系,以达到促进学生发展,培养综合型人才,实现学生全面成长之目的。

2.评价情境真实

开展项目学习,不能只关注最终的项目成果,关注学生在项目过程中的表现、收获才是项目学习的初衷所在。而学生在项目过程中的表现具有时效性,必须进行实时评价才行。为此,每一个项目学习的过程性评价都尽量在具体真实的生活情境中进行。即使有些过程无法当场进行,那么也要创设相似的真实情境,让学生在模拟情境中还原学习过程,通过自评、他评、教师评等方式对组内小组成员的过程表现给予及时评价。在真实的生活经历和生活情境中进行评价,唤醒学生对知识的追求,进行经验的迁移,能力的培养。评价也不再是冷冰冰的数字和对错,而是充满了关怀和温度。

3.评价形式多样

美国哈佛大学心理学教授霍德华·加德纳博士提出的"多元智力理论"认为:每个人都同时拥有九种智力,只是这九种智力在每个人身上以不同的方式、不同的程度组合存在,使得每个人的智力都各具特色。项目学习旨在发现学生的不同智力,丰富的评价形式促进了学生不同智力的发展。有的采用现场的互动操作,培养学生的动手操作能力;有的创设生活情境,让学生与多元评价主体进行对话,培养学生的语言智力;对于作品展示,我们将评价地点移到了小海燕电视台、小海燕展厅。学生自由申报展示的内容、时间、形式,大队部利用小海燕电视台时间,分期播放这部分学生的项目过程及项目成果录像。不同的项目内容采用不同的评价形式,充分尊重信任每一位学生的不同爱好,发掘每位学生的优点、闪光点,关注到了人的个性化发展和不同方面的智力发展,真正将学生视为一个具有独立意义的人,一个丰富多彩的人。

这样的评价方式不在于评价作业的好坏优劣,而是为了唤醒学生对某些问题的深层次思考,再现学生的学习过程,引导学生在与活动对话、与信息对话、与关系对话、与思维对话的过程中启迪智慧、开发智力、挖掘潜能、张扬个性,让学生在项目中生动活泼地发展。最终实现与生命的对话,激发生命的无限光彩。

五、保障与意义

由于项目学习时间、场地等的不固定性，因此，它的顺利开展，需要注意以下几方面。首先，学校支持。学生开展项目学习活动，有可能会影响正常的教学时间，甚至一些费用。不管是费用，还是时间保障，学校都要无条件支持。唯有这样，项目学习才能真正充分开展，且保证质量。其次，教师认同，家长配合。项目学习很多都在课外或校外开展。这势必会给学生带来一定的安全隐患。只有教师和家长认同这种学习方式对学生发展的重要性，认同培养的方向和目标，项目学习的开展才能得到他们的帮助与支持。学校里，需要教师给学生提供探讨的时间，并给予一定的指导；活动开展时，必要时需要家长陪同，以保证学生在安全情况下进行。最后，学生得法。每个项目学习都有一个主题，要提高项目的质量，规范项目的过程，项目组每位学生对开展项目学习的过程、方法要了然于心。这样才能确保项目过程的质量，把握好陪同家长干预的分寸。

非正式空间的社团学习、场馆学习及项目学习等三种学习方式，突破了传统的教学和育人观念，在组织形式、学习空间及学习方式上给学生提供了自我选择、自我规划的权利，为自由学习提供了可能，为培养学生负责、担当的品质奠定了基础。同时，也帮助学生养成整体、全面思考问题的习惯。这不仅有助于促进教师所有学科知识体系的整体把握，更有助于学生理解知识间的纵横关系，促进学生形成系统思考问题的习惯。

第五章 开放：网络学习空间的创意学习

自上世纪90年代以来，美国、欧洲等发达国家已全面开展网络学习空间的建设。网络学习空间是建立在计算机网络和通信技术之上，以网络通信为基本通信方式，为网络学习提供全面支持服务的软件系统。当下网络教育迅速发展，不同国家开始关注如何用各类技术手段来提升和发展自己的网络教育，使网络学习空间的建设各具特色。

随着时代的发展与变化，手机的日益普及和网络的快速发展，移动互联网已经成为人们的重要生活方式和工作方式。学校也顺应时代潮流，开始重视学生教育空间向网络化拓展。围绕学生创新素养的培育，以学生探究意识、创造性思维和实践能力为培养目标，通过教师集体开发虚拟空间，有效利用公共平台，引导学生主动获取并应用知识进行创新，实现个别化的创意学习。网络学习空间的建设对丰富学习资源，实现创意学习和个性化学习有很大的作用，有助于提高学生高层次的思维能力和高效率的学习品质。而这些作用是实体空间所无法替代的。

第一节 微课：为创意学习提供资源

微课是指运用信息技术按照认知规律，呈现碎片化学习内容、过程及扩展素材的结构化数字资源。简言之，微课是经过精心的信息化教学设计，以流媒体形式展示的围绕某个知识点或教学环节开展的简短、完整的教学活动。微课意在为学习者自主学习获得最佳效果提供支持。因此，它的形式是自主学习，内容是某个知识点或教学环节，时间是简短的，本质是完整的教学活动。

一、微课概述

微课的核心组成内容是课堂教学视频（课例片段），同时还包含与该教学主题相关的教学设计、素材课件、教学反思、练习测试及学生反馈、教师点评等辅助性教学资源，它们以一定的组织关系和呈现方式共同营造了一个半结构化、主题式的资源单元应用小环境。因此，"微课"既有别于传统单一资源类型的教学课例、教学课件、教学设计、教学反思等教学资源，又是在其基础上继承和发展起来的一种新型教学资源。

（一）微课的操作定义及制作原则

最早提出微课概念的是广东省佛山市教育局教育信息网络中心的胡铁生老师。微课是以微型教学视频为主要载体，针对某个知识点或教学环节而设计开发的一种情景化、支持多种学习方式的新型在线网络视频课程。它能使学习者开展自主学习并获得最佳效果。其制作原则有：

1. 交互性原则

微课并不是靠视频硬"灌",而是通过呈现一个又一个富有启发性的问题引导学生自己去发现、获取知识。教师制作微课时,在提出问题后必须要给学生暂停提醒,以保证学生有足够的时间去充分思考。也可以将"请你点击暂停,想一想"等提醒的文字放大显示在屏幕上,并停留数秒钟。

2. 微时性原则

心理学相关研究证明,小学生注意力驻留的最佳时间为5~8分钟,因此微课的制作,宜短不宜长,要精选内容,导在关键处,讲在关键处,避免随意性。因此微课的制作,着力以"微"彰显魅力。但不能因为微课"微小",而只停留在技术层面,要借助细节设计,在细微处彰显教学思想。

3. 趣味性原则

小学生以形象性思维为主,更易接受具体化、形象化的事物,因此教师在编制微课时,要努力体现趣味性,以动态形象的画面吸引学生注意力。让学生伴着轻松的心情像在欣赏一个小动画片一样学习某一个知识点。

4. 适用性原则

微课的内容选择要合理、适用,尊重学生的认知,舍"易"取"难"。那些复杂、具有挑战性、需要拓宽的知识才是微课最好的题材。每一个微课呈现的只能是某一个知识点,有时是课文中的难点,有时是拓展的内容。当知识点复杂时,微课选题应灵活地调整为这个知识点的某一个方面。最终达到以提高学习兴趣,完善认知结构,使学生的思维在深刻性、灵活性、创造性方面得到进一步提升的目的。

5. 系统性原则

微课的设计并不以发布微视频为终止,而要跟进学习者的学习情况,通过调查、反馈,及时了解学习者的学习效果,从而进一步改进和完善微课。此外,还应提供配套的学习资料,如学习单、微练习等拓展性资源。

(二)微课的特点

微课作为一种新的教学资源,不仅丰富了教师的教学内容和手段,而且,由于微课本身所具有的特点,使得教师的教学更加多样化。

1. 时间浓缩

教学视频是微课的核心组成内容。根据中小学生的认知特点和学习规律，微课的时长一般为5~8分钟左右，最长不超过10分钟。因此，相对于传统的40或45分钟的一节课的教学课例来说，微课可以称之为课例片段或微课例。

2. 内容精炼

精，是微课的灵魂，是微课的要义。微课的"精"首先应该表现为内容精。即教师在选择微课内容的时候，绝对不能够过大、过泛，一定要尽可能地缩小微课的切入口。相对于较宽泛的传统课堂，微课的问题集中，主题突出，更适合学生的需要：微课主要是为了突出课堂教学中某个学科知识点（如教学重点、难点、疑点内容）的教学，或是反映课堂中某个教学环节、教学主题的教与学活动，相对于传统一节课要完成的复杂众多的教学内容，微课的内容更加精简，因此又可以称为微课堂。

3. 容量较小

从微课的容量大小上来说，微课视频及配套辅助资源的总容量一般在几十兆左右，视频格式必须是支持网络在线播放的流媒体格式（如rm、wmv、flv等），师生可以流畅地在线观摩课例，查看教案、课件等辅助资源；也可以灵活方便地将其下载保存到终端设备（如笔记本电脑、手机、MP4等）上实现移动学习、泛在学习，非常适合于教师进行观摩、评课、反思和研究。

4. 使用方便

微课的资源组成、结构、构成"情景化"，资源使用方便。"微课"选取的教学内容一般要求主题突出、指向明确、相对完整。学生的课堂不仅仅局限于教室和黑板，老师可以使用手机、平板、电脑等设备让学生随时随地学习，实现移动学习，教学时间也从课堂移到了课余时间。师生可流畅地在线观摩课例，查看教案、课件等辅助资源；也可灵活方便地将其下载保存到终端设备上。学生也可以根据自己的学习能力快进、倒退反复观看内容，直到清楚掌握该知识点，真正地实现学生的自主学习。

5.主题突出

微课主题突出、内容具体。一个课程就一个主题,或者说一个课程一件事;研究的问题来源于教育教学实践中的具体问题:或是生活思考、或是教学反思、或是难点突破、或是重点强调、或是学习策略、教学方法、教育教学观点等具体的、真实的、自己或与同伴可以解决的问题。

(三)微课的功能

微课作为一种半结构化、主题式的教学资源,决定了其有着独特的功能,简要地说,这种功能突出地表现为以下三个方面。

1.有效拓展创意学习资源

网络学习空间资源建设主要通过自主建设、共建共享、公建众享等进行;技术环境下,网络教育与学习资源的移动性使资源拓展范围延伸得很广泛。微课因短小便捷使得选题的内容非常广泛,可以是课本讲解、方法指导、解题策略、生活应用、学科整合、实验演示、学生困惑、专题辅导等。教师可以根据学生实际选择某一方面的内容提供学生进行学习。相对于固定时间、固定场所的课堂学习来说,微课资源丰富,学习时间灵活,对培养学生创意思维、创新思想具有不可替代的价值和作用。

2.促进学生学习方式变革

随着信息化的广泛推广,学生越来越多的学习行为在网络中发生,这直接导致互联网中与学生学习行为相关的数据呈爆炸式增长,人们已经在不知不觉中进入了教育领域的"大数据"时代。大数据时代使教育模式从"大众化"转向"个性化",给学校教师提供了最为真实的学生特点信息,其学习分析技术给予了教师认识每一个"真实"学生的能力。大数据环境为实施个性化教育提供了可能,促进了学习方式的变革。学生自己选择想要学习的课程,按照自己的进度随时随地进行学习,跳出一节课、一间教室、一位教师的界限,根据自己的学情前进、后退、暂停或反复看,用简单的概念为学生提供了清晰明确的内容概览。

儿童一方面慢慢具有独立自主意识,另一方面又有很强的依赖性和惰性。教育的目的之一是培养学生独立自主的精神,让孩子学会学习,学会主动地探求知识,探索这个世界。同时,个性化学习的前提是要有自主学习的意识和能力。微课给孩子课前预习、课后复习与拓展提供资源平台,能够有效激发孩子自主学习的意识,增强自主学习的能力,扩大自主学习的时空,从而有效地打破传统教学局限性,改变孩子"等老师教了再学""课堂学了回家练"的依赖思想和被动学习的状态。①

微课资源的个性化推送恰好满足学生进行个性化学习的方式,这对传统的班级授课制来说一个很大的变化与挑战。学生的自主学习能力和个性化学习能力也有了提高。

3. 助力教师教学方式变革

在开放的虚拟空间建构中,微课起着举足轻重的作用。教师利用微课能对学生进行个性化学习指导,让指导更具有针对性。"幸福课堂"尤其是常规课堂的学习在学习时间和既定的学习空间上有很大的局限性,而微课以视频为载体,在学习时间和学习空间上都得到了拓展。教师不再只是课堂上与学生面对面的角色,对学生的难点、疑点、困惑点可以通过事先制作微课的方式进行一对一的解决,这对传统的教学方式来说是较大的变化。

二、微课设计流程

微课尽管内容精要,时间较短,但并不意味着微课的设计就简单。实际上,微课内容的开发是一个较为复杂的系统工程,微课的设计也需要遵循一定的规范。

(一)微课设计要素

一般说来,微课的设计由五个基本要素组成,包括微课设计的基础、核心、定位,等等。下面,我们分别对这五个要素进行一些阐说。

1. 梳理适合微课的制作点和应用点

在制作微课之前,教师要进行知识体系的梳理,对知识点进行归类分析,剖析学科的目标、特征、实施条件、流程及方法。同时,要分析学情,根据学生

---

① 杨建国.小学科学"微课"的价值、设计及运用[J].中小学电教,2016,9.

的学困点、疑难点和学生的认知特点,梳理出自己所教学科的重难点,结合学生学习现状和自身教学现状的问题,梳理出适合学生自主学习的微课制作点和应用点。知识点类的微课主要以小学阶段所要掌握的一些学习方法、知识点为内容来制作微课。例如,语文学科的修辞手法、说明方法、标点符号用法、查字典的方法等,巩固学生学习的知识点。

2.掌握信息技术是制作微课的基础

现代社会已是一个以大数据、数字化、"互联网+"为主要特征的信息化时代,翻转课堂、慕课这种教学形式冲击着每一位教师,运用信息技术手段进行教学是当今教师必须要掌握的一门功课。要想制作高质量的微课,掌握良好的信息技术是前提和基础。学校要多为教师提供相关的信息技术培训,提高教师的信息技术素养及运用信息技术的能力。教师要根据当今的时代特点,充分利用网络资源不断学习,在不断实践中锻炼自我,提升自我,完善自我。

3.恰当的选题和内容是好微课的核心

首先,一个微课的重点核心是内容必须紧扣教材内容某一个知识点,围绕新课标的三维目标进行教学设计。在实际教学中,并不是每个教学内容都适合制作成微课,教师应根据实际教学需求,寻找新方法,从新角度出发,利用新策略、新思维撰写微课脚本。内容要有一定的启发性,吸引学生注意力。一节好的微课教学设计应该做到:学生乐意学、形式易于学、知识点值得学。

4.精致完整的课件是微课的技术核心

精心设计片头,讲解过程中要配上与课题相匹配且轻松愉悦的背景音乐,让学生在学习时感到轻松和快乐。教师在说话时要声音洪亮、吐字清晰,讲普通话,心中一定要有学生,话语带有亲切感。在课件的版面设计上,要注意整体感,在文字旁尽量有一些图片和留白。至于颜色,最好不要超过三种,不然会显得非常杂乱。上下左右要协调一致,不要出现头重脚轻的现象。

5.对微课学习对象有准确的定位

无论在哪个教学阶段,要想取得好的教学效果,了解学生的特点是必不可少的。不同学段学生是不同的对象,认知能力和认知特点大不相同。教师应根据对象的不同特点,采用不同的思路去设计制作微课。微课的制作应根据学习对象不同,采用不同的表现形式,增加学生学习的趣味性。

(二)微课设计流程

一般来说,微课的制作流程包括任务分析、录制微课、检查微课和修改与上线这四个部分。

任务分析 → 录制微课 → 检查微课 → 修改与上线

图 5-1 微课制作流程

其中任务分析包括对学生的学习情况、目标的达成和表现等进行的分析。在分析的基础上,再进入脚本撰写、微课的录制,最后从讲课、技术等方面对微课进行检查,根据检查情况进行修改,而后上线。

三、微课的应用

微课以视频为载体,可以在家庭电脑或平板电脑上观看,还可以通过现在比较流行的智能手机观看,可以通过班级QQ群文件共享,也可以通过优酷等网站传播视频,还可以通过建立微信公众账号推广。笔者常用的方式是通过QQ群文件共享,学生可以通过下载、播放,进行微课学习。

(一)激发想象力:微课在《语文》学科的应用

语文学科是一门丰富学生的情感,提高学生的思想认知境界,陶冶情操,激发增强学生思维能力的重要学科。在语文学科的学习中,激发学生的想象力是一项十分重要的任务,微课正可以在这方面发挥作用。

1."难点突破型"微课助想象

教学难点的突破是教师进行教学的重要抓手。但是学生在课堂学习中并非能全部理解教学难点,针对学生没有理解和掌握的需要教师对其进行再次巩固与加强。针对学生语文学习方面大部分同学不能理解的难点或出现的共同问题,教师可以借助微课帮助学生进一步深入分析,以此拓展学生的思维、强化理解效果,帮助学生突破学习难点,为激发学生的想象力奠定基础。

【案例5-1】 针对二年级"表达问题"的微课内容设置

二年级学生阅读量不足,掌握的字词较少,观察能力、思维能力、语言表达能力还停留在较低的层次上,写话对他们来说还是一项具有一定难度的作业。二年级开学初,对本校二年级四个班共140位学生进行了一次写话检测。结果发现学生对内容的表述基本没有问题,每个学生都有话可写。但语言表达的规范性存在很大问题,如下表:

表5-1 二年级写话检测中学生语言表达错误统计表

问题	人数	比例
错别字	48	34%
标点错误	73	52%
漏字、添字	41	29%
语言啰唆	38	27%
词语搭配不当	26	18%
句子不完整	11	7%

第一学段语文课程标准中对"写话"的要求是:对写话有兴趣,留心周围事物,写自己想说的话,写想象中的事物;在写话中乐于运用阅读和生活中学到的词语,学习清楚连贯地表达自己的意思;根据表达的需要,学习使用逗号、句号、问号、感叹号。显然,根据课程标准,上表中学生出现的问题不容忽视,尤其是错别字和标点符号错误。

语句表达规范是写话和习作的基础，如果不帮助学生改正这些"表达问题"，势必会影响学生今后的写作表达。在学情了解的基础上，教师针对学生出现的写话"难点"制作系列微课，帮助学生通过学习微课内容，对之前出现的问题有针对性地加以纠正。具体见表5-2：

表5-2 二年级难点突破型写话微课的内容体系

年级	内容	目标
二上	逗号病	学习使用逗号，尝试修改写话中逗号使用的错误。
	句号病	学习使用句号，尝试修改写话中句号使用的错误。
	不通病	写话后能通过轻声朗读，尝试修改漏字、添字的毛病。
二下	啰唆病	知道一句话中主语只要写一次，尝试修改主语重复的毛病。
	残缺病	知道完整的句子包括哪些要素，尝试修改句子不完整的毛病。
	混乱病	知道一些典型的词语搭配错误，并尝试修改。

该类微课一次解决一个问题，每次的目标虽然不同，但都是指向"规范表达"这一总目标。教师将该系列的微课提供给学生，学生可以根据自己的弱项进行选择性学习。自主选择，自主学习，微课带给学生方便的同时，也给学生为写好"画面内容"，展开丰富想象提供了时间保障。针对"病句"这点可以根据如图范式进行微课制作。

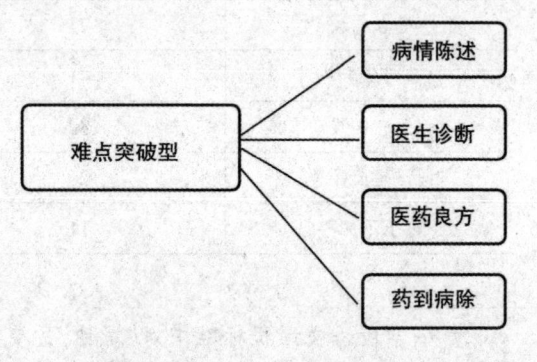

图5-2 难点突破型微课编写范式

难点突破的微课切口小，不求多，不求全，一课一得。"病情陈述"的病句虽然来源于学生写话中的实际问题，但老师要有加工，让问题的呈现更集中,更清晰;"医生诊断"是让学生明白病句的错误类型;"医药良方"重在教给学生修改病句的方法;"药到病除"则是补充设计一些练习题,引导学生加以巩固。

【案例5-2】 二年级针对"啰嗦病"的微课制作

表5-3 二年级针对"啰唆病"的微课制作

环节	视频描述	核心内容	微课时长
病情陈述	今天早上,我走进教室,放下书包,我整理好作业本,走到座位上,我开始认真地早读。	情境创设:涂涂到写话医院找文文医生,请他看看自己的写话出了什么毛病。	1分钟
医生诊断	啰唆病,一句话中有三个"我"。	诊断病因:文文医生诊断出涂涂的写话得的是"啰唆病",一句话中写了三个"我",太啰唆了。	1分钟
医药良方	去掉后面两个"我"。记住一句话一个"我"。	怎么修改: 1.记住一句话中一个"谁",删除重复的"我"。 2.修改后别忘了读一读,句子是否通顺、正确。	1分钟
药到病除	拓展练习1.小鸟从空中掉了下来,小明高兴地跑过去,小明捡起鸟,小明把它关在笼子里。 拓展练习2.今天,我在教室附近的一棵树上,我发现了一群绿色的小点点。我观察了一下,我又摸了一下,我发现他们是蚜虫。	拓展练习: 1.根据医药良方"一句话中一个谁",修改练习纸中拓展1、2啰唆的地方。 2.修改自己的写话本中啰唆的地方。	1分钟

【案例5-3】 借用动画解决学生思维盲点

六年级语文课本(上)课文《詹天佑》记叙了我国杰出的工程师詹天佑带领着勘测队员们在修建中国第一条铁路时认真缜密计算,克服重重困难,巧妙设计线路,为国争光的过程。文中,"居庸关"和"八达岭"两个隧道的不同开凿方式,以及"人"字形线路的设计是学生学习的难点。在《詹天佑》这节微课中,教师采用图示法形象而又直观地将两个隧道的开凿方法逐步地呈现在学生面前,并且配上文字介绍,让学生了解不同隧道采取不同的方法。而在介绍"人"字形线路时,教师以动画的形式生动地再现了火车通过铁路时的轨迹,感受詹天佑的聪明才干。在这节微课中,教师利用多媒体手段解决了课文学习中的难点,学生的难题就迎刃而解了。

我们从上面的两个案例中可以看出,微课在语文学科的应用不仅可以帮助学生解决教材中的学习难点,更为形象地理解教材中的学习内容;还可以帮助学生解决学习过程中的思维困境,使学生的思维更加流畅。

2."新知学习型"微课重想象

新知学习型微课是围绕一个新的学习主题,将新知学习过程中的重点、难点进行提纲挈领地指导。但要注意的是,微课并不需要将新知从头到尾都进行讲授,也并不是所有的新知学习都需要制作微课。它需要教师在备课时对学生可能发生的学习情况有预设和判断。当判断学生在某个新知或某个环节的学习中可能会出现困难,那么教师就可以提前做好微课,在课堂上帮助学生答疑解惑。

对二年级学生来说,写话的训练首先应该是对写话的兴趣培养。学生对写话产生了浓厚的兴趣,才能写出精彩的语言。因此,平时的指导过程中,教师要适当给学生降低难度,针对一些写话内容要事先给予细致的指导。这样学生动笔写的时候才会充满信心。在课堂时间有限的前提下,教师可以借用微课对学生进行一步步的指导。

审清题意,重在引导学生仔细读题,读懂题目的要求;"思路引导"是指导学生写话的重点环节,引导学生有序观察,帮助学生搭建写话的思路;"范例引路"是考虑到学生刚刚起步写话,通过范例给学生写话搭建梯子。范例的选择和撰写应遵循保底要求的原则,这样既可以通过范例帮助写话能力弱的学生,同时又让优等生有更大的发挥空间;"分层要求"既让学生明晰评价标准,又是给学生再次的指导。

【案例5-4】 二上语文园地七《写话》新知学习型微课制作

表5-4 二上语文园地七《写话》微课脚本

环节	视频描述	核心内容	微课时长
审清题意	写话:同学们一定看过猫和老鼠的故事,这些故事妙趣横生,带给我们许多乐趣。这一次猫和老鼠又发生了什么有趣的故事呢?看看下面这幅图,想想小老鼠在干什么?电脑屏幕上突然出现了谁?接下来会怎样…… ——仔细审题 画面根据同学的回答划分出三点要求。	审清题意:仔细读题,读懂题目中有几点要求。	1分钟
思路引导	猫的表情是怎样的?老鼠的表情、动作是怎样的? ——仔细观察 小老鼠逃跑了; 小老鼠仔细看看后不害怕了; 同伴告诉小老鼠电脑里的猫不会跑出来。 ——合理想象	思路引导:指导学生有序观察猫的表情和老鼠的表情、动作。在观察的基础上合理想象故事的后续发展,注意引导学生想象不同的情节,打开学生的思路。	2分钟
范例引路	范文:小老鼠看主人不在家,就爬到桌子上玩电脑。屏幕上忽然出现了一只可怕的大猫,小老鼠吓得都哭了,坐在桌子上不敢动。可过了好一会儿,电脑里的猫还是一动不动,小老鼠才知道这不是真的猫。	范文引路:提供一篇保底要求的范文,供学生参考。	1分钟

续表

环节	视频描述	核心内容	微课时长
分层要求	★把这个故事完整地写下来。 ★★仔细观察,写出猫、小老鼠的表情和动作。 ★★★合理想象小老鼠看到猫后接下来发生的故事。 词语百花园:可怕 瞪着眼睛 张着大嘴 大惊失色 一屁股坐在地上 哭着求饶	分层要求:评价标准分层设定。	1分钟

在以上五分钟的微课里,"思路引导"占了两分钟。学生通过观察画面,对画面进行合理的想象。不难看出,这次写话微课的引导非常关注学生想象力的培养,这是借用微课进行创意学习的最基本的环节。

3."知识补充型"微课激创意

在课堂教学中,并不是所有的学生都能掌握本节课的知识内容,如何使学生能在课后方便、清楚地弥补课上的不足,或对课堂中的知识进行补充,这对于教师来说是一个严峻的现实问题,而微课恰好是解决这一难题的极佳手段。

【案例5-5】《找春天》中通过练习进行知识补充

一位老师在执教二下《找春天》一课后,发现学生对文中"我们"找到的春天在哪里?感受到的春天到底是什么?这两个问题还存在着疑惑和困难。于是在《找春天疑点再解答》这节微课中,教师首先重点抓住课文第8自然段中"我们看到了春天,我们听到了春天,我们闻到了春天,我们触到了春天。"一句,设计了二道连线题。

小草	叮叮咚咚	那是春天的眉毛		树枝上	笑
野花	突出嫩芽	那是春天的眼睛		风筝尾巴上	叫
树木	开出一两朵	那是春天的音符	春天在	喜鹊、杜鹃嘴里	荡秋千
小溪	探出头来	那是春天的琴声		桃花、杏花枝头	摇啊摇

通过设计这两道练习,学生渐渐明白感受到的春天就是看到风筝在空中飞翔,听到小鸟在枝头欢叫,闻到花朵散发出的香味……在这节微课中,通过设计解决难点的练习,使学生在课外通过一对一的方式释疑,让学习更便捷。

【案例5-6】 微课在说明文中的应用

科普文是解说、介绍科学技术的说明性文章,就是我们平常说的说明文。这一类文章在生活中十分常见,如产品介绍书、药品说明书、倡议书等,是一种应用性十分强的文体。在小学阶段的三至六年级,教材里都编有说明文,特别是四上、四下、五上还以单元专题编排的方式,从整体出发,统筹安排,进行集中性、专题性阅读学习。为此,教师专门做了《走进科普文》的微课。这节微课中,先从内容、说明顺序、说明结构对科普文进行分类整理,而后以课文中的句段为例了解学习说明方法,进一步明确学习这类文章,重点是让学生了解根据说明对象如何选择合适的说明方法,体现科普文的科学性和准确性,使说明对象更具体、生动,让读者更明白、清楚。最后,选择一篇说明文进行巩固练习,加深学生对说明文的印象,提高对说明方法的应用能力。

像以上两个案例中的微课都是针对学生某个或某类知识点的相关拓展而进行的。这样的微课抓住学生没有掌握的相关内容,或对某一类感兴趣的知识点展开。学生在该类微课的帮助下巩固或探究相关拓展知识,很容易激发学生的学习兴趣,从而自我开展创意学习。

(二)启发高阶思维:微课在数学学科中的应用

微课作为一种教学资源,被广泛应用于学生的家庭学习。微课借助多媒体技术的应用,将原本单一的授课方式变得多样化,融视、听、说多种感官于一体,让学生感到特别有吸引力。微课的呈现方式是视频,视频具有动态性,小学生的年龄特点决定了他们对视频材料的接受程度要高于抽象的文字材料。将知识点录制成视频,有利于学生提高认知效率。

小学数学新课程标准明确强调,数学课程的设计与实施应重视运用现代信息技术,特别要充分考虑计算机对数学学习内容和方式的影响,大力开发并向学生提供更为丰富的学习资源,把现代信息技术作为学生学习数学和解决问题的强有力工具,致力于改变学生的学习方式,使学生乐意并有更多的精力投入到现实的、探索性的数学活动中去。

课程标准还强调,有效的教学活动是学生学与教师教的统一。学生是学习的主体,教师是学习的组织者、引导者与合作者。学生学习应当是一个生动活泼的、主动的和富有个性的过程,学生应当有足够的时间和空间经历观察、实验、猜测、计算、推理、验证等活动过程。课程改革必须还学生学习的主体地位,让学生主动融入学习、充分学习,在学会学习的同时形成自学能力和自我发展能力。微课作为一种新的教学形式。正是运用了现代信息技术,把学习的主动权还给学生,促进学生自主学习。

1. 启发性微课激发学习内驱力

数学教学设计应注重学生的发展和学习过程的体验,教师尽量做到精讲,避免反复讲解。为让学生能置身于"心求通而未得"的"愤悱"状态,我们在制作这类微课时不妨设计一些具有启发性的问题,达到激发学习内驱力的目的。我们把这一类微课叫"启发性微课"。"启发性微课"重在设计一些启发性问题,能引起学生的关注并进行深入的思考,从而使知识点的学习走向深入。

【案例5-7】《用平移法求图形的面积》微课中启发性问题设计

表5-5 用平移法求图形的面积

环节	视频描述	启发性的问题	时间长度
情景设计	出示:求阴影部分的面积。	怎样求阴影部分的面积?我们是不是还可以用平移的方法来求?	1分钟

续 表

环节	视频描述	启发性的问题	时间长度
思路分析	拖动阴影部分(2)向左平移使它与阴影部分(1)拼成一个长方形。	想一想,什么变了,什么没有变?	1分钟
变式应用(1)	出示下图:(2m, 9m, 20m)	如果刚才中间的小平行四边形变成了这样的形状,你能求阴影部分的面积吗?利用平移的方法试一试。	2分钟
变式应用(2)	1.出示:(60米, 36米, 50米)	如果继续变,你能利用平移法求出阴影部分的面积吗?想一想,阴影部分平移后拼成了什么图形?	2分钟
方法归纳	位置和形状变了,但面积没有变。	1.利用平移法,我们能够把几个部分拼成一个规则的图像,再求出它的面积,这样使问题变得简单。 2.平移图形时,它的位置和形状发生了变化,但面积的大小却没有变。	1分钟

启发性微课中问题的设计是"核心"。学生在短时间内在微课的带领下,思维跟着问题一步步展开,由浅入深,由易到难。学生在问题的启发下,思考的方向性更强,思考的质量也在不断提高。

2. 分段式微课激发学生潜能

学校一直重视挖掘不同学生的潜能,让每个人成为最好的自己。练习的

学习并幸福着
幸福课堂建设的实践探索

设计要层次分明,兼顾各种学力学生的发展,学习能力强的,让他们快速独立完成,再提供更大的挑战;学习力能相对弱一些的,能在家长、网络等手段的帮助下完成。让学生在求索中继续产生愉快的情绪和体验,使学生乐学、会学、善学。在微课制作时,可以根据作业的不同层级将微课设计成不同阶段,我们称之为"分段式微课"。

【案例5-8】《用平移法求图形的面积》进阶练习

【第一层次】求阴影部分的面积。

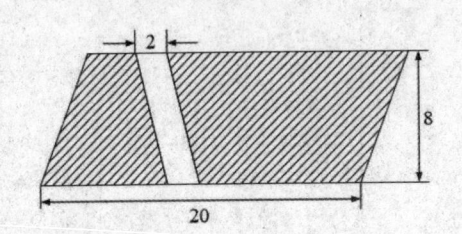

【第二层次】求阴影部分的面积。

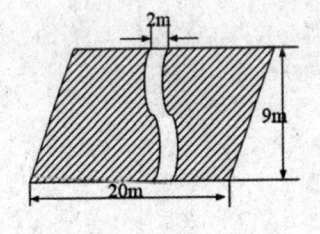

【第三层次】一个果园的平面如图所示,园中两条水渠(阴影部分),水渠宽3米。可种果树的土地有多少公顷?

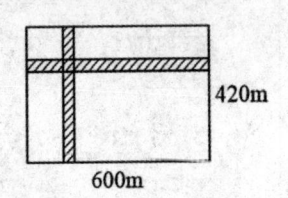

图5-3 平移法求图形的面积

案例中分了三个阶段来巩固"用平移法求阴影面积"的方法。第一段的两个图形较为常规,学生只要知道相关公式,用平移方法就可以完成。第二段的图形相对于第一段的图形来说有了变化,不能凭经验完成。最后段的练习内容结合生活实际,引导学生运用所学知识解决现实生活中的问题。三个阶段的内容由浅入深,由书本走向生活,不同层次的学生在分段式微课的帮助下都各有所获。对于能力相对薄弱的学生来说,最后阶段的内容存在一定难度。但由于微课学习时间的灵活,这部分学生可以再自主选择时间进行再学习,这有利于开发学生的潜能,思维向高阶发展。

3. 拓展式微课培养发散性思维

数学学科相对于语文来说,知识点的延伸比较多。课堂教学知识的延伸与拓展是一节课的点睛之笔,是创设悬念、激发兴趣,培养学生逻辑思维能力、创新能力、实践能力等多方面的关键所在。注重知识的延伸与拓展,对培养学生的发散性思维能力有很大作用。

【案例5-9】 三角形个数的拓展训练

表5-6 三角形个数的拓展训练

环节	视频描述	关键性的问题	时间长度
情境过渡	出示图形	老师给你们带来了一幅图,你能正确数出图中一共有多少个三角形吗?(本环节通过微课引导学生回顾数三角形的方法)	3分钟
动态变化类比推理	将中间的两条线段进连成一点	孩子们!现在图形发生了变化,你还能数出图中一共有多少个三角形吗?有类似的方法吗?(本环节通过动态演示学生夯实数三角形的方法,并且学会具体问题具体分析)	5分钟
比较异同		刚才我们完成了数了这两幅图中三角形的个数,看看这两幅图有什么异同吗?	2分钟

续表

环节	视频描述	关键性的问题	时间长度
应用变式（一）	视频讲解时,将中间的三角形凸显出来	看来!的三角形千万不能遗漏哦。	3分钟
应用变式（二）	视频讲解时,用动态的变化过程凸显其增加的线段。	在这个环节中,教师不出现数三角形的方法,而是引导学生继续深入思考,根据之前学过的内容,还可以继续数出三角形的个数吗？	1分钟

（三）激发探究欲望：微课在《科学》学科中的应用

当前,随着教育信息化春天的到来,微课越来越焕发出勃勃生机。微课以其涵盖内容微、耗费时间微以及占用空间微等特点备受广大师生的喜爱。在我校,"幸福课堂"的实践尝试从主学科向综合学科过渡。举全校之力,培养具有"高雅审美情趣""自主学习能力""善于交往与合作"等特质的胜利实验小海燕。"主动参与、有效思考、个性表达"同样被综合学科老师重视并在课堂实践中加以落实,尤其是科学。他们以课堂为主阵地,不断拓宽学习渠道,引导在生活中运用所学,将所学运用于生活。

1. 科学探究性微课的设计模式

布卢姆认为,只要给予足够的时间和适当的教学,几乎所有的学生对所有的教学内容都可以达到掌握的程度。布卢姆在"所有学生都能学好"的思想指导下,以集体教学为基础,辅之以适当、及时的教学反馈与指导,为每个学生提供合适的个别化帮助以及所需的额外学习时间,从而使大多数学生达到课程目标所规定的掌握标准。[1]

---

[1] 王帅.布卢姆的掌握学习理论及其教育应用[J].高等函授学报(哲学社会科学版),2007,(2):42.

建构主义理论强调个体知识的生长是人在原有的知识基础上建构起对现实世界的解释和理解。所以,学习应是学习者积极主动的意义建构和参与社会互动的过程;教学也并不单单是由教师把知识从外部传递给学生,而是要根据学生的已有认知基础,提供相应的活动情景,引导学生从原有的经验知识出发主动建构起新的知识经验。①

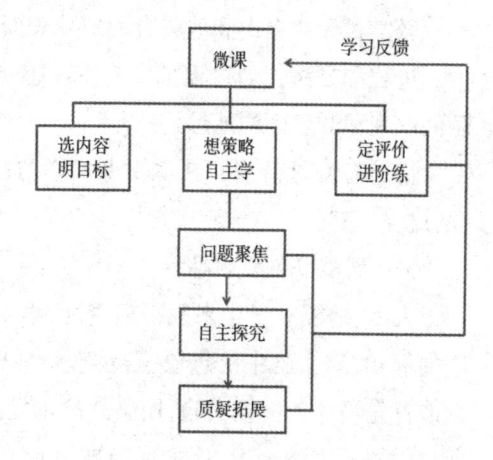

图 5-4 小学探究性微课的设计模式

根据上述理论与对学生的实际分析,在借鉴相关成熟设计模式基础上,结合小学科学的学科特点,构建探究性微课设计的模式。

2. 推敲微课内容导航思维

五年级上册《地球表面及其变化》单元的第二课《地球内部运动引起的地形变化》的教材设计是:1.通过三个事例介绍火山和地震是怎样改变和重塑地形地貌的。2.通过火山和地震的成因让学生认识地球内部的运动。3.通过做板块运动的模拟实验,想象和理解地球内部的运动对地表形态的影响。

由于火山和地震与学生的生活距离太远,教学中如果观看视频,能形成一定的视觉冲击,但还是不能直观感受到"火山和地震正是地球内部运动引起并瞬间改变地球表面形态"这层意思。地球内部的运动有时是缓慢的,人们不易察觉到,但像火山地震这么剧烈的变化,学生可能一辈子也遇不到,所以,学生对这些知识缺乏感性认识。

通过上述教材内容和学情分析,将本微课的内容定为《火山和地震》。本微课的目标如下。

---

①雷雨.运用科学史开展高中生物探究性学习的初步研究[D].华中师范大学,2008,63.

教学目标:"火山和地震会使地球表面的地形瞬间发生巨大改变。"

过程和方法:"通过模拟实验直观感受地球内部的运动引发火山和地震,瞬间改变地球表面的地形。"

情感态度价值观:"在本微课的学习中,逐步形成细致观察,认真进行实验分析的态度。"

3.编制学习单引领思维

火山、地震对学生来说距离遥远,学生缺乏感性认识。如果光看火山、地震的视频,靠头脑中的想象,很难理解地球内部运动对地形改变的关系。本微课首先设计了模拟实验,用染红的水模拟岩浆,挤压模拟地球内部的力量,沙盘模拟原来的地形,更加形象地展示火山、地震现象与地球内部构造和运动之间的关系。材料的选择和实验的设置尽量接近实际的地球内部运动的模型及火山、地震发生时的现象,渗透建构模型的思想。聚焦问题后,学生可以按视频中的模拟实验进行自主猜测……"你认为火山爆发后地形会有什么变化呢?(请'√'选)A.没反应 B.地面出现裂缝 C.地面抬升 D.地面下陷"。该环节形象直观地感受来自地下的力量对地球表面地形的影响,搭建概念建构的支架,加深对概念的理解和建立,而不是停留在对火山地震发生时表面现象的认识或想象中。模拟实验降低了学生学习的难度,提高了学习的效率。与此同时,编制了"学习单",能够引领孩子积极思维,自主学习。

表5-7　火山模拟实验观察记录表

火山爆发	
原有的地形简图	喷发后的地形简图
火山爆发时地形变化的特点	☐ A.没反应 ☐ B.地面出现裂缝 ☐ C.地面抬升 ☐ D.地面下陷

第五章 开放：网络学习空间的创意学习

  直观体验瞬间改变地球表面地形的内部力量，把火山和地震时的现象与地球内部的运动联系起来。同时，微课中详细介绍演示了模拟实验的做法，学生可以利用课余时间自己动手多次探究，利用学习单再学习，根据学生的学习单，进行评价。

  微课是信息技术迅猛发展，网络高度发达时代背景下的产物，有助于满足碎片化、个性化学习的需求。从教师层面看，微课制作与有效应用，打破了时空界限，从课内延伸到课外，提高了教学有效性，同时，也促进了教师的专业成长；从学生层面看，微课为个性化学习提供了更多选择，学生可以主动地控制学习节奏，自主构建知识体系，提高思维品质。在我校，除了上述说的语文、数学和科学学科在课堂上利用微课辅助教学外，综合学科也在尝试着运用。在不同学科的教学中适当地融入微课开发、共享与应用，必定会大大丰富课程的内涵，并在更广泛的意义上提升每一位学生的素养。

第二节 科学56号教室：
为创意学习搭建平台

洛杉矶市区的霍巴特丛林小学是美国第二大公立学校，有2000多名学生，他们大多来自美国中部的贫穷家庭和一些亚非移民家庭，英语是他们母语以外的第二语言。其中五年级的老师雷夫几乎将他的所有精力都投入到了他所在班级——第56号教室，他每天在校工作10多个小时，早上6:30到下午6点；每周两天通宵工作；每个周末从上午11点钟到下午2点钟一直工作，假日中的每一天都在无偿地教学生，从早上6点钟开始一直到下午5点钟，给学生教算术，讲文学，学历史，沉迷于莎士比亚戏剧的排练，在这块小天地里，雷夫老师创造了轰动全美的教育奇迹。他所带的五年级学生在美国标准考试(SAT)中成绩一直位居前5%-10%的位置。更令人不可思议的是，第56号教室的孩子们自愿每天早晨6点半到校，一直呆到下午五、六点才回家。即便在节假日，孩子们也来到学校，跟随雷夫老师一起阅读、做算术、表演莎士比亚戏剧、一起去旅行。雷夫老师成功的教育经验向传统的教育模式发出了挑战，为了让更多的人能了解第56号教室的教学理念，也为了让更多的人分享他的教育经验，他编写了《第56教室的奇迹》一书。我们借用了这个名字，在学校里建立了科学56号教室，为学生的创意学习搭建平台。

一、科学56号教室概述

北京博苑实验幼儿园从雷夫的《第56教室的奇迹》中受到启示，建立了一个以"提升自主学习能力"为目的的56号教室，给孩子们创设全学科的实验室环境，让孩子去探索为什么，体验知道答案的过程和乐趣。在这些探索的借鉴下,我校也建立了一个科学56号教室,鼓励学生自主开展创意学习。

(一)科学56号教室的概念

全球已进入互联时代,研究机构Wearesocial最新发布的《2015年数字、社交媒体以及移动报告》中预测:在2016年中期到年末,移动技术将帮助全球50%以上人口实现联网。社交媒体可能在2015年末覆盖全球1/3的人口。当前,以智能手机、平板等为代表的社交媒体正在成为学校教育必不可少的一部分。学生群体越来越普遍地持有和使用平板、智能手机等便携设备。传统的教育,一个老师只能走进一个教室,学生只能在固定的时间、到被指定的某一个学校去上课,学生的工具就是课本和笔。

"科学56教室"则打破了时空及实体资源的限制,是一个在线科学教室。可以集教师、学生、家长三方力量,学生几乎可以随时随地随心地与同伴沟通,与老师交流,更多的是提供资源的链接,实施兴趣的激发,进行思维的引领。同时,借助于大数据的智能化分析,可以知道每个学生的优缺点,促进家长和老师对孩子的监督和评价。这个监督效果反应过来,就是对孩子个性化辅导,使孩子的成长变得更迅速,提高孩子自主学习和个性化学习的能力。

"科学56教室"更是促成碎片化学习,利用零片化的时间,碎片化的精力,随时随地可以学习,时间更加可控,提升了学习的效率。

(二)科学56号教室的特点

"科学56号教室"(www.56class.cn)网上互动学习平台的开发运行正是着眼于整合教师、学生、家长三位一体,利于碎片化学习、个性化学习、即时性学习及个性化辅导。

1.平台的交互性

对于任何一种学习环境,交互性都是非常重要的,已有的研究表明,有更多交互行为的个体学习更积极,也更能参与到学习中来。科学56教室打破了传统人际交往方式,使学习互动的范围更加扩大,互动速度也加快了。交互性强也是科学56教室最突出的一个特征。

2.学习环境的开放性

科学56教室的构建尊重学生的个性,所提出的讨论主题也具有开放性,学生可以根据自己的兴趣、经验提出自己的见解,对问题进行探讨。在科学56教室中,师生关系也发生了很大变化,师生之间实时及延时交流进一步展开,由传统的师生关系扩展到合作解决问题的协作者之间的关系。

3. 情感交流的支持性

科学56教室内的成员通过互相交流,可以建立亲密的关系,同时可以建立对学习的认同感和归属感。在科学56教室中,学习者之间、学生与教师之间的情感交流增强,相互之间提供情感支持。研究表明,学习者的情感影响其学习的积极性及效率。师生之间交流的畅达,情感的默契对改进师生关系,提高学习效果有很大帮助。它可以帮助学习者增强交互性、提高学习满足感、体会交互的安全感以及归属感。

4. 成员个体的自主性

在科学56教室中,科学作业题库的建设汇集了杭州市上城区的大量科学骨干教师的集体力量,后台系统对各类练习题进行分类、整合、编排、输入、解析,进行资源整合和优化。作业题库内容包含基础作业题库——可替代传统作业本;前测题库——起到预习作用;综合测试题库和课外研究课题。题库中的内容,可以根据学生学习情况进行适当的增删和修改调整,可操作性强。

参与者自己决定什么时候进行学习,而不受制于他人,这也是自然形态下科学56教室流动性的一个表现。在科学56教室中,学习者自由决定是否发言,是否参与互动,自主选择所参与的主题,自主选择研修结果的表现形式,从某种意义上说,科学56教室是一个无障碍"教室"。

5. 参与目标的明确性

科学56教室最突出的特点在于它的教育性。从一定意义上说,科学56教室是基于一定的学习目标,参与者之间进行一定频次的交互所形成的。科学56教室的主要目的就是促进学习者的学习,进行知识传递和共享,通过在学习者之间的互动交流达到共同学习的目的。56教室的主要目的就是科学学习。

(三)科学56号教室的功能

我校建立的科学56号教室,确切地说,是一个网上互动学习平台,作为一个在线科学教室,其主要功能包括三个方面。

1.提高教学有效性

使用信息技术后就会产生一些大数据,教师可通过量化的手段,有可能有能力去关注每一个学生的具体学习情况,从而更加科学地认识自己的学生和教学。课前,教师可以选择性的布置给学生前测题。

图5-5 基于学科56class学习平台的前测

试题不仅可以出判断、选择、填空等客观题,也可以出简答题,教师可以在网上批改,并作出反馈。

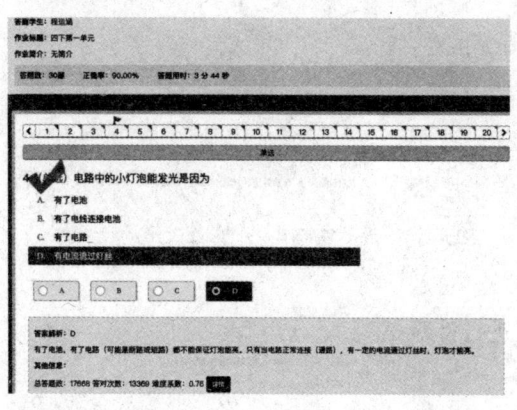

图5-6 基于学科56class学习平台的作业反馈

同时,科学56号教室网上互动学习平台会自动记录并呈现每位学生的答题情况,教师可据此了解学生的预习效果和问题,分析学生的真实学情,完善教学设计使其更具针对性。课堂上,老师和学生快速聚焦学习问题进行探究,共同完成新知的建构,能充分提高教学效率。

课后,布置给学生作业题,原本单一的作业本转换到网络后,可以随时根据学生情况进行有目的、有针对性的选题布置,帮助学生更好的巩固学习。同样,通过对答题情况的数据分析,教师能清楚地知道班里每个学生的课堂新知的掌握情况。

图 5-7 基于学科 56class 学习平台的作业情况

例如,一个选择题,当每位学生答题后,教师这端会有答题情况信息,全班 70% 的学生选 A,25% 选 C,5% 选 D。这说明全班 70% 的学生已经掌握这个知识点,20% 学生的错误出在 C 选项,教师可重点讲解,进行针对性补救。

图 5-8 基于学科 56class 学习平台的题库节选

第五章 开放：网络学习空间的创意学习

这样，既不耽误大部分同学的时间，影响课堂教学的进度，又能让重点学生得到有效提高。复习期间，教师根据学生阶段学习的各项数据反映，复习的方向性会更加明确，减少盲目性，有针对性的复习，避免过度复习加重学生学习负担，提高复习效率。复习卷的设计编制，教师可以直接在网上选题组卷，也可自动组卷。

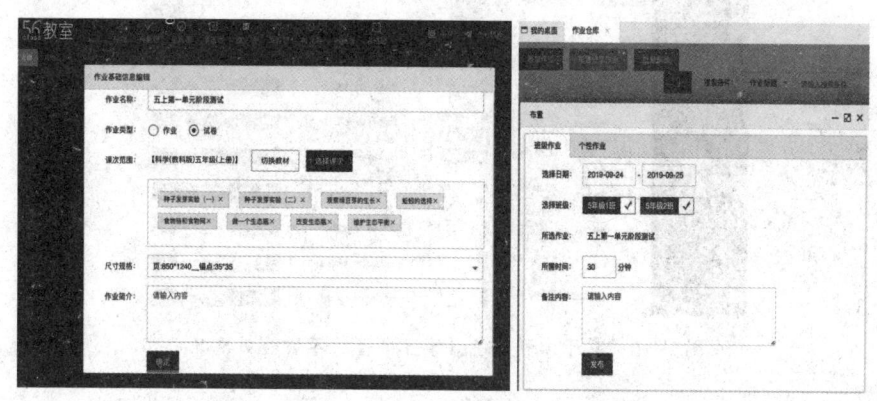

图5-9 基于学科56class学习平台的阶段测试

目前，科学教师所带的班级普遍较多，课业压力相对都较重，除备课、准备实验器材、上课外，大量的时间用于批改作业。得益于"56号教室"网上学习系统能形成自动答题的反馈，为科学教师节省了大量时间。这部分节省下来的时间，可以让教师用来更好地剖析教材，关注学生，研究教学。课上，老师根据平台上反馈的学生学习情况，及时调整教学设计，课后，老师可以根据数据的统计和挖掘，对课堂难点和学生特点进行精确分析。通过这种"数据思维"，教师对学生的评价越来越科学，越来越准确。教师更好地认识和理解每一个学生，学校才能够更好地进行决策，教育也才会变得更加科学。

2. 促进个性化学习

"科学56号教室网上互动学习平台"的建立，为学生的个性化学习提供了很大的可能性，它不仅满足了学生学习时间的不同，还照顾到学生的学习能力、学习水平等方面的差异。学生可自己安排零碎时间在网上答题，在规定时间内答完，不然，系统会自动提交。这让学生养成专注的习惯。答题结束后系统会及时给予作业反馈，每题都有解析，学生也可以根据个人情况，全部再看一遍，对照自己的思路是否正确，或只看错题，结合题目解析，可以及时纠错，起到自主学习的效果。

图5-10　基于学科56class学习平台的答案解析情况

在这个学习平台上，每一个学生都有自己的个人中心，详细记录着他们自己的学习进度和过程，比如错题情况，根据学生每次的答题情况，系统会自动积累，形成错题库，方便二次巩固，提高复习的效率。这些都为教师、家长，包括学生自己提供了全面、准确的评价依据。

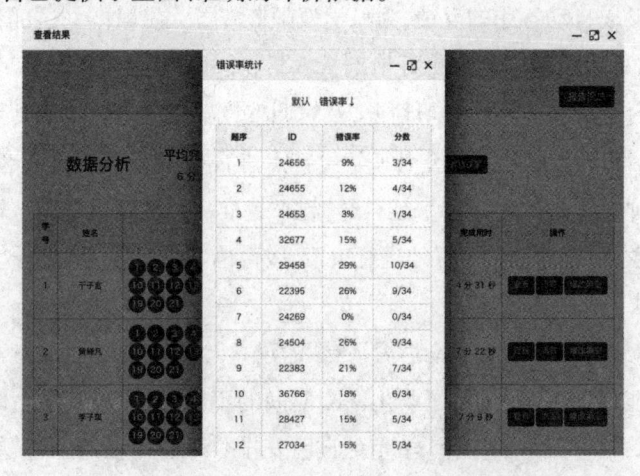

图5-11　基于学科56class学习平台的评价依据

3.有利于个性化辅导

在"56号教室"网上互动学习平台上,不仅教师可以查看每位的答题情况,尤其是对能力比较弱的学生,进行个别化辅导,或再一次推送类似题目让其巩固。每个学生账号,还对应一个家长账号,方便家长及时了解孩子的学习情况,也帮助家长更好地对孩子进行督促指导。通过这个学习平台,家长界面可以查看孩子的学习进度和过程,比如错题情况,孩子每次的答题情况,家长都可以查看,也可根据答案解析指导孩子学习,家长可以借助系统自动积累形成错题库,给自己的孩子布置题目,督促孩子及时复习巩固,查漏补缺,提高学习的效率,也更具学习的主动性。

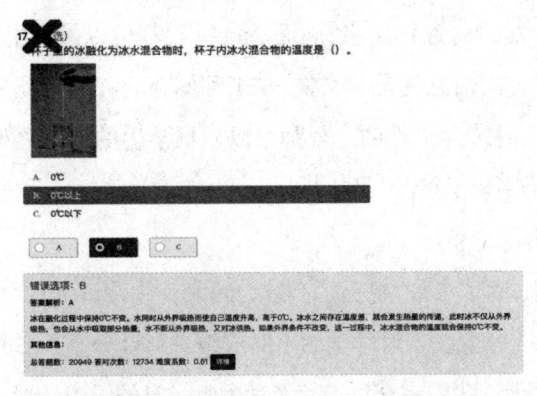

图5-12 基于学科56class学习平台的答案解析情况

二、科学56号教室的使用

我校建立了基于在线学习的科学56号教室网上互动学习平台后,为了更好地发挥其在教学中的作用,对其使用进行了科学安排。

(一)安排与布置

在信息化时代下,与传统教学资源主要来自图书资料和自身经验相比,教学素材突破了时间、空间和物质条件匮乏的限制,教师可以通过互联网,几乎无限量地搜索教学与科研信息,随时将这些信息补充、更新到自己的教案中,而且比以往更加生动、丰富、直观。在收集信息后,教师可以根据学生所学内容布置相应的作业。

(二)反馈与指导

在传统教学中,碍于技术的限制,各种教学资源和学习要求无法高效地在师生之间及时、双向传递,教师的课堂教学素材、课后教学安排以及学生的作业、小调查等,都无法及时、全面地相互呈现。在信息化条件下,随时可以进入的互联网瞬间打破了这种局限,使相关信息随时随地传递和共享,从而大大提高了教学效率。

方便师生交流。如果说在课堂教学之外,以往师生进行课下交流的工具主要是信件、电话、传真等介质,相互交流的成本比较高、时间比较长的话,那么在信息化时代下,各种文字、画面、音像等,都可以借助电子设备充分利用起来,实现对不同信息的及时交换、加工和储存。在学生完成作业后,可以将自己的疑惑及时传达给教师。教师可以根据学生的疑惑之处进行梳理,并且可以有效地个别化反馈与指导。

(三)综合与评价

每到期末,除了参加"笔头"的考试,56教室中测试的成绩也是科学期末评价的内容之一。之前,若对学生的平时成绩进行计分,整个过程比较复杂。有了56教室平台后,我们完全可以参考学生每一章的学习情况,将其作为平时成绩的重要指标。每章的成绩及时反馈给学生,也将促进学生更好地学习。

三、科学56号教室的指导策略

科学56号教室作为一个网上互动学习平台,进行的是有别于传统教室中学习的在线教学,因此,教师对学生的指导策略也就发生了相应的变化。

(一)整合拓展,优化资源

"科学56号教室"网上互动学习平台是敞开式,各种通道已预留,根据学生及家长需求,新的功能可以随时加进来,但关键的是要有个强大的学习资源库。可以按学习内容进行分类,例如:课内学习资源类,包括针对重难点知识及实验探究的微课、电脑课件、分层作业题库;知识拓展类,包括拓展知识链接及拓展实验;科学前沿资讯类链接;与生活及其他学科相关的综合专题研究类。可以按课前预习、课堂学习、课后复习拓展的形式供学生选择。学习资源的建设对已有的相关资源要进行筛选整合,面对科技领域"知识爆炸"的情境,"少而精"(less is more)的理念就凸显出来了[①]。学习资源的建设也要围绕科学重要概念建立专题,而不是为了全面追求细枝末节的知识点,要有利于学生的自主学习。

为满足学生的个性化学习需求,学习资源可按照分层模式,根据学习者的认知特点,按不同难度层次展开,使学习者在原有的基础上更好的学习,有利于不同层次学习者根据自己的情况有选择地进行学习或补充学习,弥补课堂空间时间的有限性[②]。尤其是作业题库这块要特别注重习题的筛选,同类的题目进行难度梯度的排列,将重复率降到最低,并从角度及深度进行呈现,题型更加丰富,有趣味性,加深学生的理解,同时训练学生的思维能力。

(二)采集分析,建立机构

首先,学习平台上的学习资源内容必须正确;其次,该系统应该相对稳定,尽量不要出现系统故障导致学习中段或无效的情况;最后,还要了解学习资源的不同呈现形式对学习者使用效率的影响,以便及时调整提高利用率。因此,需要成立专门信息采集编辑和分析机构,一方面随时维护系统,使其良好运作,另一方面针对小学科学课程目标及课程内容,关注学生学习输出的效果,开发相应的评价工具,以便学生在自主学习过程中进行自我检测和评价,满足小学生富有激励性的挑战学习[③]。另一方面不断收集不同学习者对

[①] 刘恩山.课程内容少而精教学过程重实践——高中生物学课程标准修订中期待完善的内容[J].基础教育课程,2013:68.
[②] 赵皆喜,邱菁,陈秉初.高中生物学学习资源使用现状和需求的调查报告[J].新课程学习,2013.10.
[③] 维克托·迈尔-舍恩伯格,肯尼思·库克耶.与大数据同行:学习和教育的未来[M].华东师范大学出版社,2015:36.

学习资源的不同需求及对已开发学习资源的使用情况,进而丰富和完善学习资源的建设,促进自主学习和个性化学习的有效性。

(三)个性定制,及时反馈

教育进入大众化时代,从此开始了教育的大规模批量生产,这是我们不得不为教育普及付出的代价。传统教育考虑的是处于平均水平的学生,不可避免会同时损害位于正态分布曲线两侧的学生。我们需要的是"一个尺寸适合一个人"的方式,而且我们有能力去实现。我们可以对知识的传递进行个性化处理,使之更好地适应特定的学习环境、偏好和学生能力[1]。个性化学习最令人印象深刻的特征是其动态性,学习内容可以随着数据的收集、分析和反馈加以改变与调整。教师不再需要凭借主观判断选择最合适教学的书籍,大数据分析将指引他们选出最有效的、支持进一步完善和私人定制的学习内容。如果一个学生对某部分的学习存在困难,那么这个部分将会被纳入之后的习题集,以确保该学生有足够的练习机会。这个常识性的概念被称为"掌握学习",学生必须证明自己打下了坚实的基础,才能够进入下一阶段的学习[2]。

相关信息不仅可用于既有教学内容和重新设计,还可以通过实时分析,自动在某一时刻显示出适合学生特定需求的学习内容。这种技术被称为适应性学习,它正在引领教育进入一个高度个性化的新时代[3]。

(四)三位一体,互通有无

能够真正整合教师、学生、家长三位一体,互通有无,协助学生更好的自主学习和个性化学习。学习者在根据自己情况利用网上学习平台进行个性化学习的过程中,也就逐步学会了主动学习,提高自我认知和自我监控的能

---

[1] 维克托·迈尔-舍恩伯格,肯尼思·库克耶.与大数据同行:学习和教育的未来[M].华东师范大学出版社,2015:36.38-39.32.
[2] 同上
[3] 同上

力,掌握科学方法,从而学会学习。而小学生的自我管理能力比较弱,所以,家长端可以随时查看孩子的学习进程,可以进行提醒或鼓励互动。学生也会遇到一些学习问题,终端设备上,教师可以演示讲解课程内容,还可以实时在云端下载学生作业进行现场指导。同时,还能通过学生设备显示的学生动态,进行课堂管理与互动。该平台还将记录学生所有的做题记录和学习情况,老师可以通过大数据分析学生的薄弱点做一对一的网络辅导,学校可以通过分析学生的学习情况,了解学生的学习天赋为学生提供更好的发展建议,让每一个学生的特长得到发挥。

当然,"互联网+教育"还是会存在一些问题,比如缺少面对面情感交流,对于学习能力弱,学习不主动的学生会存在困难等。但在"互联网+"时代,尤其是移动通信工具的微型化,使得人们与互联网形影相随,出现了"网络围着人转"的现象,改变着人们的生活方式。人们随时可以学习,可以接受教育,这将大大加快《国家中长期教育改革和发展规划纲要(2010–2020)》中提出的基本实现教育现代化,基本建成学习型社会,进入人力资源强国行列的战略目标。"互联网+科学作业"的大胆尝试,正是致力于互联网教育与传统教育之间互相借鉴,取长补短直至最终融合为一,构建网络化时代的学习模式。

第三节　英语学科的口语100：
为创意学习提供保障

英语学科的口语100，是一个软件APP，指首个人工智能口语发音训练软件，通过将发音与标准英语对比，可以对每个音节做出评分，即使在没有外教的情况下，通过该软件的语音反馈和纠正，口语可以变得如外国人一样。我校通过运用口语100这一软件APP，探索现代信息技术在学科教学中的运用。

一、英语口语100概述

（一）英语口语100的概念

口语100平台属于一个综合性的网络教学环境，能够满足学生多元化的英语学习需求，听说训练的方式新颖独特，并且能够进行一对一的专门辅导，英语语音的实际教学效果较好。口语100平台具有良好的应用价值，应用方式也比较灵活，学生可以通过电脑或手机上网进行使用，具有高度的便捷性和灵活性。[1]

口语100平台是一个现代化的教学管理工具，能够在满足学生听说训练需求的基础上，便于教师和家长对学生的英语口语训练情况进行合理准确的把握，在此基础上进行有针对性的管理、分析和督导，系统化全面化的促进学生的英语口语能力的提升，进而从整体上提高英语语音教学的总体质量。

---

[1]高蔚然.混合学习试教下基于"口语100"的英语口语教学研究[J].创新教育，2018(5)：28-29.

（二）英语口语100的特点

从实际运用的情况来看，英语口语100在促进学生的英语学习，满足学生多元化的英语学习需求方面具有三个明显的特点。

1. 界面简单、操作便捷

网络学习空间的首页界面设计和微博和博客类似，简单明了，操作简单，模块布局合理，功能齐全。主要显示个人信息，排行榜，作业练习和主要模块的快捷入口。在学生端重要的通告和近期布置的作业能优先显示并及时提醒，教师也方便地利用语音素材库来布置作业，安排单元测评。

2. 智能评分、多元评价

评价体系要有利于学生综合语言运用能力的发展。要采用多元化的评价方式，并通过评价激发学习兴趣。"口语100"用计算机技术记录练习过程的努力程度和结果，可以方便地达到过程性评价，并自动给出评价结果。评价应该采用形成性和总结性评价相结合的方式，既关注过程，又关注结果。评价要有利于学生不断体验英语学习过程的进步与成功，建立和保持对英语学习的兴趣和信心。听说的训练过程的综合评价（包括练习的时间，和多次成绩的综合）是最科学、激励学生练习提高的最好方式。"口语100"不仅支持传统的听力考试口语考试的评测方法，而且尤其注重多元化评测和激励，设置了各种榜单，称号，勋章，互相评价，充分调动学生的学习热情。这种评价和激励，是目前所有系统所不具备的，远远走在了教育产品的前列。老师可以很方便地布置和检查口语听说作业，了解学生的训练情况，"口语100"还用图标统计等方式帮助老师分析学生的训练情况。

3. 个性辅导、练习提升

"口语100"是一个网络化教学环境，是学校教学工具，满足学生的听说训练要求，并给予一对一的辅导。作为教学管理工具，方便老师家长对学生训练情况进行管理、分析、督导。它同时是一个形成性智能自动评测和激励工具。它的定位是为了弥补大班课堂听说教学难以有效展开，课后听说作业难以检查监督，更难一对一的个性化教学的问题。设置的智能教师对学生口语练习中的错误进行一对一指导，并允许学生基于兴趣爱好选择不同形式的活动进行拓展练习。

（三）英语口语100的功能

口语100平台的有效应用,有效地弥补了不同教育环境下的听说教学难以展开的实际性问题,课后作业检查效率得到明显的提升,并在一定程度上缓解了传统教育方式下一对一个性化教学的难度,从整体上促进了英语语音教学质量和效率的提升。

相较于其他学科,英语老师在教学过程中往往会遇到这么几个问题。1.缺乏语言环境。除了课堂上的40分钟,课余想要练习口语,缺乏这样的环境、交流的对象和机会。2.检查、监督受限制。平时布置了相关的口语作业,也无法检查和督促他们练习的效果。3.无法全员反馈。这是更棘手的问题。每个英语老师手下有近200人,每次作业的反馈都是件大工程。①

正当我们在为这几个问题头疼的时候,我们遇到了"口语100"。口语100智能听说平台是继传统录音机,语音教室,计算机教学设备之后的新一代云计算智能教学设备。口语100针对课文听说背诵和单词听说,给学生智能一对一的辅导,让学生外语学习成绩提高并受益。彻底改变传统学生缺乏语言环境学习的大问题,改变了回家自己听读课文,背诵课文,家长签字的低效方法。口语100网上虚拟环境,通过观摩、范文、互相点评,充分激发学习热情。而且,让同学之间、老师—家长—同学之间,积极互动,创造了语言训练最佳的环境。

结合平时英语学习做必要的补充和必要的口语训练,我们利用此平台来布置作业、反馈及与最后期末成绩评价的结合。

二、英语口语100的运用

为了更好地发挥英语口语100平台在教学中的作用,我们对其如何使用进行了科学探索,以使学生在使用过程中能够更好地掌握。

---

①于淼.借口语100平台,实现初中英语语音教学的突破[J].科技展望,2016(8):229.

(一)安排与布置

平台上有与课文配套的一系列练习,如课文的跟读、背诵,单词的听写等。每次课后,都会在平台上布置与本节课相关的口语作业,并说明作业的要求。在完成听读作业时,学生能根据平台给出的智能反馈进一步的进行语音语调的模仿。背诵作业,平台也会给出相应的评判。

已阅	12-08	12-07	小学2011级(五年级)一班	PEP五年级上(2014版)-U4 What c··· PEP五年级上(2014版)-U4 What c···	作业要求:认真听和读。
已阅	12-08	12-07	小学2011级(五年级)二班	PEP五年级上(2014版)-U4 What c··· PEP五年级上(2014版)-U4 What c···	作业要求:认真听和读。
已阅	12-08	12-07	小学2011级(五年级)三班	PEP五年级上(2014版)-U4 What c··· PEP五年级上(2014版)-U4 What c···	作业要求:认真听和读。

图5-13 基于口语100学习平台的作业布置

除此之外,平台上还有一些趣味的内容也深受学生喜爱,如单词两分钟、趣味配音等。而且,这些活动还能实现同学之间的互动。学生们会相互发起记单词的挑战,合作完成动画片片段的配音,也激发了学生完成口语作业的兴趣。

遇上小长假、寒暑假,我们也会在平台上布置一些课外补充的内容。语音系列、经典美文、童话故事等,都会根据不同年段学生的特点进行选择和布置。

(二)反馈与指导

课上反馈,从页面上可以看出每个学生是否完成作业、读了几遍、成绩如何,还能听到他们朗读的录音。尤其是一些学困生或者口语情况不理想的学生,每次反馈的时候重点关注。

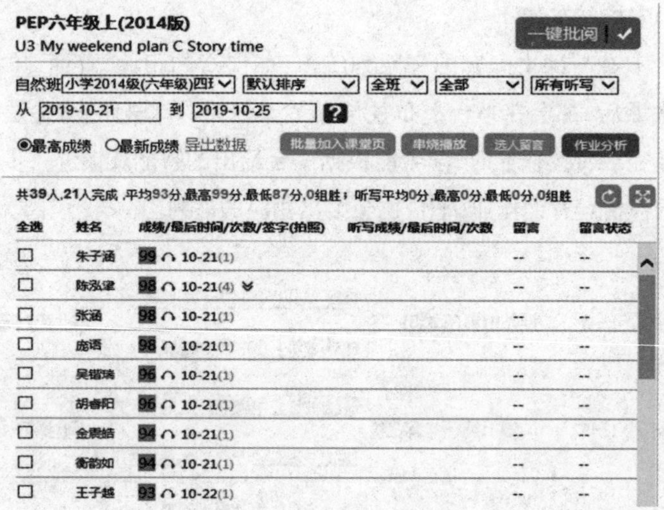

图5-14 基于口语100学习平台的作业反馈与评价

除了每次作业的反馈,还有阶段性的反馈。在平台中,我们能统计每一个学生一段时间的听读时间、听读量,也以此作为口语评价的参考内容之一。

(三)综合与评价

每次期末,除了参加"笔头"的考试,口语测试也是英语期末评价的内容之一。往年,我们都会为每一个学生进行口语测评,这个工作量是极大的。有了口语平台之后,我们完全可以参考平台上口语练习的"质"和"量",为期末口语测评做做减法。如达到一定的

图5-15 基于口语100学习平台的评价

听读时间,口语测评中的基础题免试;既有时间的积累,又有平时课堂表现的保障,口语可以全部免试,等等。

口语100平台的使用,为学生创造了课堂外的语言运用环境,弥补了练习口语缺乏环境的缺憾。而学生在这个过程中也能及时作出自我判断,并加以修正。同时,也助于教师监控家庭学习情况并做客观的评价。最后,结合口语平台,也为期末口语评价提供了数据,减轻了期末口语评价的工作量,提高了效率。

三、英语口语100的指导策略

"口语100"实现了教育信息化和英语教学的深度融合,突破了学习的时空限制,学生随时随地进入虚拟学习环境进行协作学习,完成探究问题和学科测试。目前有多所中小学使用"口语100"网络学习空间进行教学,并取得了良好的学习效果,学生的学习兴趣和学习积极性也得到了很大提高。

基于"口语100"的英语口语学习在一定程度上缺乏教师的监督,对学生的自主性要求很高。网络学习空间上学习内容、学习活动、学习资源的设计对一线学科教师提出了更高的要求。教师要合理的设计学习资源、学习活动、教学策略以期实现传统课堂和学习空间学习的无缝连接。基于网页、手机或者App的口语学习软件给学生练习口语,开拓视野提供了平台和机会。学生学习过程中内在的、自我激发的学习动机以及老师的监督,及时的评价反馈,同伴的互评和激励对学习效果的催化作用也非常明显。一线教师要合理的应用学习策略,改变教学形式来适应新兴产品和技术给教育带来的变革,克服、解决口语教学的困境,提高教学效率。

(一)合"三"为"一",同步教学

这里的"三"指的是"音标—字母—单词"。学生在英语语音教学方面有一定的发音基础,因此在进行英语语音教学时,应当积极对学生进行引领,针对学生在发音方面的不足,及时复习旧有的语音知识,并对新语音知识的学习效果进行检测,引导学生自己发现英语语音中的规律,充分调动学生学习英语语音的积极性。

(二)准确模仿,掌握规则

一是反复听音。即通过多次反复地听,了解音的音质、音色、音长和音响等,尽量把这个音呈现在脑海中。二是仔细辨音。即辨别如何发音及与其他音的不同。三是模仿发音。即听清、听准、听熟后,模仿—纠音—训练的过程。四是独立发音。在教学中根据实际学情,老师要采取必要的解决措施。

(三)整体教学,综合运用

《义务教育英语课程标准》五级语音目标指出:学生在日常生活中做到语音语调基本正确、自然、流畅。根据重音和语调的变化,理解和表达不同的意图和态度。学生掌握了音标、音节、单词的拼读等单项语音教学是远远不够的,还必须进行英语语音的整体教学,即包括音素、拼读、重音、弱读、节奏、停顿、声调等统一起来的教学,在教学中还要针对语音语调中的一系列特殊现象进行一一教学与矫正,提高学生的综合运用能力。

(四)丰富练习,优化学习

掌握了音标、语音语调等知识后,技巧性的训练是必要的。通过长期坚持不懈的训练,才能做到熟能生巧,学以致用。在教学中,教师通常将单词的拼读与音标结合起来练习。让学生在练习中,感知音标,并掌握字母组合与音素发音的规律。因此,将语音学习趣味化显得尤为重要。在练习中,可以变换各种模式的活动游戏调动学生的多种感官,促进学生听得准,读得出,说得好。

第六章 收获：幸福课堂的实践成效与展望

构建幸福课堂的五年探索，胜利实验作为一种引领学校发展的综合体，其操作的核心概念，即学生的"幸福感"。幸福感即人们对自己生活质量的整体性、肯定性的评估，简单说是人们对生活的满意度的全面评价，由此产生积极性情感占优势的心理状态。对于小学生而言，生活环境相对简单，思维方式也较为单纯。因此，我们认为不断成长中的小学生的幸福感可具体体现为满足感、自主感、成就感、安全感。以"主动参与、有效思考、个性表达"十二表征为特点的"幸福课堂"不论是学习方式的拓展，还是学习空间的延伸，都紧紧围绕上述四方面开展，最终整体提升学生学校学习生活的幸福感。

第一节　幸福课堂让学生快乐成长

教育是塑造人的事业，以幸福塑造幸福，以美好塑造美好。积极的主观幸福感是美好生活和美好社会的重要条件，幸福是教育不断努力的追求。几年来，学校致力于打造"幸福胜利"品牌，以学生当下的幸福为出发点，关注学生生命质量，关注学生成人成才，积极提高全校学生的幸福感，让学生幸福生活每一天。

一、幸福课堂让学生的学习充满了活力

学校依托"幸福课堂"，从常规学习空间、非正式学习空间与虚拟空间开展了卓有成效的探索，满足了学生不同层次的需求和个性的成长，实现了主动学习、自由学习和创意学习的有机结合，让学生真正感受到学校学习生活的乐和趣，因而快乐而幸福地成长着。

（一）学生的学习内驱力得到了迸发

学生的学习内驱力是一种源于学习者自身需要的内部动机，这种潜在的动机力量，要通过个体在实践中不断取得成功，才能真正表现出来。我校幸福课堂的建设，使得学生的学习内驱力得到了迸发。

1.学习变得积极主动了

华东师大教授钟启泉认为："从根本上说，课堂转型的实践无非是克服被动学习的局面，实现能动学习。理想的课堂永远是火花四溅、能源充沛的思

考的世界。唯有探究的课堂,才称得上充满智慧能量的、高格调的课堂。"[①]五年来,我们非常重视学生在不同空间课堂里的学习状态,通过设置探究性问题,引导小组合作解决当下问题,强调学生在课堂学习中拥有积极的心态,主动关注学习品质和自身的内在涵养。人的积极性是在"需要—动机—目标"的推动指引下产生的。我们从学生需要出发,创设机会让学生聚精会神地"质疑、思考和判断",巧妙地设置"合作与交流"环节,并且提供表现自己,发表观点的机会。学生在幸福课堂里表现出来的学习积极性与主动性是以往传统课堂里罕见的。他们一改以往不敢主动提问,不能大方表达变为能主动寻找研究主题,主动与同伴进行探究,主动发表自己的观点,学生在课堂上表现出来的状态是主动积极的。

2.学习变得充满信心了

倡导主动参与、个性表达、有效思考的"幸福课堂"不论是常规学习空间,还是非常规学习空间,亦是虚拟空间,我们一直为学生提供"参与、表达与思考"的空间及机会,促进学生在不同空间里的参与率、表达欲望和思考的质量。通过"组建合作小组""大手拉小手""微课助学""搭建个性展示空间"等给学生提供学习伙伴,控制适切的学习难度,使学生在学习过程中获得充足的自信心与安全感。其中小组合作在学生自信心的培养方面效果最为显著。我们遵循"组内异质,组间同质"的原则,组建学习小组,重视小组合作文化的建设,给小队取队名、讨论交流的技巧、表达观点的顺序等,从组建到运作都以学生发展为主。在合作小组中,优秀的同学在组内发挥了示范榜样的作用,这使得他们对学习更有自信。而对于小组内相对能力较弱的同学来说,他们在组内成员的交流讨论中,在同伴的帮助下,学习的难度下降,慢慢也树立了学习的信心,学习也较之前主动了。五年前,小孙是一名比较特殊的学生。由于情绪极容易激动,自己又不能控制,常年由爸爸陪读。尽管小孙对一般的知识理解没有问题,但他对学习缺乏信心,甚至有时还破罐子破摔。可是,如今的小孙像是换了个人。他开始与同学大声交流,能大方地面

[①] 钟启泉.课堂转型[M].上海:华东师范大学出版社,2018.

对来宾介绍自己的创意作品,能独自站到主席台上与同学分享自己的创意感受。这一切都归功于"幸福课堂"探究过程中,利用不同方式、不同平台满足每一个个体,给每位学生适切的成长环境与路径,抱团成长的最美结果。

3.学习变得意愿强烈了

心理学研究证明,使学生感到需要,是学习的根本动机。这就是说,学习需要是转化内在动机的强有力的心理因素。不同形式的幸福课堂,教师都积极创设各种条件,转化和强化学习动机。我们通过榜样示范来强化学生相应的学习动机,通过自主寻找发现研究的主题来激发学生学习的动机,通过"大手拉小手"的弱连结来强化内心的交往的需要,从而变"要我学"为"我要学"。这也是"幸福课堂"十二表征的总目标。

合作学习让组间形成竞争关系,组内成员学习目标明确,学习的意愿较之个人学习强烈;场馆学习中,"大手拉小手"的形式让"哥哥或姐姐"无形中有种责任感,在学习过程中主动学习场馆内的非连续性文本,主动去研究体验项目,并自觉承担"老师"的角色,带领队友一起学习和体验等。学生在不同空间里的学习意愿因我们的组织形式,明确的学习任务而变得更强烈了,求知欲高涨,学习变得主动而快乐。

(二)学生的学习品质得到了提升

随着学生的学习内驱力的迸发,一改以往被动学习的状态,而成为积极主动的学习,从而使学习品质得到了提升。

1.培育了浓厚的学习兴趣

幸福课堂培养了学生思维的发展,大大提高了学生解决问题的能力,从而也促进学生兴趣的提高。我们从教学设计入手,关注学生在常规课堂上的思考、倾听、表达、合作等能力,给学生提供了不同的展示与交流的机会,从而培养学生对学习的兴趣。以场馆学习、项目学习等为抓手,给学生营造交往与合作的良好环境,设置助学机制,降低学习难度,从而激发学生对学习的兴趣,提高学习效率。这以创意智造最为典型。

我校是浙江省STEM种子学校,学校创意智造氛围浓厚,学生对编程饶有兴趣。为进一步落实将兴趣变为实际行动,我们组织了首届创意智造大赛。

学生在其过程中表现出的探究欲望与学习兴趣大大出乎我们意料之外。学生们开始主动关心身边的人和事,利用课余时间主动想办法帮助他们解决遇到的问题或不便,主动访谈了解所需,遇到问题项目组成员有商有量,主动寻找解决问题的方法,经过两个月前后的实地调查了解、访谈实践、研究制作、试错测试,学生们的20多件作品亮相于展评会。这受到了多家媒体和专业人员的一致好评。其中,孙浚铭团队发明的《校园语音导航》,汤聿修团队发明的《拐角防撞器》,温煦桐团队发明的《自动作业检测机》被学校看中,达成作品孵化合作意向,并签署合作意向书。目前,语音导航仪和拐角防撞器已在校园投入使用。都说兴趣是最好的老师,创意智造大赛结束,同学们并未停止研究。他们一方面将项目制作过程整理成科技小报告进行投稿,以孙俊铭为首的多位同学的文章在全国重点学术期刊《无线电》上发表,一方面继续用关爱的眼光去关心我们赖以生存的这个社会、环境及我们身边的人,继续用自己所学知识对他们进行切实的帮助。

2. 养成了良好的学习习惯

教育家洛克说过:"把子女的幸福奠定在德行与良好的教养上面,那才是唯一可靠和保险的办法。"良好的学习习惯,是提高学习成绩的有力保证,更对一个人的终身受用。一个人从小养成的良好的行为习惯,不仅会使他的那些好的行为方式得到巩固,而且可以转化为他内在的性格、情操、道德观念,成为他为人处世、建功立业和一生幸福的基础。而对于现代衣食无忧,各种欲望容易得到满足的学生而言,最欠缺的是实践性与主动性。在学习上表现为主动思考、主动探究和动手能力。而新课标提倡学生的素质教育,注重全面发展,主动参与、乐于探究、勤于动手。为此,在"幸福课堂"的不断摸索中,以此为研究方向,通过大量课堂实践与尝试,培养学生的主动性与动手实践能力。从实际效果看,我校绝大多数学生已经基本具备了主动思考、主动探究的习惯,且有一定的动手能力。

"幸福课堂"对学生自主能力的养成极其重视。因此,学生在学习中能发挥主观能动性,知道如何提高学习的效率,如何选择适合自身的学习方式,为自主学习和创造服务。例如低年级的阅读打卡,中高年级的预习、复习单,都需要学生有很强的自主性。学生在自主选择中,积累阅读量,积累学习的能力,成就感、满足感得到体现。学生自主选课,在多样化的内容选择中寻找适合自己的发展方向,通过社团、场馆学习,认识传统文化的博大精深,汲取祖国传统文化的精髓,体验科技发展的魅力,促进学生的实践操作能力与有效思考,在有意义的学习生活中综合发展,真正提升素养,丰富个体的生命境界,使原本的"要我学"转变为"我要学"。

3. 形成了较强的学习能力

学习能力是指学习的方法与技巧,是所有能力的基础。学生在学习过程中表现出来的学习专注力、学习成就感、自信心、思维灵活度、独立性和反思力等都可以看出学生学习能力的强弱。在"幸福课堂"的探究过程中,我们就这六个方面侧重训练与提升,使学生终身受益并可持续发展,帮助他们未来人生实现从平凡到优秀、卓越的跨越。

"免试"已经成为胜利实验的传统项目。每学期期末测试期间,学校会组织相关免试生带着自选的研究主题或自学相关资料,走出校园,走进真实的社会,开展自己喜欢的社会实践活动。希望学生能利用这样的机会构建自己的知识结构,体验生活,学习交往。如,Dodo城、规划馆、图书馆、少年军校、走读"母亲河"、古镇文化游……而这些还不是活动最亮眼的部分。活动最大特点是整个免试活动方案由不同班级的学生合作完成,活动中尝试运用所学知识进行动手实践,活动过程中遇到的问题由同组同学合作解决。整个活动是对学生各方面能力的一次综合考察,尤其是学习能力。2018年第一学期结束,我们组织学生参观了网易公司,在程序员叔叔的指导下进行编程学习,而后运用所学知识与技术,合作制作完成一个小游戏。下午,免试生又到"捣鼓车间"进行参观学习,运用所学知识与技术,自己设计,合作完成"车"的制作。不论是运用编程完成一个小游戏的制作还是运用动力学原理完成"小车"的制作,都需要学生运用现场所学知识与技术。这是对学生倾听能力、专注力、思考力等的综合考验。可学生最后的完成情况却出乎我们意料之外,每个组都在规定时间内完成了作品,有三分之二组的作品还很有创意,现代感特别强。当然,免试活动涉及学生不多,也只是众多活动中的一项,但免试活动是关注学生学习能力提升与全面、和谐发展的最有代表性的一项。只要给孩子一片天空,孩子就能给你无限的精彩。

(三)学生的精神世界得到了丰盈

马斯洛认为,情感需要得到满足,能使人对自己充满信心,对社会满腔热情,对他人充满信任,体验到自己活着的用处和价值。在杭州市胜利实验学校,幸福课堂的实验,立足学生需求,着眼学生发展,通过五年的实践,学生在学业水平方面有明显的进步,在综合能力上也有不同程度的提升。更值得一提的是融洽的师生关系,同伴之间的互帮互助,让我们感受到了他们的快乐与满足。而对小学生而言,这是支撑他们精神世界很大的一部分。有了他们所爱的老师,喜欢的同学,他们的精神世界日渐丰盈。

1.学校成了期待的场所

每个人都是一个完整的世界,一个思想、感情和感受的世界。苏联教育实践家和教育理论家苏霍姆林斯基说:我们要尽可能深入地了解每个孩子的精神世界——这是教师和校长的首条金科玉律。学校作为学生生活学习的主要场所,学校从环境建设、课程设置、人文关怀等方面让学校成为学生的精神家园。"幸福课堂"重点从不同形式课堂中的师生关系、同学关系、个人价值的实现等方面给学生创设安全的心理环境,让学生在校的交往与言论能在自由、放松的状态下进行。常规课堂里允许"个性表达",鼓励"有效思考",倡导"主动参与",社团活动里可以自己选择学习内容,场馆学习里可以自由选择学习伙伴,网络空间里可以自己决定学习的时间等,都非常符合小学生的年龄特点,是投"生"所好,提高学习效率,吸引学生爱上学校的主要原因。

在第二轮三年发展规划的调查问卷中,有93.9%的学生表示喜欢这所学校,并期待参与学校里开展的所有活动。四年级王同学每天早上都很早就到学校,放学后还要在学校玩一会儿。他和妈妈说:"我很喜欢这所学校,这里的老师和同学都很好。"虽然作为四年级小朋友,他一下子说不清楚具体的原因,但我们知道,符合小孩子特点的物理环境自然是他们喜欢的原因之一。但更多的是学校给他营造了一个安全舒适的心理环境,他们在这里受到尊重、得到善待、个性得到张扬。他期待生活在这个大家庭里,就如期待自己长大的美好一样。像王同学这样的同学还有很多,一旦学校成了他们期待的场所,学校里开展的活动也能得到他们的青睐与喜欢。

2. 老师成了学习的伙伴

"幸福课堂"的理念深入老师们的内心,并转化为育人的自觉行为。老师们不仅为学生创设了更加舒适的学习环境,更多的是在课内外与学生一起讨论,一起探究,主动地去发现学生的优点,赞美学生美好的品行,师生之间的关系更融洽,更和谐了。教师成了学生学习的伙伴,学生的安全感和归属感也更强烈了。学校第二轮三年规划终结性评估收集的信息显示,有87.7%的学生喜欢在被老师肯定时获得幸福卡的过程和体验,有82.6%的学生认为热爱这所学校的其中一个原因就是学校里的老师可以和自己一起并肩学习,没有居高临下的感觉。不难发现,教师已然已经成为学生精神世界里美好的象征。因为教师的存在,学生便更喜欢这所学校,喜欢在学校开展的一切教学活动。也正因为这样,学生的行为越来越自主,"主人翁"的意识也越来越强,精神世界也越来越快乐和放松。

六(1)班包昱斐同学在毕业时深情地说:殷老师很爱我们。她一直是我语文学习的伙伴,无论课堂还是课外。只要同学们有那么一点点进步,殷老师就会奖励我们。总而言之,殷老师是我们班级的好妈妈!我喜欢殷老师,也爱胜利实验!

这样一个个善于发现当下幸福点滴,懂得欣赏别人,关怀他人的胜利实验的孩子,他们必然拥有感受未来幸福的能力。这些被欣赏,被发现,被关心的对象同样也能感受到来自对方的温暖,师生间的依赖感、信任感不断提升,信任的幸福感在师生间流淌。

3. 同学成了合作的队友

师生之间的融洽,也在同学之间蔓延,伙伴间彼此欣赏,相互帮助。大家从对环境的安全感慢慢升华到对集体中同伴的依赖与信任,内心的安全感也逐步得到了提升。当遇到学习上的困难时,会自然而然想到与同学一起完成。

刚刚毕业的徐乐祺同学因为看到爸爸经常要到外地出差,有时候雨天出

第六章 收获:幸福课堂的实践成效与展望

机场容易辨不清方向,很多时候他一手拿行李,一手拿雨伞,就腾不出手再拿出手机来搞清楚位置。他想发明一把有指向功能的雨伞解决爸爸的不便。可这个想法很粗浅,仅凭一个人的力量是不够的。徐乐祺马上想到平常一起学习的合作小组的伙伴们。想法也立即得到了大家的支持。徐乐祺和小伙伴们开始制订计划,购买材料,动手实践。过程中遇到困难互相商量,彼此帮助,最终大家一起完成了"智能指南伞"的制作。徐乐祺骄傲地说:"同学们的力量是强大的。我们一起合作,没什么困难可以难倒我们。"

像徐乐祺这样有困难想到同学的例子还有很多。在小学生如此单纯的人际关系里,除了家人,接触最多的是老师和同学。当同学成了大家心中合作的队友,彼此之间的信任感与依赖感也随着经历的事情而增加,学生精神世界的美好也越来越多。

二、幸福课堂让教师的教学实现了转型

幸福课堂的建设,不仅改变了学生,使他们的学习发生了积极的变化。而且,也改变了教师,使他们的教学发生了可喜的转变。

(一)教师转变了教学观念

杭州市胜利实验学校的老师个个敬业爱岗,尽心尽责。自从学校开展"幸福课堂"实验以来,老师们的教学观念得到慢慢转变,形成了较为统一的教育理念,工作热情空前高涨,大家对待工作的态度更积极,工作方法更科学,工作的效率也更高了。

"以学生为中心"是全校教师树立的共同的学生观。在这样的学生观的指引下,教师才能从课堂的中心走出来,把课堂的主动权还给学生,让学生成为课堂的主人。我们从教案设计的语言开始训练,到提问的技巧,再到作业布置。每个环节都充分体现学生为中心,培养学生的综合素养为目的。学校各教研组开展了听课评课,作业设计比赛等活动。通过这些活动,老师们对"以学生为中心"有了形象可感的理解,而这些直接关系到他们教案设计时的理念,以及进入课堂时的姿态。教师只有心中有学生,才能做到把学生时时处处放在课堂的"中心",让40分钟成为学生表演的舞台。

"去学科化"是全校教师树立的又一教学观念。立足于未来社会对人才培养的要求,我们在"幸福课堂"的研究上,要求教师也不能局限于自己的学科,不能唯学科而学科,而要整合各种资源,将学科知识的学习与育人相结合,创设机会与条件把学生当成一个"完整的人"进行培养。消除学科之间、学科与生活之间的界限,设计实践实验类的综合活动,学生通过合作、探究、表演等适合他们的学习方式去组织、关联信息,生成自己的学习经验,形成关于学科知识与社会生活的整体认识,获得运用所学解决现实问题的综合技能。

【案例6-1】 低年级统整化教学《有趣的纸船》教学目标

1.通过动手制作、复述步骤、互帮互助等方式,学会量A4纸长宽,至少学会一种折纸船的方法。

2.通过音乐欣赏、想象写话、实验探究等形式围绕"纸船"开展综合性实践活动。明白影响纸船承重的因素有很多,知道哪些是关键因素,获得科学探究的直接经验,并养成原因分析严谨、有理有据的习惯。

3.发现生活中其他"超载"现象,感受生活规则重要性,体验科学与生活的密切联系。

这节课核心目标是体验科学实验操作的过程,知晓纸船承重的影响因素,明确科学现象中,影响某一问题是需要多角度思考问题的,从而积累相关思考分析与合作探究的经验,这是其他目标的主根,这样统整化教学才能实现深度与广度的统一。"复述、想像写话"是二年级语文教学的目标,在这里用以帮助学生表达实验的过程,使思路更清晰。"互帮互助、发现生活中超载和感受规则重要性"则从实验直观地引出了德育目标。而量出A4纸长宽、记录硬币数量等则帮助学生更准确科学地完成实验步骤,同时也涉及数学知识与技能目标的掌握。模糊学科界限,融合人文情怀,打通生活与学科界限,让学生在这一次次活动中完整成长,这就是全体教师新的教学观念的树立。

（二）教师改变了教学行为

新的教学理念只有渗透在我们的教学中,才能真正指导我们的教学行为。由学校、教研组、备课组三级联动,积极开展幸福课堂研究。"以学生为中心""去学科化"教学理念的指导下,各教研组通过组织老师理论学习、听课评课、主题教研等活动,共同研究改进教师的教学来促进学生学习方式的变革。经过五年的不懈努力,"幸福课堂"发生了很大的变化。而促使这种变化的是教师教学行为发生了改变。

【案例6-2】《水污染及治理过程中pH值的检测》中引导运用已学知识分析问题

师:通过今天的学习,你怎么理解"五水共治"要把治污水放在首位?有什么依据或建议?

生1:自然中的水很容易受到污染,而且只能允许少量的污水流入,就像刚刚100ml水,滴加的污水不能超过4滴一样,如果污水太多会超过大自然的底线,环境就破坏了。

生2:我赞同他的说法,还要补充下,污水如果不治理的话造成的二次污染很严重,环境受不了。

生3:污水治理起来太难了,有点亏本,污水处理厂那么麻烦,处理后的水还达不到第V类标准,不能喝。

生4:我觉得"治污水"应该是两个含义,一个是治理污染后的水,还有一个是控制污水的形成,让人们少排污。

师:通过今天的研究,大家已经知道了污水治理的难度和意义,关于手中的监测设备我们还能做哪些改进?让它应用到实际生活中?

该教师在上述教学片段中引导学生思考,并运用已学知识解决现实生活中的问题,而不是被动接受结论。这是"幸福课堂"教学理念下教师教学行为的其中一个变化。教师最后环节引导学生将各自的创作的装置反馈到生活中,如:装在家庭中监测饮水,装在学校中监测污水,做成小报写给政府或写出建议书登报,甚至引导学生为自己制作的装置申请专利等。既能进一步丰富学生的社会经验,又能将学生创意实现的过程固化在心中,给予孩子一个强有力的激励。打通科学知识与生活的界限,关注知识点的落实转向关注学生的个性发展,从关注"教什么"真正转向学生"学什么"和"怎么学"。

【案例6-3】《五彩池》学做小导游介绍五彩池

1. 抓住作者想象的写法,学做小导游。如果你要做导游,把五彩池介绍给大家,你觉得哪个部分你特别想介绍?

2. 学生借用pad,选择自己最感兴趣的部分,借助图片和关键词做小导游。

3. 学生自主准备,出示评价清单:明确要求(落实课堂语言点)。
用上想象的方法介绍五彩池的神奇。
语言口语化,亲切自然,提示游览的注意事项。

学习语言的最终目标是能够"运用"。《语文课程标准》(2011版)指出:"语文是最重要的交际工具。"学生在语文课上应能运用所学语言通过学生交际活动提高自己的语言交际能力。上面案例中的老师为巩固学生的语言,培养学生的想象力,像其他老师一样安排了学做小导游的环节。教师为提高学生参与的积极性,引导学生敢于表达、自信表达、规范表达,在实践活动中学习语言,老师事先在Pad中准备了五彩池的微视频和提示语。教师这一教学行为的变化体现了教师以生为本的理念和对学生潜能开发的重视,寻找一切机会促进学生生动活泼地发展。

(三)教师提升了专业能力

目前,学校的第一梯队老师成了团队的引领者,其中省特级教师、市、区学科带头人、市级以上教坛新秀,约占全校教师总数人的31.2%。在这部分老师的引领下,"幸福课堂"的研究之路走得更顺利,更专业。学校教师的专业发展也更迅速,专业能力提升更明显。

2018年10月21日,由浙江省教育厅和浙江省教育工会联合主办的第二届全省中小学青年教师教学竞赛圆满落幕。经各地层层选拔,全省共39名选手参加省级决赛。经过激烈角逐,我校张雪姣老师斩获小学组特等奖。

张老师骄人成绩的背后,是胜利实验语文团队的智慧与能力。借张老师备战的机会,学校组织了一个由上城区教研员徐华昆老师、陆虹老师领衔,由殷晓艳、钟燕文、董毅妮、赵小凤四位年轻老师参与的省赛备战小分队。准备比赛的一个月时间里,大家围绕幸福课堂"主动参与""有效思考""个性表达"的三个表征整理课例、修改设计、撰写反思。最终,在规定时间内老师们交出了厚达156页的精致教案集和所有电子材料。虽然最后获奖的是张老师一人,但学校通过以事促训,提高教师专业能力的做法却让团队的每一位老师自身的专业水平也得到了提高。

像这样的平台和机会,学校总是不遗余力地为老师们争取和创造。2018学年第一学期,上城区数学组总共四次教研活动,我们每位数学老师都承担了各种任务,教学展示、观点报告、试卷分析等。一个学期,数学组的13位老师共有47人次的公开课、观点报告、论文发表和获奖,每位老师的专业能力都得到了提升。

当然,学校也借各种机会承办各类教学研讨和学科比赛活动。近两年来,一共承办60多次:2015年承办中国杭州名师名校长论坛之"小学课程整合实施"专场;2016年承办中国杭州名师风采展示活动——科学名师专场;2017年承办杭州市"走进新课程"的研讨活动;2017年中国教育科学研究院未来学校实验室"协作式学习"和"3D教学应用"专题研讨会在我校召开……每一次研讨会上,我校都有老师开课、作观点报告。据不完全统计,近两年,全校有88.7%的教师执教过校级公开课(包括学科组研究课、外校老师来校参观时的展示课等),有44.7%的教师执教过区教研展示课,有27.9%的教师执教过省、市级研讨课。学校有96.18%的教师表示很乐意学校承办研讨活动。

每一次活动对学校来说是"幸福理念"的宣传,是对"幸福课堂"的又一次尝试,而对老师们来说是一次成长。五年的潜心研究让老师们的教学能力得到提升,仅2018学年第一学期,获得省市区级荣誉及获奖的教师高达70人次。

三、幸福课堂让学校铸就了特色品牌

随着幸福课堂建设的不断深入,师生的教学和学习状态发生着积极的变化,而这种变化吸引了社会、家长和教育界同行的关注,使幸福课堂逐渐成为学校的一张金名片。

(一)学校形成了自己的课堂样式

在胜利实验,每一位老师都熟知"幸福课堂"的十二表征"主动参与、有效思考、个性表达",所有场合的公开课,我们也都努力从教师提问、学生引导,作业设计等方面体现这几个特点,行政听课也都围绕这十二字进行评价。经过五年的实践探索,这十二字不再是写进教学设计的口号,而是切切实实成为我校课堂的特质。

主动参与体现了人的自主性,而自主性是人作为主体的根本属性。只有获得了自主素养,学生才有可能主动参与,从而获得身心的健康和行为审美的高雅,最终能从容应对今后可能遇到的一切复杂多变的问题。自主素养强调学生有效管理自己的生活、学习、与社会他人的关系,从中认识和发现自我价值,发挥自身潜力,有效应对复杂多变的环境,成就出彩人生。在"幸福课堂"中,老师们精心设计教学环节,引导学生主动参与学习过程。在积极主动的参与中,学生不断挑战自己的能力,开动脑筋,解决问题,从而锻炼了思维,培养了能力,在主动参与中获得课堂幸福感。

有效思考是"幸福课堂"的又一个特征。有效思考是引导学生思考的深入,是提升学生思考品质的一个举措。真正有效的教学需要让学生学会有效思考;学会怀疑和质疑;学会独立解决真实问题与困难。如今的教学实践中,我们根据学生的"难点""困惑点""矛盾点"来设置主问题,通过合理的学习活动设计引导学生在比较辨析中积极思考,通过合作交流去发现,去比较,在有效思考中得到批判性思维的锻炼,通过"解释、分析、评估、推论、说明、自我校准"等一系列高阶思维活动,最后得出结论。引导学生积极有效地思考是我

校幸福课堂的第二大特征。

言为心声。个性表达是还给学生充分的表达机会,鼓励学生敢于说出自己内心的想法,大胆表达自己的观点。个性是创新的前提,鼓励学生个性表达,不人云亦云,有自己的想法,并大胆地表达,是幸福课堂的特质。在我们的课堂上,经常会听到能把你耳朵叫醒的声音。

【案例6-4】 在积极参与中的"有效思考"

刘杰老师在执教体育课《实心球投掷》一课时,采用师带徒的方式,让每个学生都积极主动地参与到学习中来,充分调动了每个学生的积极性。课堂实录片段如下:

师:今天老师要选出几位动作标准、成绩达标的同学来当师傅,帮助老师带徒弟,看看哪位是金牌师傅。

学生顿时热情高涨,兴趣很高,生:XXX,我要当你师傅⋯

师傅选拔后上岗,随机认领徒弟。期间,某学生师傅主动问老师:刘老师,你看这样托球对吗?⋯

考试开始,师傅们更活跃了。

学生师傅:XXX,记住,看房顶。你就觉得楼下有妖怪!

学生师傅:四米二,进步一米,还有提升空间。

学生师傅:XXX,五米三,超过五米!哇!你可以带徒弟去了。

学生师傅:抬头、后脚用力蹬地。"XXX五米四!XXX五米二!

师:你这师傅太厉害了,你是怎么教的?

学生师傅们:"我们要再考一次!""我还想带徒弟!""好难教,谁来帮帮我"⋯⋯

从这则案例中,我们可以看到,体育老师在体育教学中以兴趣教学为主,创造出适合学生的练习方法,因材施教,充分调动了学生的主人翁意识。为了当好师傅,自己必须有过硬的技术,为了让徒弟有好成绩,小师傅们想尽了方法。学生们在课中体验了教与学的过程,有效思考的同时也收获了成功的喜悦。

【案例6-5】 在有效思考中个性表达

张萍老师在一节单词新授课呈现词汇sheep之后,强调了字母组合ee的发音/i:/。安排了Brain Storm环节:

T: You can read sheep. Can you read this one see?

Ss: see

T: Who can make a sentence with sheep and see?

S1: I see a sheep.

T: How about this one?(feet)

S2: I see a sheep feet.

T: Just sheep and feet.

S2: The sheep has four feet.

T: Next one, green.

S3: The sheep likes green grass.

T: What else?

Ss:……

T: Maybe the sheep is green. We can colour the sheep green.

Ss: haha……

头脑风暴是一种激发思维的方法。老师围绕单词sheep,给出了see,feet,green,teeth,feed,three等单词,这些词不仅与sheep有相同的读音,还都能引发学生联想,继而产生一连串的新句子。在这个过程中学生的思维是活跃的,表达是个性化的。这样的个性化自由发言,相互影响、相互感染,形成了造句的热潮。在这样的学习氛围中学生不断地开动思维机器,力求有独到的语言表达,新奇观念突破固有观念的束缚,创造性思维能力最大限度地得到了发挥。

这样的案例举不胜举,充分说明了各学科教师研究的热情和能力。每个教研组也都不失时机地围绕着幸福课堂的特质开展教研活动,幸福课堂的理念逐渐成为学校全体教师的共识,并已经形成了胜利实验课堂的新样式。

(二)学校收获了一批改革的成果

近五年,在全校教师的共同努力下,我校学生学业成绩基本保持区第一梯队水平,几年来稳定中有小幅提高。教师专业能力提升明显,业务水平显著提升,教师竞赛及科研获奖不断增多。近五年新增省特级教师两名,培养省教坛新秀2名,市教坛新秀4名,中学高级教师2名,区教坛新秀8名,区星级班主任共9名,其中三星级班主任占全区25%。我校62人次在全国电子白板课例比赛中获奖(其中一等奖18人次),部级公开课获奖3人次,省级公开课获奖12人次,市公开课比赛27人次,区级公开课举不胜举。

在研究"幸福课堂"的同时,老师们同时进行相关研究。课题立项、成果获奖逐年递增。2014学年有7项课题区级立项,2018年区级立项课题多达14项,课题立项数逐年递增。教师个人各类课题研究成果年年获奖,获奖率在90%及以上。教师论文获奖也从2014年的5篇增加到2018年的18篇,其中省市级13篇。

五年中,学校有五个省市级规划课题立项,其中《幸福胜利:小学生幸福感培养的路径设计与实践》获杭州市第30届教育科研优秀成果二等奖;《基于整合理念的小学低段基础性课堂的统整化教学的研究》获杭州市2017年教科研成果二等奖;《"伞骨式"培训方案下教师优质资源开发的实践研究》获浙江省"十三五"第一轮课题成果三等奖。今年,随着杭州市第三届重大课题《未来行动:现代视野下小学生新素养培育的学校改进》的立项,全校老师又开始了以课堂教学为基础的研究行动。

学业成就的背后折射出来的是"以生为本"的先进教学理念,是主动学习、自由学习、创意学习的综合体现。学生们学得更有效,学得更轻松,真正体现出"幸福课堂"的实质。

多年来的践行,杭州市胜利实验学校提出的"幸福生活每一天"的办学理念,使学校形成了良好的教风和学风,各方面工作均取得了一定的成绩。其中省市级荣誉有:"2013-2014浙江省教科研先进集体""浙江省千校结好特色学校""浙江省第二批中小学亲子辅导示范校培育校""浙江省青少年校园足球特色学校""2017年度省课外阅读先进集体""第九届、第十一届杭州市科研先进集体""杭州市教育国际化示范校"等。"上城区第七届中小幼品德先进教研组"等区级荣誉85项。2018年我校"飞翔创客空间"又荣获浙江省中小学"优秀创客实验室"称号,极大地提升了学校在省内外的美誉度和社会影响力。

(三)学校得到了家长社会的赞誉

如今,杭州胜利实验学校的幸福课堂,得到了教育界同行的关注,得到了学生家长的认同,也得到了社会的赞誉。

1.同行关注热切

学校在上城甚至整个杭州市的小学中,无论先进的教学设备还是优秀的教师团队、前卫的教学理念都首屈一指。自提出"幸福生活每一天"的办学理念后,学校通过一系列的活动载体让幸福在老师和学生之间流淌,几年的实践初见成效,更是受到了同行们的热切关注。

2011年10月,张浩强校长又应邀在西博会中国(杭州)名师名校长论坛上就规划制定、规划实施、规划管理的全过程做了专题发言;2011学年学校的自评报告获得区教育督导室的肯定,做了《追寻幸福教育》的专题发言。省内外很多兄弟学校领导和老师纷纷来校参观学习,由行政、教研组长和老师做的"幸福教育""幸福课堂""幸福学生"的相关讲座受到了嘉宾的一致好评。2017年10月,我校"聚焦核心素养 变革学教方式"的开放周活动接待了来自河南、上海、江阴、温州、嵊州、富阳、萧山等省内外的同行约150人,其先进的教育理念、独特的课堂样式受到了同行们的一致好评。美国印第安纳州教育代表团、斯里兰卡驻沪总领事、詹姆士学校、英国曼彻斯特商学院、加拿大高贵林教育代表团、韩国丽水花园中学、香港优才书院等领导和老师的来访,学校的幸福教育理念再次得到他们的肯定与认可。

2. 媒体报道不断

近几年，围绕"幸福"话题，学校从课堂教学、老师培训和学生活动等方面都作了尝试，努力提高老师和学生在学校的幸福度。随着活动的开展，杭城各家媒体给予学校很多的关注，电视、报纸等有关学校的通讯报道也频频出现。2012年5月人民教育杂志发表了长篇通讯《让学校成为学生幸福的起点》，就学校规划中的自主性发展目标进行了一次专题总结。同年12月浙江教育信息报教师版刊登了《思维方式的转变与管理的变革》的专题报道。近两年，《钱江晚报》《青年时报》《都市快报》《浙江少儿频道》等省市报纸和电视台对我校"幸福活动"的报道也多达50余项。

2017年5月24日，由教育部办公厅新闻处处长陈星、教育部办公厅新闻处副处长彭辉辉带领的"迎接十九大教育看变化"中央新闻媒体采访团来到胜利实验，进行"智慧治校"开展工作的专题采访。该媒体团包括了人民日报、新华社、中央人民广播电台、中国教育电视台等14家中央新闻媒体。日新月异的胜利实验，在教育现代化的大环境下蝶变，正以全新的姿态，成为浙江智慧教育的示范点。

3. 家长好评如潮

学校地处钱塘江区块，周围名校林立，名校之间的互动交流为学校的快速发展带来机遇，同时也是对学校品牌社会认可度一次很好的验证。

根据第三方监测数据的显示，学生家长对学校的满意度均超过区域标准4个百分点以上。根据《杭州市胜利实验学校第二轮三年发展规划终结性评估调查问卷》数据显示，学生、家长对学校整体满意度、教师满意度、学校硬件、教学质量、校园安全、课外活动均有3%~15%不同的提高度。在连续两年的杭州市人民满意学校评比中，分别获得97.94分与99.07分。学校教学质量好、学习氛围浓、认同学校"幸福教育"理念成为参与调查的1071位家长选择就读我校的首选理由。学校多元发展的选修课，培养学生综合解决问题能力的实践活动类课程，建设欣赏、合作、创造的教师队伍是家长认为对孩子的发展与成长最有意义的三件事情。

第二节 幸福课堂的未来行动与展望

杭州市胜利实验学校作为一所百年名校派生出来的新兴名校,强大的生命力在支撑着她的依旧辉煌。这种生命力在于学校能够不断更新自身的办学理念,顺应时代的变迁,继承优秀的文化核心。让孩子的每一天都能感受到幸福,构建"幸福课堂"的品牌,是学校一直坚守的"学生第一"思想在新世纪的全新诠释。我们期望为孩子提供一种教育可能,让孩子能够幸福地追求未来幸福,懂得如何提升自己经营幸福的能力,这也是学校未来发展成为社会满意的高品质现代化学校的必经之路。

一、走向人文:让幸福课堂充满关怀

在这个剧变的时代,教育需要着眼学生的未来,着眼于学生未来的发展。学生培养目标的内涵也要根据时代的发展不断更新,使学校学生培养目标与未来社会对人才的要求相一致。学校一直坚持"健康、自主、文雅"的培养目标。在这三方面素养中,学生的自主素养是其应对未来世界最为关键的素养。在"幸福课堂"的研究中,自主也是作为重要的指标在探索。自主性是人作为主体的根本属性。学校从人与自我、人与他人的关系角度出发培养学生的自主素养,具体表现为热爱生活、运动积极、懂美赏美、乐学会学、善学会用、探究反思、热心参与、责任担当、实践创新等九大素养。这九大素养涉及学生的生活、学习和社会参与三方面。我们希望,胜利实验的"小海燕"生活方面能热爱生活、积极运动、懂美赏美,学习上乐学会学、善学会用、会探究反思。作为社会公民,能热心参与社会活动,积极实践创新,并且懂得担当责

任。我们认为,学生只有具备这些素养,才能成功地适应社会、适应未来,和世界接轨。只有获得了自主素养,学生才有可能获得身心健康和行为审美的高雅,最终能从容应对今后可能遇到的一切复杂多变的问题,从而走向美好的人生。因此,在过去五年乃至未来更长时间的实践探索中,我们坚持将"健康、自主、文雅"融入当下时代背景,不断更新我校学生培养目标内涵,重点把这九大素养作为"大幸福课堂"探究的重中之重,让学生从"大幸福课堂"里汲取的不仅仅只有文化知识,更多的是人文情怀、生活态度和思维方式。

(一)用主动、阳光的态度温暖学生

不同空间的"幸福课堂"在内容安排、组织形式、评价方式等方面都不一样,有的甚至有很大的差别,但不同空间"课堂"的设计理念和目标是一样的,那就是培养学生拥有积极的心态,勇于担当责任,敢于实践创新,乐于交往分享,懂得感恩关爱。

一个人要拥有美好的人生,首先要懂得热爱生活。而热爱生活最直接的表现是心态积极,乐观向善、喜欢运动和善于发现生活中的美好。一直以来,我们始终将这点作为我们努力的方向。在常规课堂的学习中,我们模糊学科与生活的界限,在课堂里创建生活情境,模拟生活场景,组建"合作小组",引导学生以"主动参与"的自觉态度,积极主动地参与到身边人所讨论的相关问题中,在解决问题中感恩生活、学会交往和乐于分享。在社团活动中,我们设立"老娘舅""生活DIY"和"温馨厨房"等与生活相关的内容,让学生直面生活的"矛盾"和"温暖",学会用自己的智慧,积极的心态去调解矛盾,变消极为积极,变废为宝,从而激发他们对生活的珍惜与热爱。在虚拟的网络空间学习中,我们通过微课及相关平台,教会学生遇到困难时要有积极的处理办法,认真且充满善意地对待每一个"个性问题"。

五年的实践探索,学生已经积淀了这些"幸福法宝",他们面对任何事情时的积极、乐观,与人交往时的友好、宽容、感恩都将是他们一辈子的财富,这些财富一定会使他们的未来人生少了很多不必要的烦恼,增加了不少"甜度",让生活甜蜜蜜,暖洋洋。

（二）以个性创意的思维点亮学生

"以生为本"不是以千篇一律的标准将学生培养成一模一样的"乖"学生。"以生为本"要给学生充分的自主权，自主的空间与时间。除上面讲的生活自主外，我们希望学生也能自主学习、创意思维、个性表达。在"幸福课堂"里能主动习得人文、科学等各领域的知识技能，善于掌握和运用人类优秀的智慧成果，去解决生活中遇到的一切复杂问题。能主动自觉地进行自我反思、对周围的人和事有更为主动的个性化解读，在特定环境下思维能自由展开，懂得批判质疑，不人云亦云。主要表现为乐学会学、善学会用、探究反思。

在常规课堂里，我们鼓励学生"个性表达"，鼓励学生对事件要有自己的判断，并作出自己独特的表达。我们通过研究提问、作业设计的技巧与方法促进学生深入思考，培养高阶思维。我们通过学习思维导图，用系统的思维来整理已学的知识，教会学生方法。在创意智造社团，我们除教会学生编程外，更重要的是引导学生观察生活，关心身边的人、事、物，而后用已学的编程知识将自己的关爱用创意作品来表现。我们还用不同的评价方式来呵护学生的兴趣爱好，给学生的个性成长提供环境。在不同空间的"课堂"里，我们抓住一切机会培养学生的思维品质，提供一切可能助力个性成长。

从目前学生待人处事的表现来看，"幸福课堂"的"个性、自主、创意"已经融入了他们的血液，成了他们的思维方式。我们希望每个人都能认真对待自己的未来，智慧面对生活，活出自我，活出个性。

（三）以大爱包容的情怀拥抱学生

人是社会性的动物。我们培养的学生最终要回归社会，面对未来社会的种种，能自主处理好自身与社会的关系。要从自我相对狭隘的世界，放眼到他人和社会，主动参与社会生活，从关爱自我到关爱身边的人、物及我们生活的环境，从而提高被人需要的幸福感。

学生终究是要面对社会的。因此，一直以来，学校把学生作为社会的一员，结合现代或未来社会对公民的要求进行培养。除了上面提及的几个方面外，学校积极运用各种优秀资源，充分挖掘社会优秀资源的教育力量，把学生带出去，作为社会小公民的身份参与社会各项实践活动，学会无论在个体环境还是团体环境中懂规矩、守规则，主动承担自我行为的任何后果，敢于担当，敢为人先。场馆学习、项目学习都将学生带出学校，步入社会，在社会这个大课堂中进行学习。丰富的课程资源拓宽了学生视野，不受空间限制的大课堂让学生学会自我管理，不固定的学习伙伴让学生学会交往。多年的实践已经让学生逐渐具备了担当、负责的大爱精神，而这就是他们为人处世的态度与方法。

幸福课堂的未来将注重开发学生个人智慧，注重培养学生健全的人格，以培养学生成为终身学习者为目的，以应对快速变化的生活和工作实际，让学生有能力在真实的环境中创造性地综合运用自己所学到的知识，从而书写美好人生。

二、走向现代：让现代技术融入幸福课堂

如何才能从幸福课堂走向高品质教育，成功培育学生的自主素养，使其时刻准备迎接现在和未来不可知的挑战呢？我们希望改变传统的学校系统化，对学校教育的课程开发、课堂教学、学生学习方式、学习评价、教育空间与环境互联、学校治理与教师发展各方面进行改进，让幸福课堂的研究融入现代技术，形成卓越的学校支持系统，让课堂研究走向现代。

（一）STEM教育理念和互联课堂研究

为了更好地帮助学生不被单一学科的知识体系所束缚，促进教师在教学过程中更好地进行跨学科融合，鼓励学生跨学科解决问题，我们在"幸福课堂"研究时融入了STEM的教育理念。即以整合的教学方式培养学生掌握知识和技能，并能进行灵活迁移应用解决真实世界的问题。基于此，我们给"幸福课堂"提出了新的挑战：学生综合运用所学知识，在现代信息技术的帮助下，解决生活中遇到的真实问题，即生活互联、信息互联和学科互联。作为现代教师，必须具备现代互联思维。而信息互联思维是现代互联思维的首要思维。信息互联思维主要指大数据思维和平台思维。要善用平台，善用教育信息技术，并能正确认识、挖掘和运用技术背后的大数据，为课堂教学服务。

为了让信息技术更好地服务于课堂，我们成立了"胜利实验移动课堂先

锋队"。这支队伍由学校三分之二的中青年教师组成。主要围绕课堂教学开展,如 Peter 的"peter 的学英语玩编程系列"、冯骏驰老师的"近期琢磨的特色 App 案例"、黄建老师的"explain everything 在学科教学中的深度应用"等。先锋队的老师走在信息技术的前沿,他们事先开发使用 App,然后推广全校教师使用。这样一支技术队伍的存在,使得"幸福课堂"的信息互联得以真正落实,面向未来的教育教学已从课堂走出了第一步。

(二)联通的学习方式与定制的处方式评价

互联网的出现改变了人类的学习方式。旧学习理论已经不是英语当前学习行为的变化,学生借助于笔记本、手机登录移动终端可随时随地学习,一改传统的学习范式。我们需要寻求一种新的学习观来解释和指导当前环境下和未来未知情况下的学习。联通主义顺应了这一要求。联通主义学习理论是计算机网络技术发展的产物,为解释当前学习者的学习行为提供了理论支持。互联网集个人和群体的智慧于一体,学习者只有借助于媒体实现联通,才能共享社会知识,也才能为持续的终身学习提供可能。联通主义认为,学习是学习者主动选择联通并创建自己的个人学习网络的过程。学习就是在一个云雾状网络中,核心要素不断迁移的一个过程,这个迁移的过程不完全受学习者本人的控制;学习(即可付诸行动的知识)可以存在于我们自身之外的组织或数据库等实体中;学习就是将不同的信息集合进行连结,这些连结可以让我们有机会学到更多的知识;这些关系(或连结)比我们自身掌握的知识更重要。

首先,我们学习联通主义学习理论。全体教师对"双联通模式"有清楚的了解:认知联通能力:交互性数字导航素养、发现学习偏好、按照自己对数字化资源的探索做推理判断的意愿;社会联通能力:连接(与其他兴趣相似或相同的人连接获取知识)、默观(观看别人如何做事来改变自身行为)、撷取(热情投入尝试新事物和解决新问题)。

接着,结合联通主义学习理论,明确移动课堂研究思路,整理有利于学生自主学习的移动课堂教学策略、微课资源以及基于联通模式的学习活动设计案例研究。

最后,联通学习下的评价研究。延续和推广已有的处方式评价。将原有低段处方式评价推广至中高段各学科课程。实行每学期一次的定制评价。评价前,每位学生根据自己的学习情况申报要接受评价的项目,教师根据学生的申报定制属于他的评价方式和内容。

(三)多元的教育空间与拓展的学习环境

以学生的社会性发展为主要目的,通过教育空间的拓展,促使学生走出课堂、走出书本,走向社会,在更宽广的视野下获得自身的发展。希望通过学校的系列性活动让每一个学生在多元的教育空间内掌握社会规范、形成社会技能、习得社会角色、学会责任担当从而获得自我成长。

"幸福课堂"已经将教育空间从常规学习空间(教室)拓展到学校的操场、食堂、体育馆甚至菜园,从校内拓展到社会,即各类场馆及优秀社会机构。在《关于推进中小学生研学旅行的意见》中,强调要加强研学旅行基地建设。根据小学、初中、高中不同学段的研学旅行目标,有针对性地开发自然类、历史类、地理类、科技类、人文类、体验类等多种类型的活动课程。这也可以看出,教育空间的拓展学习已经成为当下的趋势所在。

社会发展的新形态对人才提出了新的要求。素养的综合性已然成为未来社会对人才的要求。"幸福课堂"从拓展教育空间开始,给学生提供丰富的学习资源,给不同特长的学生提供用武之地。在多元的空间里,重视学生多元智能的开发,为培养综合型人才作准备。

三、走向世界:让幸福课堂具有国际视野

现在城市家庭还是独生子女居多,孩子在成长过程中往往受到来自各方的过度关注,容易形成以自我为中心的性格。做错事情经常找别人的问题,不善于自我反省,喜欢推卸责任。家长们也关注到了这些问题,也越来越关注孩子的全面发展。在校级家委会层面开展的问卷调查中,针对"未来发展中应重点关注的问题"这一题目,家长们除了关注孩子的身体健康,提到最多的就是综合素质的培养,尤其是对于人际关系的处理、责任担当、合作精神等,希望学校也要关注互联网、人工智能等科技教育,以及面向未来的国际理

解教育。学校了解家长所需,结合"幸福生活每一天"的办学理念,进一步将"打造师生幸福快乐的家园,促进孩子健康优雅地成长"作为我们的办学愿景,进一步关注现代视野下小学生新素养的培育。

《面向未来:21世纪核心素养教育的全球经验》研究报告发现,最受各经济体和国际组织重视的七大素养分别是:沟通与合作、创造性与问题解决、信息素养、自我认识与自我调控、批判性思维、学会学习与终身学习以及公民责任与社会参与。经济全球化时代,移动互联的信息化时代,价值多元、文明多样、文化多重的时代,作为教育者,我们必须思考什么是教育的方向,怎样让现代教育出来的孩子去适应未来的社会。基于此,学校认为我们的教育必须走向开放、增进互动与包容,让我们的孩子学会在开放中选择、在互动中提升、在包容中成长。我们追求适合的教育。

"幸福课堂"的探究就从学生的现状与未来社会对人才素养的要求出发,更新教师的教育教学理念,从"幸福课堂"的内容设置、教育空间拓展、教学评价改革等方面为每一个学生提供选择,唤醒学生内在的力量,从创新活动的组织形式、变化活动的组织者等让学生在活动中认识自我,懂得交往,乐于沟通,善于合作。让每一个学生为养成这些素养而努力,做最好最美的自己。

关注学生生命质量,关注学生成人成才,关注学生当下的幸福和快乐。我们希望,胜利实验学校成为师生共成长的精神家园,不仅能助力学生健康优雅地成长,同时也能成为老师幸福的源泉,协助教师内化幸福理念。让教师和学生在学校里的每一天身体健康,心情舒畅,工作学习积极,在学校里不断收获归属感和成就感,以此提升幸福指数。让幸福成为学校的品牌。

虽然未来的路还很长,前方的一切不可预测,但我们相信,胜利实验的小海燕们一定能在"幸福"的熏陶下,拥有博大胸怀,具有国际视野,点亮未来人生。

长达五年的"幸福课堂"的研究暂告一段落。不论是老师、还是学生在这次探索中都收获了成长。在这个课题的持续研究下,学校很出色地完成了两轮三年发展规划,取得了骄人的成绩。可是,在知识更新频繁,信息爆炸的现

第六章 收获：幸福课堂的实践成效与展望

代社会，止步于前显然不行。只有转变以往对于知识掌握的过度关注，聚焦学生素养的培养，才能帮助他们从容应对今后可能遇到的各种问题。学校将结合时代背景和学生现状，进一步解读"健康、自主、文雅"的培养目标，赋予"幸福课堂"新的内涵，赋予"教育"新的时代意义，在这一阶段研究优秀的成果的基础上，进一步探索"幸福课堂"未来的改进行动，实现学生面向未来的综合发展和幸福成长。

主要参考文献

1. 苏霍姆林斯基.学生的精神世界[M].北京:教育科学出版社,1981.

2. 苏霍姆林斯基.帕夫雷什中学[M].北京:教育科学出版社,1983.

3. 黄天中.自由学习[M].台北:五南图书出版有限公司,1992. [26]钟启泉.班级管理论[M].上海:上海教育出版社,2001.

4. (美)戴维.H.乔纳森.学习环境的理论基础[M].任友群,译.上海:华东师范大学出版社,2002.68.

5. 施良方.教学理论[M].上海:华东师范大学出版社,2005.

6. 柳袁照著.主动学习教育模式的建构[M].苏州:苏州大学出版社,2006.05.

7. 北京未来新世纪教育科学发展中心.教师如何引导学生主动学习[M].呼和浩特:远方出版社,2008.

8. 朱永新.走进最理想的教育[M].桂林:漓江出版社,2008.

9. 朱宪辰.人类行为的法则——学习行为实验经济学研究[M].杭州:浙江大学出版社,2009.

10. 中共中央国务院.国家中长期教育改革和发展规划纲要(2010——2020年)[M].北京:人民出版社,2010.

11. 何绍纯,王旭飞.自主研究 自由创造 研究性学习案例集锦[M],东北大学出版社,2011.

12.维克托·迈尔-舍恩伯格,肯尼思·库克耶.与大数据同行:学习和教育的未来[M].华东师范大学出版社,2015.

13.卡尔.罗杰斯,杰罗姆.弗赖伯格.自由学习[M].北京:人民邮电出版社,2015.

14.(美)Wesley Hiler,(美)Richard Paul 著.如何促进主动学习与合作学习[M].北京:外语教学与研究出版社,2016.

15.刘世漪.激发小学生主动学习的"六个一"教学策略研究[M].上海:上海科学普及出版社,2016.

16.上海市教委教研室教学协作联盟.最具创意的学习活动方案选编[M].上海科学技术出版社,2016.

17.牛晓牧著.纸上慕课:教师学习走向创意生态[M].西安:陕西师范大学出版社,2017.

18.苑衍花,郑晓龙,徐玲.学习清单式教与学[M].北京:世界知识出版社,2016.

19.刘世漪.指向学生主动学习的课堂教学变革[M].上海:上海科学普及出版社,2018.

20.陈琦,张建伟.建构主义学习观要义评析,《华东师范大学学报(教育科学版)》1998,(1)

21.陈梁.学"渔"之路　促进初中生主动学习的策略研究[M].上海市国和中学,2004.09.

22.王艳平,桑青松,周炎根.罗杰斯的人格理论对创新教育的启示[J],河南职业技术师范学院学报(职业教育版),2006,(2).

23.张丽,朱霞.罗杰斯有意义的自由学习观对我国教育改革的启示[J],三门峡职业技术学院学报,2007,(1).

24.龙军,殷建平,祝恩,赵文涛.主动研究综述.[J].计算机研究与发展,2008,(45).

25. 兰英英.网络学习中团队结构对学习结果的影响[D]. 硕士学位论文,山东师范大学,2008.

26. 闫丽芳.重学生社团建设,促进校园文化繁荣[J].科学之友,2008,(5):131-132.

27. 赵吉安.浅谈如何让学生由被动学习转变成主动学习[J].新课程上:2011,(08).

28. 岳刚德.论自由学习和学习自由[J].全球教育展望,2011,(6):16-22.

29. 范魁元,杨家福.论学生学习方式的转变[J].教育科学研究,2012,(2):20-23.

30. 闫晓景.在新课改中促进学生主动参与提高教学有效性的策略[J].湖北成人教育学院学报,2012,(11).

31. 闫晓景.在新课改中促进学生主动参与提高教学有效性的策略[J]. 湖北成人教育学院学报,2012,(11).

32. 王磊,黄鸣春,刘恩山.对美国新一代《科学教育标准》的前瞻性分析[J].全球教育展望,2012(6):85.

33. 岑健林."主动"学习模式的研究与憧憬[J].中国教育信息化,2013(18):21-24.

34. 顾燕.设计学习程序:彰显自由学习精神的应然路径[J]. 江苏教育研究,2013(11B):22-24.

35. 刘恩山.课程内容少而精教学过程重实践——高中生物学课程标准修订中期待完善的内容[J].基础教育课程,2013:68.

36. 赵皆喜,邱菁,陈秉初.高中生物学学习资源使用现状和需求的调查报告[J].新课程学习,2013.10.

37. 祝智庭,管珏琪."网络学习空间人人通"建设框架[J].中国电化教育,2013(10):1-7.

38. 卢丽份.运用微课模式实践高效教育[J].黑河教育,2013,(11).

39.胡铁生.中小学微课建设与应用难点问题透析[J].中小学信息技术教育,2013,(4).

40.盛满华.浅谈社团活动在学校德育中的作用[J].中国教育技术装备,2014,(19).

41.毕家娟,杨现民.联通主义视角下的个人学习空间构建[J].中国电化教育,2014,(8):48-54.

42.陈琳,陈耀华,张虹,赵苗苗.教育信息化走向智慧教育论[J].现代教育技术,2015,25(12):12-18.

43.张忠华,周萍."互联网+"背景下的教育变革[J].2015(12):41.

44.陈远珍.在多媒体语文教学中培养学生自主学习能力[J].中国教育技术装备.2015,(23).

45.徐洁萍.自由学习成就有效课堂[J].教材教法,2015,(4):67.

46.朱春锋.悟性在语文自主学习中的作用及养成途径[J].语文教学通讯.D刊(学术刊).2016,(02).

47.于淼.借口语100平台,实现初中英语语音教学的突破[J].科技展望,2016(8):229.

48.张华.论核心素养的内涵[J].全球教育展望,2016(4).

49.柴军应.学生学习自主性发展研究[D].博士学位论文,华东师范大学,2016.

50.胡永斌,黄如民,刘东英.网络学习空间的分类:框架与启示[J].中国电化教育,2016,(4):37-42.

51.石卫林.国家教育行政学院学报[J].专题研究,2017,(1):67-74

52.郭绍青,贺相春,张进良,李玉斌.关键技术驱动的信息技术交叉融合——网络学习空间内涵与学校教育发展研究之一[J].电化教育研究,2017(5):28-35.

53.罗琳,顾新.智慧数据驱动的产学研协同创新知识管网研究[J].软科学,2017,31(6):15-18.

54.范建平.高校数字图书馆移动虚拟学习空间构建研究[J].河南图书馆学刊,2017,(6):48-50.

55.朱宁洁,李婧.斯坦福大学的教学实践研究:自由学习与高质量学习[J].教育与教学研究,2017,(10):8-14.

56.高蔚然.混合学习试教下基于"口语100"的英语口语教学研究[J].创新教育,2018(5):28-29.

57.王宏,肖君,谭伟.网络教育新时代背景下的开放智慧学习空间设计[J].开放学习研究,2018,(3):36-42.

58.贺晓娟.基于网络学习空间的深度学习模式设计初探[J].中小学电教,2018,(5):11-13.

59.孙大武.创意学习中的儿童立场[J].教育实践与研究,2019,(3):29-32.

后 记

　　幸福，一个令人心驰神往的词！当这个词和天真烂漫的孩子联系在一起，则更凸显出魅力。因为，孩子的幸福简单而纯粹，他们对幸福的体验也最直接和真实。一朵雪花飘落在自己的肩头，尝到了自己一直期待的起司蛋糕，班主任老师进教室给了一个大大的拥抱……这些，对孩子来说都是幸福。美好的童年需要幸福的浸润，需要爱的滋养，更需要快乐与自由的包围。

　　近几年来，学校一直坚持"幸福生活每一天"的办学理念，"幸福"两个字出现在校园的各个角落，成了师生最真的回忆。一开始我们以为，幸福是一个纯主观的心理体验，要把它与教育融合在一起，很难着手！我们迷茫过，苦恼过。但是，难，并不是放弃的理由。借助专家的力量，我们逐渐明晰思路，将幸福落脚于课堂主阵地，通过幸福课堂的打造，带给学生不一样的幸福体验。因为我们相信，在课堂中能够主动地参与学习活动，学会不断思考问题，体会到思维的乐趣，能够将自己的所思所想自如地表达的孩子一定是幸福的。于是，全校教师投入到这项"幸福"行动中，围绕幸福课堂的十二字理念——主动参与、有效思考、个性表达，设计正式学习空间、非正式学习空间、网络学习空间；利用三大学习空间，培育学生的学习品质和学习能力。力图通过对课堂的重构，实现育人方式的转型，真正让课堂实现立德树人的任务。

　　幸福课堂的五年教学探索看似随着本书的出版告一段落，然而，这仅仅是一个阶段性总结，幸福一词带给学校师生的意义远未结束。在胜利实验学校校舍落成十年，独立办学五年之际，我们面临着巨大的转型。转型的过程

学习并幸福着
幸福课堂建设的实践探索

类似于凤凰涅槃的过程，要有一种沉下心来，突破重围，坚定谋求创新的勇气和力量。未来，人工智能的冲击、未来学校的变革、学生核心素养的培育，都让学校面临巨大挑战。我们愿意在整理原有研究实践基础上，再一次出发，在幸福课堂基础上继续探索适应新时代育人诉求的新互联课堂……

本书能够顺利出版，要特别感谢许多区域内外的领导、专家在课堂教学研究、书稿撰写中给予的支持。感谢浙江省特级教师，上城区小学语文教研员陆虹老师在前期幸福课堂研究中给予指导，和我们一起摸索方向、提炼特征、研究策略、设计量表。感谢上城区各学科教研员团队在学校幸福课堂研究过程中起到了助推指导作用。特别要感谢杭州市教育科学研究所原所长施光明先生，多次亲自指导书稿框架、文本撰写，并进行最后统稿审阅。

幸福课堂打造倾注了全校老师的实践心血，是集体劳动成果的结晶，李雪慧、钱丹、胡珏、陈丽、张雪姣、赵小凤、黄建等7位老师积极参与到幸福课堂探索的阶段性总结工作中，学校各学科教研组长积极组织本学科老师实践幸福课堂理念，书稿中的案例素材全部来自老师们的真实课堂情景。因此，本书的出版也是对全校教师不懈奋斗精神的一种幸福回馈。

限于我们的认识水平与实践水平，本书关于幸福课堂的解读、设计与实施，难免存在不足之处，期待着广大读者提出宝贵建议，帮助我们在新的阶段，研究得更透彻，实践得更有效。

作　者
2019.9.1